Julia de Burgos

Julia de Burgos

La creación de un ícono puertorriqueño

Vanessa Pérez-Rosario

Traducido por Isabel Zapata,
en colaboración con la autora

UNIVERSITY OF ILLINOIS PRESS
Urbana, Chicago, and Springfield

"La voz de una época está en las palabras de sus poetas".

—Víctor Hernández Cruz

Publicado originalmente como *Becoming Julia de Burgos:*
The Making of a Puerto Rican Icon

© 2014 por la Prensa de la Universidad de Illinois

© 2022 por el Patronato
de la Universidad de Illinois
Reservados todos los derechos
Fabricado en los Estados Unidos de América
1 2 3 4 5 C P 5 4 3 2 1
♾ Este libro está impreso en papel sin ácido.

Datos de catalogación en publicación de la Biblioteca del Congreso
Names: Pérez Rosario, Vanessa, author, translator. | Zapata, Isabel, 1984– translator.
Title: Julia de Burgos : la creación de un ícono Puertorriqueño / Vanessa Pérez-Rosario;
    traducido por Isabel Zapata, en colaboración con la autora.
Other titles: Becoming Julia de Burgos. Spanish
Description: Champaign, IL: University of Illinois Press, [2021] | Includes bibliographical
    references and index.
Identifiers: LCCN 2021038223 (print) | LCCN 2021038224 (ebook) | ISBN 9780252044151
    (hardback) | ISBN 9780252086199 (paperback) | ISBN 9780252053092 (ebook)
Subjects: LCSH: Burgos, Julia de, 1914–1953. | Authors, Puerto Rican—20th century—
    Biography. | Women authors, Puerto Rican—20th century—Biography.
Classification: LCC PQ7439.B9 Z75613 2021 (print) | LCC PQ7439.B9 (ebook) |
    DDC 861/.64 [B]—dc23

CONTENIDOS

ILUSTRACIONES

Imágenes

Imágenes a color, a partir de la página 118

AGRADECIMIENTOS

Uno de los aspectos más placenteros de trabajar en este libro ha sido la oportunidad de dialogar con muchos de los escritores y artistas de la comunidad nuyorican y más allá, quienes han heredado el legado de Julia de Burgos y continúan ampliándolo de maneras interesantes y significativas: Jack Agüeros, Andrea Arroyo, Caridad de la Luz, Marcos Dimas, Martín Espada, Sandra María Esteves, Yasmín Hernández, Aurora Levins Morales, Mariposa, Belkis Ramírez, Sonia Rivera-Valdés, Bonafide Rojas, Fernando Salicrup, Juan Sánchez, Luz María Umpierre, Manny Vega, Chiqui Vicioso, Emmanuel Xavier y los miembros del Taller Boricua. Sin ellos, Julia de Burgos no sería el ícono que es hoy.

Al mirar esta lista ahora para la traducción del libro al español, noto que algunos de los escritores y artistas ya no están con nosotros. Me siento muy afortunada de haber tenido la oportunidad de hablar con ellos y pensar con ellos sobre el legado de Julia de Burgos. Sus palabras y sus obras viven, de alguna manera, en estas páginas.

Este proyecto se ha transformado en su camino a convertirse en el libro que tienen en sus manos. Agradezco el apoyo institucional que he recibido del Chicana/Latina Research Center en la Universidad de California, Davis, de la Faculty Fellowship Publication Program de la Universidad de la Ciudad de Nueva York (CUNY, por sus siglas en inglés), de la American Association of University Women American Fellowship and Publication Grant, de la Library Fellowship del Centro David Rockefeller para Estudios Latinoamericanos de la Universidad de Harvard, del Programa postdoctoral del Centro de Estudios Puertorriqueños y de la Career Enhancement Fellowship de la Fundación Woodrow Wilson.

Las múltiples conversaciones que he tenido con amigos, panelistas en conferencias, colegas, bibliotecarios, archivistas y asistentes de investigación han ayudado a darle forma al libro. Gracias a Vickie Álvarez, Emilio Bejel, Yarimar Bonilla, Gisely Colón-López, Arnaldo Cruz-Malavé, Arlene Dávila, Juan Flores, Pedro Juan Hernández, Inés Hernández-Ávila, Elizabeth Horan, Kahlila

Chaar-Pérez, Régine Jean-Charles, Lawrence La Fountain-Stokes, Neil Larsen, Laura Lomas, Helvetia Martell, Jorge Matos, Edwin Meléndez, Oscar Montero, Joan Morgan, Frances Negrón-Muntaner, Urayoan Noel, Crystal Parikh, Riché Richardson, Ruben Ríos, María Consuelo Saez Burgos, Virginia Sánchez-Korrol, Doris Sommer, Maritza Stanchich, Salamishah Tillet y Arlene Torres. Un agradecimiento especial para todo el personal de la biblioteca y los archivos del Centro de Estudios Puertorriqueños en Hunter College, CUNY, y al *Centro Journal* por dar los permisos necesarios para la publicación de una versión de "La escritura de Julia de Burgos para *Pueblos Hispanos*: el periodismo como práctica transnacional cultural y política puertorriqueña" (25.2 [Otoño 2013]: 4–27) en el capítulo tres.

Gracias a mis editoras en la *University of Illinois Press*, Larin McLaughlin y Dawn Durante, quienes creyeron en el proyecto desde el principio. Ambas han sido atentas y generosas con su tiempo. Gracias a mis lectores en la editorial por sus comentarios cuidadosos y detallados. Muchísimas gracias a Dawn Durante, quien desde el principio soñó conmigo en ver este libro traducido al español. Gracias a Isabel Zapata por su detallada y cuidadosa traducción y a Ruben Maillo-Pozo por su corrección de texto.

Estoy especialmente agradecida a mi familia por haber sido solidaria, amorosa y paciente durante el proceso de escritura.

En esta última década, desde la publicación de este libro se ha publicado una gran cantidad de trabajos importantes sobre Julia de Burgos. Consideré necesario actualizar la versión del libro en español para incluir una discusión sobre este nuevo trabajo, pero decidí no hacerlo. El libro se encuentra en su versión en español como una traducción del inglés con actualizaciones y adiciones mínimas. Quiero agradecer el trabajo publicado recientemente sobre Burgos, siendo el más importante el de Lena Burgos-Lafuente, Griselle Merced, Carmen Rivera Villegas, Cristina Pérez-Jimenez, Molly Crabapple, Jossianna Arroyo Martínez, Mayra Santos Febres y Monxo López.

Gracias a David Scott por el apoyo y las conversaciones sobre las dificultades y el placer de rendir este libro en una versión en español.

INTRODUCCIÓN

En las primeras horas de la mañana del 5 de julio de 1953, dos policías de la Ciudad de Nueva York notaron una figura en el suelo, cerca de la esquina de la Quinta Avenida y la calle 106, en East Harlem. Al acercarse, reconocieron el cuerpo de una mujer de piel morena. La mujer, que alguna vez había tenido la imponente altura de 1.78 metros, ahora estaba tirada en la calle, inconsciente. La llevaron de prisa al Harlem Hospital, donde murió poco después de media noche. La mujer no traía cartera ni identificación. Nadie fue a la morgue a reclamar su cuerpo. Su descripción no cuadraba con ningún caso de personas desaparecidas. La enterraron en Potter's Field, la fosa común de la ciudad. Un mes después, fue identificada como la multipremiada poeta puertorriqueña Julia de Burgos. Su familia y amigos la exhumaron y repatriaron su cuerpo.[1]

Cuando empecé a escribir sobre Julia de Burgos dudé si mencionar las tristemente notorias circunstancias de su muerte, en un intento por alejarme de las narrativas de victimización que han rodeado su vida durante más de medio siglo. Quería enfocarme en su poesía, su activismo y su legado. La mayoría de los puertorriqueños ya conocen su historia y muchos, tanto en la isla como en Nueva York, han sido cautivados por su vida. Sin embargo, pronto me di cuenta de la importancia de contar hasta los detalles más difíciles al presentarla a un público nuevo. Su experiencia como inmigrante y su muerte en las calles de Nueva York capturan la imaginación de lectores en todo el mundo. *Julia de Burgos: la creación de un ícono puertorriqueño* se basa en aproximaciones recientes realizadas sobre su trabajo, enfocadas en movimiento, fluidez y migración.[2] Este libro propone una manera nueva de leer la obra de Burgos, su vida y su legado, encauzada en las rutas de escape que ella creó para ir más allá de los rígidos confines del género y el nacionalismo cultural. Los capítulos finales examinan el trabajo de los escritores y artistas visuales que han heredado y ampliado dicho

Figura 1. Julia de Burgos, ca. 1934–38. Colección Miriam Jiménez, Archivos de la Diáspora Puertorriqueña, Centro de Estudios Puertorriqueños, Hunter College, CUNY.

legado, y cómo ellos han creado nuevos caminos de identificación colectiva para puertorriqueños y latinxs.

En Puerto Rico, la obra de los escritores de la Generación del 30 respondió al libro *Insularismo,* de Antonio S. Pedreira (1934), un recuento influyente de la formación de la cultura y el carácter puertorriqueño que pregunta: "¿Cómo somos y qué somos los puertorriqueños globalmente considerados?". Los escritores de esta generación estaban obsesionados con los géneros totalizadores que creían capaces de curar las heridas del colonialismo. Arraigaron la identidad nacional de Puerto Rico en la tierra. Los expertos en estudios puertorriqueños han señalado que el canon literario creado e impuesto por los treintistas (los escritores de 1930) en una sociedad colonial ha suplido una constitución nacional y compensado la falta de un Estado nación independiente.[3]

La poesía lírica fue relegada y se le asignó un estatus marginal.[4] Para los escritores de la década de los treinta, el placer y erotismo de ese tipo de poesía constituía un exceso que ponía en peligro a la nación. Con su imaginario de vías fluviales, rutas y senderos, Burgos crea un sujeto dinámico que no puede permanecer fijo o contenido, lo que la coloca en las vanguardias históricas.[5] Intenta crear rutas de escape como estrategia de liberación, pero termina confrontando estructuras patriarcales similares fuera de su país, sugiriendo que la migración no es, finalmente, una estrategia de liberación. Su búsqueda de libertad floreció a través de la imaginación. Si bien diversos temas relacionados con la independencia de Puerto Rico y el imperialismo de Estados Unidos atraviesan su trabajo, también incluye otros asuntos importantes como los derechos de las mujeres y su lucha por ser valoradas en una sociedad patriarcal.

Las rutas de escape en la poesía de Burgos, en su prosa y en su productiva y creativa vida en San Juan, La Habana y Nueva York, le ayudaron a escribirse a sí misma fuera de la nación, a desafiar el trabajo de los escritores treintistas y abrir camino para otros escritores de la isla que decidieron trabajar desde una posición de exilio. Estas rutas le permitieron escribirse fuera de una nación que la consignaba —como mujer de clase trabajadora de ascendencia africana— a una esfera privada sin voz pública.[6] Su despliegue de caminos, rutas y viajes no se limita a su poesía: estos temas permean en su prosa, en sus cartas y en su vida. Juan Gelpí señala que Burgos crea un sujeto nómada en su poesía.[7] Según sugieren Gilles Deleuze y Félix Guattari, el sujeto nómada se desarrolla en espacios abiertos, en ambientes sin horizontes como la estepa, el océano y el desierto. Si bien el inmigrante se mueve de un destino a otro, para el sujeto nómada "cada punto es un relevo y existe sólo como tal".[8] Partiendo del trabajo de Deleuze y Guattari, Rosi Braidotti sugiere las posibilidades del nomadismo en términos de agencia feminista. Las bases de una conciencia nómada feminista pueden encontrarse en los varios mapas a través de los cuales las feministas se alejan del falocentrismo. De acuerdo con Braidotti, "la conciencia nómada es una forma de resistencia política a las visiones hegemónicas, fijas, unitarias y excluyentes de la subjetividad".[9] Las rutas que Burgos crea para escapar del heteropatriarcado de los constructores de nación de la Generación del 30 también abre espacios en los que escritores marginales gay, lesbianas, nuyorican y puertorriqueños pueden tener interacciones y encuentros valiosos. Tanto en la vida como en la obra literaria de muchos de ellos, Burgos se convierte en una figura de sexilio: una persona que emigra como resultado de su género o sexualidad. Braidotti observa que "las transformaciones nómadas permiten un proceso creativo de desarrollo personal; son una metáfora performativa que permite encuentros que de otro modo serían improbables, así como fuentes inesperadas de interacción, experiencia y conocimiento".[10]

La muerte de Burgos es legendaria. Si durante su vida estuvo rodeada de chismes, su muerte la volvió protagonista de grandes historias, mitos y especulación. Edward Said señala que los intelectuales prominentes a menudo son símbolos de su tiempo: "En la conciencia pública representan logros, fama y reputación que pueden ser movilizadas en nombre de una lucha en curso o comunidad en conflicto".[11] Burgos se convirtió en un símbolo de su tiempo. En la única biografía que existe hasta la fecha, Juan Antonio Rodríguez Pagán subraya la creación de Burgos como figura de culto: "Se va tejiendo en torno a su persona una leyenda... que la rescata para siempre de la muerte y del olvido".[12] Entre algunos críticos y académicos, su vida a menudo simboliza a la nación; se le recuerda como "la expresión de la conciencia nacional puertorriqueña ante la crisis de identidad que representa ser absorbidos por la cultura norteamericana".[13] Para el crítico literario puertorriqueño José Emilio González, su intensidad "era el grito herido de nuestra conciencia nacional en la soledad de nuestra noche política".[14]

No resulta sorprendente que muchos consideren a Burgos un símbolo de la nación. Su vida dramatiza una serie de problemas históricos y sociales que definen una era importante en la historia de Puerto Rico: desde la firma de la Ley Jones en 1917, que hizo extensiva la ciudadanía estadounidense a los puertorriqueños, al cambio de estatus de 1952, bajo el cual la isla se convirtió en un Estado Libre Asociado. Si bien Burgos nació en 1914, su año de nacimiento se cita con frecuencia como 1917, el mismo año de la Ley Jones. No está claro el origen de esta confusión, pero haber nacido en 1917 refuerza su estatus como símbolo de este momento decisivo.[15] La muerte de Burgos en 1953, justo un año después de que la isla se convirtiera en un Estado Libre Asociado, representa la idea de que la cultura puertorriqueña murió, supuestamente, cuando la isla se involucró en una relación políticamente ambigua con Estados Unidos. Como ha ocurrido con otras figuras históricas que representan a sus naciones, algunos observadores buscan esterilizar la vida y legado de Burgos. Con el paso del tiempo, su historia ha sido aprovechada para servir tanto a la nación como a la diáspora. Sin embargo, para entender su vida y obra, es necesario entender su lucha contra la hegemonía y su creencia persistente en que la acción política permitirá crear un mundo mejor a través de principios democráticos radicales de igualdad y justica social.

Durante la primera mitad del siglo XX, muchos escritores, músicos y artistas que vivían en la isla plantearon la migración puertorriqueña como tragedia y como contaminación cultural.[16] "Lamento borincano", la clásica canción jíbara de Rafael Hernández (1929) y la obra de teatro *La carreta*, de René Marqués (1953), son destacados ejemplos. Escrita en Nueva York (muy probablemente en East Harlem, donde Hernández vivía), "Lamento borincano" condena las condiciones sociales y económicas que llevaron a tantos puertorriqueños a emigrar en busca de trabajo.[17] Los personajes en la obra de Marqués salen de su pueblo rural en Puerto Rico para perseguir el sueño americano en Nueva York. Sin embargo, el choque cultural ante los valores incompatibles y la modernidad y la hostilidad deshumanizada de la ciudad traumatizan a doña Gabriela, la matriarca, y su familia. Su única esperanza es volver a su vida anterior como campesinos. El académico puertorriqueño Juan Flores señala que, en la obra de teatro, "toda la experiencia de migración es presentada como un proceso de abrupto deterioro moral y cultural".[18] *La carreta* fue bien recibida tanto en Puerto Rico como en el resto del mundo por más de una generación como la interpretación clásica de la historia puertorriqueña reciente.[19] Para muchos, Burgos encarna la carreta de la obra canónica de Marqués. Se convierte en una metonimia de la isla misma, su vida una versión de la narrativa de la migración como tragedia. Ella es consumida por la ciudad, de la misma manera que la isla es consumida por el imperialismo de Estados Unidos.

Los puertorriqueños que crecieron y llegaron a la madurez en Nueva York durante la década de los setenta recordaban la experiencia inmigrante de Burgos de modo diferente que aquellos que permanecieron en la isla. Para los que participaron en los movimientos sociales de los sesenta y setenta, sus experiencias de aislamiento, dificultades económicas y existencia deslegitimizada ilustraban la necesidad de solidaridad, coalición y comunidad. A la poeta nuyorican Sandra María Esteves, la historia de Burgos le recuerda a la de su madre, su Titi Julia, y "a la de todas esas familias que vinieron a Estados Unidos con el sueño de encontrar trabajo y una vida mejor, pero se encontraron con una realidad distinta".[20] La vida de Burgos evoca la experiencia de aquellos inmigrantes que enfrentaron discriminación y criminalización por diferencias lingüísticas y culturales, y de raza, clase y género. Su poesía enlaza las experiencias de las mujeres puertorriqueñas y vigoriza y legitima los esfuerzos emancipadores colectivos de muchos puertorriqueños en Nueva York. En sus últimos poemas, escritos en inglés durante los meses previos a su muerte, Burgos escribió sobre la soledad, la desesperanza y la angustia que rodean la experiencia migratoria. En cuanto a temas e inflexión emocional, su vida y su obra inspiraron el trabajo de una generación de escritores de la diáspora puertorriqueña que cobraron fuerza durante la década de los setenta.[21]

La manera en que artistas y escritores han utilizado a Burgos es importante para su legado. Los dos capítulos finales de este libro exploran su influencia y presencia en el imaginario colectivo contemporáneo tal y como se ha capturado en la obra de escritores y artistas visuales. En particular en Nueva York, éstos toman a Burgos como una figura temprana del sexilio y como un ejemplo de aquello que yo llamo sujeto nómada feminista en su poesía. La producción cultural de escritores y artistas puertorriqueños en Nueva York excede al nacionalismo estrechamente definido de los escritores treintistas y no puede ser conciliado con los límites del *Insularismo* de Pedreira.[22] El intelectual que escribe desde el exilio "no responde a la lógica convencional sino a la audacia del atrevimiento y a la necesidad de representar un cambio, de moverse, de no quedarse quieto".[23] Mientras que el legado de Burgos ha sido utilizado, en algunos casos, como símbolo de la tragedia, este libro explora a aquellos escritores y artistas que han invocado su memoria para "alejarse de las autoridades centralizadoras y desplazarse hacia los márgenes, donde uno puede ver cosas que normalmente se pierden para las mentes que nunca han viajado más allá de lo convencional y lo cómodo".[24] Estos escritores y artistas redefinen y expanden los límites de la identidad puertorriqueña más allá de los límites geográficos de la nación.

Los poetas y artistas nuyorican y latinxs de la diáspora evocan la memoria de Burgos como un modo de construir, manifestar, transmitir y reinventar las identidades de las diásporas puertorriqueñas y latinxs. Recordar a Burgos activa los circuitos de la memoria a través de las comunidades puertorriqueñas en la isla y en Nueva York, así como entre los miembros de las comunidades latinxs que comparten la vida en estos vecindarios. La poeta dominicana Sherezada (Chiqui) Vicioso y la artista visual mexicana Andrea Arroyo, por ejemplo, se enteraron de la existencia de Burgos al participar en la vida cultural de East Harlem. El Barrio, que experimenta una rápida gentrificación, es el vecindario históricamente puertorriqueño en el que Burgos vivió. En *Cities of the Dead*, Joseph Roach argumenta que los procesos sociales del recuerdo y el olvido son actos que revelan, transmiten y reinventan la cultura. Estos actos de reinvención son particularmente relevantes en lo que Roach describe como el mundo circunatlántico, enfocándose en "la relevancia de las historias de diáspora y genocidio en África y América, norte y sur, en la creación de la cultura de la modernidad".[25] Para Roach, la relación entre memoria, *performance* y sustitución (o lo que él llama subrogación) juega un papel central en la manera en que la cultura se reproduce. Sin embargo, el sustituto nunca es idéntico: o bien se queda corto ante su precedente, generando un déficit, o excede el espacio y crea un excedente. La relación entre los tres —memoria, performance y reemplazo— se hace más visible en los rituales funerarios. Como espectáculos públicos y ocasiones propicias para la organización, los funerales que honran a un miembro importante de la comunidad ofrecen una oportunidad para recrear afiliaciones comunales. Unidos en torno a un cadáver, los miembros de la comunidad reflexionan acerca de la pérdida y la renovación de los vínculos que los unen, encarnados simbólicamente en la persona que ha muerto. Este proceso de sucesión a través del performance crea un lugar, una "red invisible de alianzas, intereses y resistencias que constituye la comunidad imaginada. Ese lugar también es un caldo de cultivo de ansiedades e incertidumbres acerca de lo que esa comunidad debe ser".[26] En otras palabras, al conmemorar a Burgos, escritores y artistas latinxs exploran las dinámicas culturales, políticas y económicas que influyen en las nociones populares de *latinidad*, un concepto que ha sido parcialmente definido por la forma en que la cultura de masas y los medios homogeneizan a todos los latinos en un mismo grupo, borrando orígenes nacionales, historia y diferencias de raza, clase y género que existen bajo esta denominación general.[27] Los sitios de la memoria, vigilia, performances y desfiles son intercambios culturales que reinventan, recrean y restauran.

En contraste con las narrativas dominantes, concentradas en el mito y la leyenda, este libro intenta liberar a Burgos de las limitadas narrativas nacionalistas que a menudo se usan para definirla. Si bien la poeta mantuvo su compromiso con el nacionalismo político en su escritura y en su vida, se resistió a participar del estrecho nacionalismo cultural de sus contemporáneos puertorriqueños de la década de los treinta. Incluso hoy, que su historia ha sido saneada y purificada, su resistencia a ser cooptada por narrativas totalizadoras aún vive en su obra y en la de los escritores y artistas que mantienen viva su memoria.

La vida de Julia de Burgos

Julia Constanza Burgos García nació el 17 de febrero de 1914 en el municipio de Carolina, Puerto Rico, la hija mayor de los trece que tuvieron Paula García de Burgos y Francisco Burgos Hans. Burgos conoció de cerca la dificultad, la privación y la muerte. Vio a seis de sus hermanos menores morir de malnutrición y otras enfermedades asociadas con la pobreza. En 1931 se graduó del bachillerato de la Universidad de Puerto Rico y entró a la universidad en la misma institución, de la cual recibió un certificado como maestra dos años más tarde. En 1934 se casó con Rubén Rodríguez Beauchamp y empezó a trabajar en la Puerto Rico Emergency Relief Administration distribuyendo leche y comida a niños en una estación distribuidora de leche. En 1935 comenzó su corta carrera como maestra —una de las pocas profesiones disponibles para mujeres de clase trabajadora— en el pueblo rural de Barrio Cedro Arriba, en Naranjito. Durante ese tiempo escribió su primer poemario, *Poemas exactos a mí misma*, que más tarde consideró poemas de juventud y nunca lo publicó.

Publicó su primer poema, "Yo quiero darme a ti", en *Alma Latina*, una revista editada por Graciany Miranda Archilla, poeta, periodista, ensayista y cofundadora de un nuevo movimiento político en Puerto Rico, Atalaya de los Dioses, luego conocido como Atalayismo. Durante aquellos años también escribió "Río Grande de Loíza", que se convertiría en uno de sus poemas más conocidos y fue incluido en su primer libro, *Poema en veinte surcos,* publicado en 1938. Es muy probable que haya conocido a su amigo y mentor Luis Lloréns Torres, uno de los poetas más destacados de esa época, en una tertulia que se organizaba en el restaurante El Chévere. A medida que su obra se iba haciendo más conocida, entabló relaciones con otros escritores importantes de la época, como Luis Palés Matos, Evaristo Ribera Chevremont y Francisco Matos Paoli.[28]

A pesar de haber completado un programa formativo de dos años, la carrera pedagógica de Julia de Burgos fue efímera. Ella carecía, como muchas otras mujeres de su clase social, de recursos financieros que le permitieran seguir estudiando para obtener un título que le ofreciera un empleo más estable. Como muchas de estas mujeres, Burgos tuvo que trabajar a temprana edad para ayudar a su familia.[29] De hecho, a lo largo de su vida, Burgos envió remesas a casa, tal y como menciona en varias cartas dirigidas a su hermana enviadas desde Nueva York y Cuba.[30] Nunca cumplió su sueño de terminar un doctorado.[31]

En 1936 dejó su trabajo como maestra y se mudó al Viejo San Juan, donde publicó su trabajo en periódicos y revistas locales. Ese mismo año, un semanario nacionalista, *La Acción*, publicó su poema "Es nuestra la hora", un llamado a la independencia puertorriqueña. Con este poema su voz se unió a la causa nacionalista que exigía independencia del imperialismo y el fin de la ocupación de Estados Unidos. Siguió apoyando al Partido Nacionalista a través de artículos en el periódico *El Mundo*, de San Juan, a través de su poesía y asistiendo a manifestaciones hasta 1940, cuando partió de Puerto Rico. Esta poesía es la obra principal por la que todavía se le recuerda.

Burgos también escribió algunos ensayos importantes en Puerto Rico y en Nueva York que han recibido poca atención de la crítica.[32] Durante la década de los treinta, escribió una serie de seis cuentos para niños para que fueran retransimitidos en la radio puertorriqueña como parte de una campaña educativa de Estados Unidos, la Escuela del Aire. También escribió un ensayo en apoyo a una manifestación nacionalista ocurrida en Puerto Rico en 1936 y, en sus últimos años, escribió un diario mientras estuvo hospitalizada en Nueva York.[33]

El año de 1938 sería importante para Burgos. No sólo publicó *Poema en veinte surcos,* sino que también conoció al intelectual dominicano Juan Isidro Jimenes Grullón, un médico que estaba en Puerto Rico presentando su libro *Luchemos por nuestra América* en el Ateneo Puertorriqueño, la institución cultural más importante de la isla. Antes de recibir una amnistía y ser exiliado en 1935, Jimenes Grullón había pasado casi dos años en prisión por organizar un golpe contra el dictador dominicano Rafael Trujillo. Jimenes Grullón compartía con Burgos el compromiso con el anticolonialismo y antimperialismo, así como su pasión por la libertad ante los gobiernos reaccionarios. Rápidamente establecieron una relación romántica y su matrimonio con Rodríguez Beauchamp terminó.[34] Sin embargo, su relación con Jimenes Grullón, quien estaba casado, pertenecía a una prominente familia dominicana y tenía interés en la presidencia de su país, representó un desafío a las jerarquías del viejo mundo que separaban a dos personas de sus respectivas posiciones sociales. Como mujer divorciada en una sociedad católica y conservadora, Burgos se enfrentó a chismes, especulación y rumores crueles que ponían en tela de juicio su reputación.[35] En 1939, Burgos escribió su tercer libro de poesía, *Canción de la verdad sencilla*.[36] El 13 de enero de 1940 partió rumbo a Nueva York, para estar cerca de Jimenes Grullón. En junio se reunió con él en Cuba, donde vivió hasta noviembre de 1942. Volvió a Nueva York sola, su relación había terminado definitivamente. En una carta a su hermana fechada el 25 de septiembre de 1940, Burgos escribió que estaba trabajando en un nuevo libro, *El mar y tú*, pero carecía de fondos para publicarlo.[37] El libro se publicó póstumamente en 1954. Cuando Consuelo, hermana de Julia, hizo los arreglos necesarios para su publicación, agregó una sección final, "Otros poemas", que incluía poemas que Burgos había enviado a miembros de su familia mientras estaba en Cuba y en Nueva York.

Desde finales de 1942 hasta su muerte, Burgos vivió en varias partes de Harlem y el Bronx, donde luchaba por sostenerse económicamente como escritora. Escribió para el semanario *Pueblos Hispanos*, publicado en español entre 1943 y 1944, donde continuó desarrollando su voz política. Publicó ensayos y poemas en esos años en Nueva York donde demuestra un compromiso político con causas izquierdistas. Muchos observadores, incluyendo a su biógrafo Rodríguez Pagán, han argumentado que la mudanza de Burgos a Nueva York sin familia ni amigos fue el resultado de un impulso suicida.[38] Sin embargo, su trabajo periodístico muestra su compromiso político con la democracia radical y con la lucha por los derechos de los inmigrantes y puertorriqueños y su llamado a la solidaridad con la comunidad afroamericana de Harlem. Además, estos escritos, así como su poesía, revelan su entendimiento de la identidad cultural como fluida y no restringida al territorio nacional.

En 1943, Burgos se casó con Armando Marín, un músico puertorriqueño que llevaba muchos años viviendo en Nueva York. Ambos habían tenido dificultades para encontrar trabajo y se mudaron juntos a Washington, D.C., donde había una posibilidad laboral para Marín. Durante los nueve meses que pasaron ahí, se sintieron aislados como consecuencia de su separación de la comunidad puertorriqueña de Nueva York. Como le escribió Burgos a su hermana el 14 de mayo de 1945:

> Sobre todo nos aniquila la distancia de nuestro propio pueblo que teníamos tan cerca en Nueva York. Estoy loca por encontrarme de nuevo en mi segunda casa, que es como considero a esa llamada ciudad de hierro después de pasar casi un año de vaciedad en esta capital del silencio.

En Washington, Burgos trabajó como secretaria en la oficina gubernamental del Coordinador de Asuntos Interamericanos, pero fue despedida después de que unos oficiales del FBI le preguntaran sobre sus escritos para *Pueblos Hispanos*, el cual es descrito en el informe como el portavoz y órgano nacionalista puertorriqueño en Nueva York. Ella respondió: "*Pueblos Hispanos* se ha vuelto demasiado comunista. Lo único que quiero es ver a Puerto Rico independiente y libre". Más tarde ese mismo día le pidieron que recogiera sus cosas de la oficina y no volviera. Poco después, ella y Marín regresaron a Nueva York.[39]

A partir de 1947 tuvo dificultades para encontrar un empleo estable y pasó de un trabajo poco satisfactorio a otro en fábricas y consultorios dentales. Su salud física se deterioró mientras batallaba contra la depresión y el alcoholismo. Pasó sus últimos años entrando y saliendo del Harlem Hospital y del Goldwater Memorial Hospital en la Welfare (hoy Roosevelt) Island en el East River. Puede que su separación de Marín haya ocasionado su primera hospitalización. En una de las entradas del diario que escribió de manera intermitente mientras estaba internada, habla de sus recuerdos de la crisis por la que terminó internada por primera vez en el Harlem Hospital, en 1948:

> En la calle con lo que llevo puesto por todo equipaje, con los síntomas de mi enfermedad, sin trabajo, sin equilibrio, con mi más preciada propiedad: mis libros y mis versos, abandonados en un sótano por no tener donde llevarlos. Me ví esa tarde al borde de desterrarme definitivamente de la vida del modo más violento.[40]

Mujer tremendamente independiente, Burgos seguramente no soportaba la deshumanización que implicó convertirse en objeto de estudio y depender de doctores y enfermeras. Su diagnóstico no era claro para ella en un principio y se sentía humillada con los estudios a los que era sometida. Los doctores hablaban de ella, pero no le dirigían la palabra. Se sentía aislada y deseaba tener visitas.[41] Estar confinada en una silla de ruedas le causaba frustración:

> ¿Adónde me llevan? ¿Y por qué en sillón; arrastrada por una muchachita de apenas cien libras, cuando puedo moverme por mis propios pies?
>
> La primera sensación es de bochorno y humillación.[42]

Estaba bajo observación constante del personal médico, que le realizaba exámenes de sangre, orina, ondas cerebrales y funciones renales. Enfermeros y

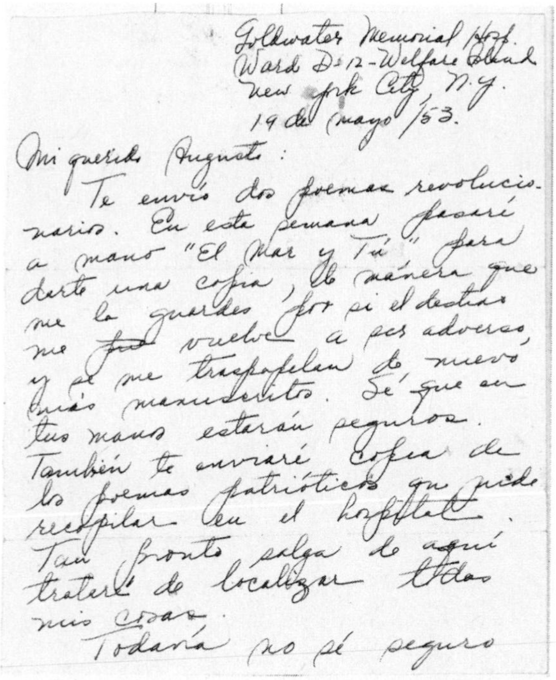

Goldwater Memorial Hosp.
Ward D-12-Welfare Island
New York City, N.Y.
19 de mayo /53.

Mi querido Augusto:

Te envío dos poemas revolucionarios. En esta semana pasaré a mano "El Mar y Tú" para darte una copia, de manera que me la guardes por si el destino me vuelve a ser adverso, y se me traspapelan de nuevo mis manuscritos. Sé que en tus manos estarán seguros. También te enviaré copia de los poemas patrióticos que pude recopilar en el hospital. Tan pronto salga de aquí trataré de localizar todas mis cosas.

Todavía no sé seguro

Figuras 2a & 2b. De Julia de Burgos a Augusto Calderón, 19 de mayo de 1953. En esta carta, ella se refiere a sus poemas como "revolucionarios" y "patrióticos". Archivo Sandra Rodríguez, Archivos de la Diáspora Puertorriqueña, Centro de Estudios Puertorriqueños, Hunter College, CUNY.

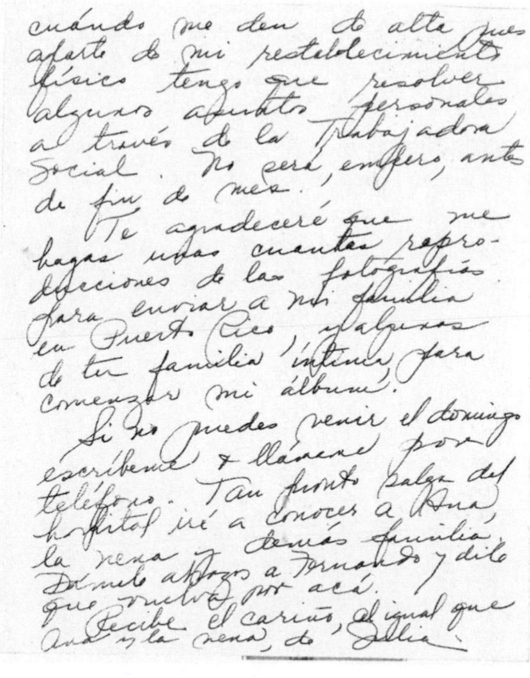

cuándo me den de alta pues aparte de mi restablecimiento físico tengo que resolver algunos asuntos personales al través de la Trabajadora Social. No será, empero, antes de fin de mes.

Te agradeceré que me hagas unas cuantas reproducciones de las fotografías para enviar a mi familia en Puerto Rico, y algunas de tu familia íntima para comenzar mi álbum.

Si no puedes venir el domingo escríbeme & llámame por teléfono. Tan pronto salga del hospital iré a conocer a Ana, la nena y demás familia. Dámele abrazos a Fernando y dile que vuelva por acá.

Recibe el cariño, al igual que Ana y la nena, de Julia

pacientes hacían comentarios sobre su diferencia física racial: "Todo el mundo comenta sobre mis cabellos erizados y empastados".[43] Al llenar su formulario de entrada, Burgos declaró que su ocupación era ser escritora, pero el personal del hospital tachó sus palabras para reemplazarlas con "sufre de amnesia".[44] Estos detalles circularon entre la comunidad nuyorican en la década de los setenta, resonando con el deseo de reconocimiento político de sus miembros y con sus experiencias de criminalización y discriminación.[45]

Burgos pasó largos periodos, a veces meses, en el Goldwater Memorial Hospital entre 1950 y 1953. Se le diagnosticó cirrosis en el hígado e infección de las vías respiratorias superiores, ambos consistentes con el alcoholismo crónico. Su diario describe inyecciones inespecíficas para sedarla. Consciente del deterioro en su estado físico y emocional, su familia y amigos de Puerto Rico le rogaron que volviera. Con la vida descontrolada debido a la inestabilidad financiera, el alcoholismo y la precariedad, Burgos le enviaba poemas a su hermana regularmente para que ella los salvaguardara. Estando en el hospital escribió sus dos últimos poemas en inglés, "Farewell in Welfare Island" y "The Sun in Welfare Island", describiendo la condición del exilio y su sensación de reclusión y desolación. En temática y entonación emocional, estos poemas pueden ser leídos como precursores de la literatura de los escritores latinxs y nuyorican de la década de los setenta. Al final, sus problemas de salud, la pobreza, la soledad y el alcoholismo condujeron a su declive y a su muerte.

Resumen

La escritura y el legado de Burgos pueden considerarse en dos partes: su escritura en la isla y su obra y legado en la diáspora. El capítulo 1, "Escribiendo la nación: feminismo, antiimperialismo y la Generación del 30", presenta el desarrollo de la conciencia creativa, social y política de Burgos en la isla durante la década de los treinta. Se enfoca en su primer poemario, *Poema en veinte surcos*, donde crea imágenes de rutas, viajes y agua como un modo de escapar a la contención. El capítulo 2, "Nadie es profeta en su tierra: exilio, migración e identidad hemisférica" examina las rutas migratorias de Burgos desde Puerto Rico hasta La Habana y Nueva York a través de su segundo y tercer libros de poesía, así como las poco estudiadas cartas a su hermana. Este capítulo extiende el término sexilio, normalmente utilizado para describir a la migración *queer*, a las mujeres heterosexuales cuya sexualidad se muestra como excesiva en la moralidad caribeña convencional, contribuyendo a su abandono de la isla. El capítulo 3, "Más allá del mar: el periodismo como práctica cultural y política transnacional en Puerto Rico", analiza la importancia de la prensa en español en Nueva York, específicamente el semanario *Pueblos Hispanos: Semanario*

Progresista (1943–44) y explora la manera en que, para los puertorriqueños, el periodismo fue una práctica transnacional cultural y política. El capítulo 4, "Legados múltiples: Julia de Burgos y los escritores de la diáspora caribeña", estudia la obra de escritores de la diáspora puertorriqueña, dominicana y cubana que heredaron y extendieron el legado de Burgos en el imaginario colectivo contemporáneo. El capítulo 5, "Recordando a Julia de Burgos: ícono cultural, comunidad, pertenencia", se enfoca en las múltiples maneras en que el legado de Burgos se extiende en la cultura visual de El Barrio, en East Harlem. Finalmente, la conclusión examina cómo "latinidad" y "latino" son denominaciones generales que representan etnicidades de consumo sin tomar en cuenta diferencias de raza, clase y género. Al recordar y reivindicar a Burgos, artistas y escritores están ampliando estas imágenes homogeneizadas de latinidad, ya que ella a menudo representa a los miembros más vulnerables de la sociedad.

La escritura de Burgos crea sujetos nómadas y migratorios como un modo de escapar a las rígidas nociones de identidad y ha inspirado a generaciones posteriores de varias generaciones de escritores puertorriqueños y latinxs, tanto en la isla como en la diáspora. Este libro pone de relieve las perdurables contribuciones que la obra de Burgos ha hecho a los estudios de mujeres, género y sexualidad articulando una identidad de la diáspora más fluida y no limitada por fronteras geográficas. Más de sesenta años después de la muerte de Burgos, Estados Unidos está empezando a reconocer el legado de la grande y creciente minoría latinx y, simultáneamente, esta introduciendo nuevas formas de criminalizar a los inmigrantes de tez morena. El actual estatus de celebridad de unos cuantos latinxs enmascara el racismo y la privación de derechos políticos y económicos de la mayoría de los miembros de la comunidad. Sin embargo, desde la década de los sesenta, escritores y artistas han recordado, reinventado y tomado a Burgos como inspiración en sus esfuerzos a favor de la inclusión, el reconocimiento y la igualdad de derechos.

1

ESCRIBIENDO LA NACIÓN

feminismo, antiimperialismo
y la Generación del 30

En diciembre de 1938, a la edad de 24 años, Julia de Burgos publicó por su cuenta su primer poemario y viajó por Puerto Rico vendiendo ejemplares con la intención de reunir fondos para costear los tratamientos médicos para su madre, que padeció de cáncer. Esta historia, como muchas otras sobre ella, circuló durante décadas y contribuyó a crear los mitos que rodean su vida. Tradicionalmente considerada una historia de devoción filial, también puede ser vista como ejemplo de la ambición de Burgos y la disposición a la autopromoción nacida de su determinación por establecerse como escritora. Durante el principio de su carrera, sus costumbres y escritura revelan una astuta habilidad para presentarse como escritora y aprovechar cada oportunidad.

Este capítulo explora la creación de un sujeto nómada feminista en el primer poemario de Burgos, *Poema en veinte surcos* (1938), escrito durante el auge del movimiento nacionalista puertorriqueño. Si bien estuvo comprometida con la idea del nacionalismo político a lo largo de su vida, su poesía partió de un sujeto nómada feminista, alineándola con las vanguardias literarias puertorriqueñas que le permitieron encontrar maneras de distanciarse del proyecto falocéntrico y patriarcal en el nacionalismo cultural de la década de 1930. Este sujeto subvierte convenciones y anticipa su partida de la isla. Tal y como lo desarrolló en su poesía, el nomadismo se refiere a una "conciencia crítica que se resiste a establecerse en modos de pensamiento y comportamiento codificados socialmente".[1]

Varias corrientes y tendencias literarias circularon por Puerto Rico en las décadas de 1920 y 1930. Los miembros de la Generación del 30 estaban comprometidos a articular un sentido de identidad cultural puertorriqueña. El resultado fue un canon literario paternalista escrito principalmente por hombres, preocupado por la construcción de la nación y caracterizado por la metáfora del colonialismo como enfermedad. Los escritores treintistas privilegiaron géneros literarios totalizadores como la novela y el ensayo interpretativo, con la idea de que éstos podrían curar la herida del colonialismo. Buscaron definir una "esencia" o identidad nacional caracterizada por el paisaje natural y la geografía de la isla. Antonio S. Pedreira, Tomás Blanco, Luis Palés Matos, Vicente Geigel Polanco, Manrique Cabrera, Luis Muñoz Marín y Enrique Laguerre son algunos de los intelectuales y escritores canónicos de esta generación, cuya obra definió y dominó las letras puertorriqueñas hasta, al menos, la década de los setenta.[2] En su famoso ensayo *Insularismo* (1934), Pedreira expresó la necesidad de definir la identidad puertorriqueña vinculándola a la geografía de la isla. Imágenes de la tierra dominaban poemas y novelas de esa época, como ejemplifica *La llamarada*, de Enrique Laguerre (1935). La lírica y la poesía se consideraban géneros inferiores.

Esta identidad nacional o cultural surgió del mito del jíbaro, pensado por los novelistas de los treinta como un campesino de ascendencia europea que encarna los valores tradicionales de la fraternidad y el amor entre hermanos. Aunque esta identidad contrasta directamente con el imperialismo y colonialismo estadounidense, también está llena de contradicciones.[3] Arraigados en el purismo lingüístico que reconocía a España como la madre patria, el jíbaro se muestra agradecido con aquel país por la herencia "noble" de la isla. La identidad nacional basada en el jíbaro no reconoce los siglos de colonialismo español, las luchas de independencia y el legado de esclavitud en la isla. Mientras que muchos de estos escritores hacían un llamado a volver a la tierra, la mayoría vivía en la ciudad. Esta identidad nostálgica huye de la modernización y urbanización al mismo tiempo que rechaza el imperialismo estadounidense. La idealización del jíbaro ignoraba el movimiento obrero de la isla, así como ciertos problemas asociados a la pobreza como la malnutrición, la persistencia de algunas enfermedades y la falta de oportunidades educativas.

En las décadas de 1920 y 1930 también surgieron otros grupos de escritores, poetas principalmente, cuya obra, si bien ha sido menos leída, cuestionó y se rebeló en contra del mundo balanceado y armonioso que proponían los escritores treintistas, ofreciendo contranarrativas. Las vanguardias latinoamericanas han estado definidas por la búsqueda de algo nuevo, por la redefinición del arte y la creación de manifiestos publicados en pequeñas revistas, por la experimentación y por lo autóctono. Su trabajo explora el presente y el futuro, lo urbano y un mundo híbrido fragmentado.[4] Durante esta era, hubo en Puerto Rico al menos quince "ismos", incluyendo al pancalismo, panedismo, diepalismo, euforismo, ultraista, noísmo, los seis, atalayismo, integralismo, transcendentalismo y el Grupo Meñique.[5] Algunas de las publicaciones periódicas de esos movimientos fueron *Faro* (1926), *Vórtice* (1926), *Hostos* (1929) e *Índice* (1929–31). Entre los más importantes vanguardistas literarios estaban

Evaristo Ribera Chevremont, José de Diego Padró, Luis Palés Matos, Graciany Miranda Archilla y Clemente Soto Vélez. Vicky Unruh señala que los Atalayistas "apoyaron el incipiente nacionalismo y separatismo puertorriqueño propagado por Pedro Albizu Campos".[6] La actividad de la vanguardia estaba marcada por preocupaciones autóctonas, con un enfoque especial en la afirmación cultural nacionalista y antillana, influencias culturales africanas y una orientación hacia la América continental.[7] Muchos escritores participaban en tertulias exclusivas masculinas en las que Burgos no era bienvenida. Diego Padró recuerda que él y otros poetas líderes de la época "gozábamos la alegría de vivir y nos emancipábamos por completo de las formas pesadas y asfixiantes de la civilización… era una bohemia de solitarios que no admitía, ni de broma, el elemento femenino".[8]

Los avances tecnológicos transformaron las tradiciones poéticas en América. Lesley Wheeler señala que "las tecnologías de la presencia, especialmente la transmisión de radio a principios del siglo XX, alteraron el papel cultural de la recitación de poesía en la vida americana".[9] Los recitales de poesía, que previos a este desarrollo tecnológico habían sido exhibiciones de interpretación por parte de alguien distinto al poeta, poco a poco se volvieron "espectáculos de autoridad" que "manifestaban la auténtica presencia del poeta ante la audiencia".[10] Durante las décadas del veinte y treinta, la práctica de los poetas leyendo, recitando e interpretando su propia obra era novedosa, pero pronto se convertiría en una fuente importante de ingresos y prestigio.[11] Julia de Burgos se desenvolvió en los límites de esta transformación cultural como declamadora y exploró las posibilidades del potencial que la radio tenía para unificar y socializar. Entre 1936 y 1937, la Escuela del Aire contrató a Burgos, un programa radiofónico infantil del Departamento de Educación Pública que buscaba combatir el analfabetismo y difundir información sobre problemas económicos y sociales, así como una cartelera diaria de eventos.[12] Su esposo, Rubén Rodríguez Beauchamp, que era periodista radiofónico, quizás le ayudó a conseguir el trabajo.[13] Durante el verano de 1936, Burgos recitó su poesía en La Casa del Poeta, la extensión de un salón literario organizado por la poeta Carmen Alicia Cadilla que se transmitía en una estación local de radio a las nueve de la noche.[14] Tanto las vanguardias literarias como los avances tecnológicos jugaron un rol en el desarrollo de la voz literaria de Burgos.

En *Poema en veinte surcos*, Burgos experimentó con varios estilos de escritura que prevalecían entre los escritores puertorriqueños de la época, incluido el telurismo y el neocriollismo, la poesía negrista de Luis Palés Matos y el erotismo de Luis Lloréns Torres. Estos estilos influenciaron su obra y contribuyeron al desarrollo de su voz lírica que la caracteriza. La actividad política en la isla influyó en la vida de Burgos y en su compromiso con la poesía, pero su sujeto nómada en defensa de la libertad y la justicia distingue su trabajo fundamental e ideológicamente y la alinea con las vanguardias. Burgos siempre habla por los sectores oprimidos de la población, aquellos excluidos de la identidad nacional dominante de la época. El sujeto nómada se convierte entonces en una "forma de resistencia política a las visiones hegemónicas, fijas, unitarias y excluyentes de la subjetividad".[15] Burgos también se distingue de sus contemporáneos estilísticamente, enfocándose no en la tierra, como los neocriollistas, sino en los cuerpos de agua, en los caminos y en el espacio abierto del cosmos.[16] Su imagen primordial, la fluidez del mar (que en la obra de Pedreira aísla a la isla) conecta a Puerto Rico con otras islas del Caribe y otras naciones en la poesía de Burgos.

Un acercamiento a los puntos de convergencia y divergencia entre Burgos y los intelectuales de la época revela que, a través de su poesía, ella intentó definir a Puerto Rico como un lugar heterogéneo empapado de historia. Dado que entendía la identidad como algo fluido y no limitado por la geografía, su poesía sigue siendo leída por puertorriqueños y latinxs en Estados Unidos y en la isla. Las ideas afroantillanas expresadas en su obra hacen de ella una precursora de escritores posteriores como Mayra Santos Febres, así como de escritores de la diáspora puertorriqueña de la década de los setenta en Nueva York y de los escritores latinxs de la década de los noventa.

Río Grande de Loíza

Muchos críticos han señalado la importancia del poema "Río Grande de Loíza" en la obra de Julia de Burgos. Sin embargo, a menudo lo leen como un poema neocriollista o como una canción de amor al río de su infancia y un tributo al paisaje natural de Puerto Rico. En este poema, Burgos crea un mundo premoderno en el que los seres humanos y la naturaleza existen en armonía. Como ocurre con gran parte de su trabajo, los críticos han buscado en este poema una manera de entender su biografía.[17] Las convenciones poéticas cambiaron a lo largo del siglo XX, enfatizando la presencia y autenticidad de la poeta en un mundo cada vez más modernizado. En muchos sentidos, la escritura de Burgos se aleja de las teorías modernistas de la impersonalidad y parte de temas metafísicos como la ontología, la autenticidad y la intimidad. Burgos inventa su propio mito de origen y cosmología en este poema. Expone las violentas heridas de la historia en sus estrofas finales, negándose a ocultar los traumas del tiempo.[18] Los treintistas se enfocaron en la tierra; Burgos se enfoca en el río, usándolo para crear un sujeto nómada que, como el agua, no puede ser contenido.

El poema empieza con una voz que usa la figura retórica del apóstrofe —dirigirse a un objeto inanimado— y convierte el río en interlocutor a través del poder del lenguaje. El apóstrofe como figura retórica implica dirigirse a una persona muerta o ausente, a un animal, una cosa o una cualidad o idea abstracta como si fuera algo vivo, presente y capaz de entendimiento. El río aparece como un hombre/río a lo largo del poema de Burgos, y la voz invoca a un dios río panteísta. Al darle vida, voz y río se fusionan; sujeto y objeto se vuelven uno. Si el placer y el erotismo constituyen un exceso para los constructores de la nación, estas estrofas revelan ideas panteístas y una naturaleza erotizada. En la siguiente estrofa, la influencia de las vanguardias se siente cuando Burgos personaliza el poema y muestra su propia cosmología. Revela sus orígenes y se describe a sí misma como nacida del paisaje natural del mundo. Las vanguardias crean imágenes que "encarnan vínculos entre orígenes personales y cósmicos" y que ocurren no en un contexto histórico y social específico sino en "un tiempo-fuera-del-tiempo mítico y en los espacios imaginarios de los orígenes humanos y universales".[19]

> ¡Río Grande de Loíza!... Alárgate en mi espíritu
> y deja que mi alma se pierda en tus riachuelos,
> para buscar la fuente que te robó de niño
> y en un ímpetu loco te devolvió al sendero.
>
> Enróscate en mis labios y deja que te beba,
> para sentirte mío por un breve momento,
> y esconderte del mundo y en ti mismo esconderte,
> y oír voces de asombro en la boca del viento.
>
> Apéate un instante del lomo de la tierra,
> y busca de mis ansias el íntimo secreto;
> confúndete en el vuelo de mi ave fantasía,
> y déjame una rosa de agua en mis ensueños.
>
> ¡Río Grande de Loíza!... Mi manantial, mi río,
> desde que alzome al mundo el pétalo materno;
> contigo se bajaron desde las rudas cuestas,
> a buscar nuevos surcos, mis pálidos anhelos;
> y mi niñez fue toda un poema en el río,
> y un río en el poema de mis primeros sueños.
>
> Llegó la adolescencia. Me sorprendió la vida
> prendida en lo más ancho de tu viajar eterno;
> y fui tuya mil veces, y en un bello romance
> me despertaste el alma y me besaste el cuerpo.[20]

En estas estrofas, el yo poético se ve a sí misma como parte del mundo natural. El río, la flor y el paisaje la crean y la inspiran. La unidad de la voz y el río evocan un mundo primordial. Ella viaja y visita tierras lejanas, creando nuevas aventuras de exploración.

Al final del poema, Burgos no puede negar la historia violenta de colonialismo y esclavitud de la isla. Abandona el concepto de un mundo armónico suspendido fuera del tiempo y reconoce la complejidad y heterogeneidad del mundo moderno y de Puerto Rico.

> ¡Río Grande de Loíza!... Azul. Moreno. Rojo.
> Espejo azul, caído pedazo azul de cielo;
> desnuda carne blanca que se te vuelve negra
> cada vez que la noche se te mete en el lecho;
> roja franja de sangre, cuando bajo la lluvia
> a torrentes su barro te vomitan los cerros. (14)[21]

Las tres palabras aisladas, "Azul. Moreno. Rojo." continúan con la invocación del río en referencia al cielo azul, al río marrón y a la tierra roja. Las líneas propuestas por estas tres palabras recuerdan la historia de esclavitud y mestizaje extendido de la isla. Esta estrofa sugiere la importancia del proceso de criollización y sincretismo en la definición de América y el Caribe. A medida que el río se torna rojo, los versos finales de la estrofa subrayan la violencia y el derramamiento de sangre profundamente enraizados en la historia de colonización de la isla, la matanza de la población indígena y el legado de la esclavitud.

Si bien el Río Grande de Loíza fue importante en las experiencias de infancia de Burgos, también tuvo un papel significativo en la historia de la región y, por extensión, de la de la isla. De acuerdo con el antropólogo Edward Zaragoza, Loíza Aldea, una población costera a quince millas al este de San Juan, es en muchos sentidos un microcosmos de la historia de Puerto Rico. El primer punto de la isla a donde llegaron los españoles fue la aldea taína de indios arahuacos de Loíza. Durante las primeras décadas de la conquista, los taínos (y luego los africanos esclavizados) se dedicaron a la minería del oro en el río Loíza. En el siglo XIX, Loíza Aldea se convirtió en un área azucarera. Ciertas costumbres africanas, como los carnavales y los ritos religiosos, aún se practican ahí y en otros lugares de Puerto Rico.[22] Al evocar la imagen del río y de esta región como una metonimia de la isla, Burgos afirma la importancia de la presencia africana en Puerto Rico y en las Américas.

En la estrofa final del poema, Burgos conjura el dolor y la violencia de la que el río ha sido testigo a través de los siglos:

> ¡Río Grande de Loíza!... Río grande. Llanto grande.
> El más grande de todos nuestros llantos isleños,
> si no fuera más grande el que de mí se sale
> por los ojos del alma para mi esclavo pueblo. (14)[23]

Al yuxtaponer las frases *Río Grande* y *Llanto grande* la poeta sugiere su inter-
cambiabilidad. El río, hecho de lágrimas, ha sido testigo de una historia cruel.
Burgos denuncia la enormidad del dolor, amor y angustia que lleva en el corazón
por su tierra nativa y su "esclavo pueblo", declarando que su dolor es tan grande
como el llanto colectivo que el río refleja. La poeta está en duelo por la unidad
perdida del mundo, pero sabe que ésta sólo puede existir fuera del tiempo. Sus
versos sugieren el sufrimiento y la violencia del colonialismo, denotando simultáneamente la condición presente del colonialismo estadounidense. A través de
esta imagen moderna de un mundo heterogéneo y fragmentado, sus oraciones
por la gente y la isla de Puerto Rico siguen resonando hasta hoy. El Río Grande
de Loíza desemboca en el océano Atlántico cerca de Carolina, un área que
todavía era rural cuando Burgos escribió el poema. Hoy, Carolina está rodeada
del área metropolitana de San Juan y, como resultado, se encuentra sobrede-
sarrollada y devastada por el crimen y la pobreza. Las tasas persistentemente
altas de desempleo y la falta de una industria local, no sólo ahí, sino también en
el resto de la isla, le dan un nuevo significado a sus palabras "esclavo pueblo".

Poesía antiimperial y anticolonialista

La literatura de la década del treinta está históricamente vinculada a la clase
terrateniente, cuyo declive de poder comenzó con la invasión militar estadounidense a la isla en 1898. Los terratenientes españoles, que hubieran gobernado si la isla hubiera conquistado su independencia, perdieron rápidamente
el control y sus herederos literarios pasaron a crear el canon literario puertorriqueño, usándolo para imponer su versión de nacionalismo cultural.[24] Este
canon paternalista ha reemplazado una constitución nacional y ha compensado
la falta de un Estado nación independiente. Por lo tanto, el canon se parece,
aunque no debe ser confundido con él, a un mecanismo unificador de control
provisto por el Estado.[25] El paternalismo sugiere una relación jerárquica en la
que algunos sujetos son considerados superiores a otros. La persona paternalista
se ve a sí misma como una figura paterna, subordinando figuradamente a otros
miembros de la sociedad a roles infantiles. La retórica del paternalismo usa
a la familia como la metáfora central de la nación,[26] creando un modelo que
permea en todos los aspectos de la misma, desde la política hasta las tradiciones
religiosas y culturales, los roles de género y la construcción de textos literarios
y del canon. En el ámbito literario, la jerarquía patriarcal privilegia a ciertas
formas literarias y a ciertos escritores. Burgos, sin embargo, tiene una respuesta
distinta a la herida del colonialismo, reemplazando las narrativas totalizadoras
con solidaridad y apegos que resultan consistentes con una política nómada
que es "un asunto de uniones, coaliciones e interconexiones".[27] La habilidad de
crear conexiones basadas en una identidad nómada transgresiva y transitoria se

opone a la gran narrativa familiar. Burgos rechaza el paternalismo y la nostalgia de la clase hacendada y la substituye por solidaridad, con el argumento de que el primer paso para alcanzar un sentido de la identidad puertorriqueña es la independencia de la isla.

La biografía de Burgos influyó, sin duda, en su postura. Mientras que la mayoría de los escritores y líderes políticos de la época descendían de terratenientes, la familia de Burgos (y muchas otras familias de clase trabajadora) se mudó a Carolina en busca de oportunidades laborales. Su contacto con miembros de la clase menos privilegiada se amplió durante su estancia como profesora en una escuela rural de Barrio Cedro Arriba, en Naranjito. Este contacto directo con la pobreza de la isla sin duda moldeó su determinación de alzar la voz contra la opresión.

La pobreza crónica de Puerto Rico se agudizó durante la década de 1930 como consecuencia de la Gran Depresión. El desempleo creció y el ingreso per cápita cayó alrededor del treinta por ciento entre 1930 y 1933.[28] La gente demandó esfuerzos de mitigación de la pobreza y empleos, y los trabajadores de la industria de costura, tabaco y azúcar hicieron huelgas para conseguir mejoras salariales.[29] Tras empezar en Caguas, las protestas se extendieron a Santurce, San Germán y Mayagüez. Una huelga llevada a cabo en Caguas en agosto de 1933 involucró a siete mil trabajadores del tabaco, cinco mil de ellas mujeres. Ese mismo mes, mujeres de la industria de la costura hicieron huelga en Lares, San Germán y Mayagüez, donde más de dos mil empleados de casi setenta tiendas diferentes abandonaron sus trabajos y al menos una huelguista fue asesinada. De los 838 trabajadores reportados en huelga en Santurce en septiembre del año siguiente, 600 eran mujeres. Más tarde ese mismo mes, una protesta en United Porto Rico Sugar Company acabó en la muerte de otra persona en Gurabo. En enero de 1934, los trabajadores azucareros lanzaron una huelga general.[30] La primera intervención federal significativa fue la creación de la Puerto Rico Emergency Relief Administration, que empleó a miles de personas, incluyendo a Julia de Burgos, para distribuir comida y artículos de primeros auxilios.[31]

Tras ejercer como profesora durante un año en Naranjito, Burgos se mudó al Viejo San Juan con su esposo. En 1936, se unió al Frente Unido Femenino Pro Convención Constituyente de la República de Puerto Rico, auxiliar del Partido Nacionalista. Como secretaria general de la organización, pasó varios años escribiendo comunicados de prensa y ofreció un discurso de apoyo al partido, "La mujer ante el dolor de la patria". En sus escritos para el Frente Unido Femenino, Burgos se adhirió a la retórica tradicional del Partido Nacionalista, muchas veces en contraste con la ideología más inclusiva que mostraba en su poesía, que para 1938 ya aparecía con frecuencia en revistas literarias de San

Juan. En esa época, otras mujeres intelectuales de la isla batallaron por entrar a la vida pública dada la ideología subyacente, clasista y racista, establecida por sus contrapartes masculinos. Burgos se mostró, sin embargo, más abierta a confrontar estos puntos de vista.[32]

Entre 1935 y 1938 Burgos se esforzó por articular sus propios ideales, experimentó con el lenguaje y el estilo, y rindió homenaje a la retórica nacionalista, alineándose con las vanguardias. A lo largo de su vida, la poeta luchó contra las normas sociales y estereotipos de género, raza, clase y etnicidad. Si bien deseaba establecerse como una escritora seria, haciendo referencia a preocupaciones de relevancia nacional e internacional, se sentía limitada por los roles conservadores que muchas mujeres intelectuales de su generación aceptaban. El activismo político de las vanguardias estaba dominado por causas progresistas o de izquierda, y la poesía claramente política de Burgos la convirtió en una de las pocas escritoras asociadas con esa categoría.[33]

El 12 de septiembre de 1936, el periódico *La Acción* publicó su poema "Es nuestra la hora", un llamado a la unión, organización y lucha de los trabajadores contra el imperialismo estadounidense. En él, Burgos le implora al campesino unirse a la causa nacionalista y reconoce el espectro de enfermedad y pobreza que afligía a los trabajadores explotados de la isla.

> Ya se acerca el grito de los campesinos
> y la masa
> la masa explotada despierta.
> ¿Dónde está el pequeño que en el "raquitismo" deshojó su vida?
> ¿Dónde está la esposa que murió de anemia?
> ¿Dónde está la "tala" que ayudó a sembrarla, la que hoy esta muerta?
> ¿Dónde está la vaca?
> ¿Dónde está la yegua?
> ¿Dónde está la tierra?[34]

En esta estrofa, enumera las enfermedades que afligían a la población, que se intensificaban con la pobreza desenfrenada y la malnutrición. Utiliza símbolos agrarios como la vaca, la yegua y la tierra y responde a las preguntas en la siguiente estrofa del poema, haciendo responsable a Estados Unidos por la pérdida de este mundo agrario: "Campesino noble / tu desgracia tiene sólo una respuesta: / El Imperialismo de Estados Unidos".[35] Como respuesta, Burgos propone la unidad hemisférica basada en las ideas de José Martí como una forma de confrontar las políticas expansionistas de Estados Unidos. Propone tomar las armas frente a las fuerzas de aquel país y cierra el poema con un llamado a la independencia de Puerto Rico: "Una patria libre se unirá al concierto / de los pueblos grandes, / en Hispano América".[36] La conexión, solidaridad y acción que

propone como respuesta al colonialismo estadounidense difieren enormemente
de la nostalgia y las metáforas totalizadoras de muchos escritores treintistas.

Sus primeros poemas políticos contienen numerosas imágenes de trabajadores vinculados con la tierra. Sin embargo, Burgos nunca articula a un jíbaro
mítico y rechaza la nostalgia por un pasado idealizado. En "Desde el puente de
Martín Peña", por ejemplo, responde a la amenaza del colonialismo llamando
a los trabajadores a la unidad. Abre con la frase "Tierra rota", evocando una
imagen que resuena a lo largo del poema.

> Tierra rota. Se hace el día
> el marco de la laguna.
>
> Un ejército de casas
> rompe la doble figura
> de un cielo azul que abastece
> a un mar tranquilo que arrulla. (56)

Como una sorprendente alternativa a la idea de la gran familia puertorriqueña,
la imagen de las casas es combativa: un "ejército de casas" que irrumpe en la
calma del horizonte. A lo largo del poema, Burgos repite la frase "un ejército de
casas", no sólo contrarrestando la hacienda mitificada, pacífica, sino sugiriendo
también una interrupción de esta paz natural:

> Hacha del tiempo cortando
> carne de siglos de ayuna.
> Adentro la muerte manda.
> Afuera el hambre murmura
> una plegaria a los hombres
> que al otro lado disfrutan
> de anchos salarios restados
> a hombres obreros que luchan. (57)

Aquí, reconoce la infiltración económica estadounidense y la explotación de los
trabajadores de la industria azucarera. En lugar de mitificar al jíbaro, subraya
el hambre, la enfermedad, la pobreza y la muerte prevalecientes en la isla y
llama a los trabajadores a unirse, reconociendo la realidad de vida de la clase
trabajadora. Esta solidaridad con el movimiento obrero aparece no sólo en el
primer libro de poesía de Burgos, sino también en sus escritos posteriores desde
el extranjero.[37] Su trayectoria intelectual se parece a la de la anarquista Luisa
Capetillo, otra intelectual nómada puertorriqueña.[38]

Poema en veinte surcos contiene varios poemas que muestran este apoyo al
movimiento obrero. "Amaneceres" abre con un llamado al despertar espiritual

y mental a través de la autorreflexión y la autoconciencia: "¡Amaneceres en mi alma! / ¡Amaneceres en mi mente!" (22). Un movimiento hacia el interior lleva a una conciencia enaltecida: "Cuando se abre la puerta íntima / para entrar a una misma, / ¡qué de amaneceres!" (22). El poema llama a los trabajadores a organizarse, a aprovechar el tiempo y a participar en el presente, sugiriendo que el progreso es posible dejando atrás la imitación y la pasividad: "y que cuelgue todas las canciones de rumbo burgueses, / y rompa sus segundos en un millón de himnos proletarios" (22). En este poema se refiere a identidades verdaderas y falsas, una división que reaparece en sus poemas más íntimos y personales como "A Julia de Burgos", en el que la falsa identidad está socialmente construida y asignada a un género. En "Amaneceres," Burgos usa esta división para referirse a una identidad burguesa construida socialmente. Al hombre burgués le preocupa el dinero, la tradición, las costumbres sociales y la raza: aquello que el poema considera falsas construcciones.

> La otra,
> la dimensión social:
> la tradición,
> la raza,
> el capital.
>
> El hombre aburguesado
> de cuerpo,
> de mente
> y de energía.
>
> El hombre desviado
> huyendo ferozmente de sí mismo. (23)

El "hombre aburguesado" en "Amaneceres" está desconectado de sus instintos, y desconectado por lo tanto de la naturaleza misma: el problema de los seres humanos modernos que están alienados de sus verdaderas identidades. Burgos critica las trampas sociales de la aristocracia del viejo mundo y se niega a mitificar al jíbaro como un simple campesino sin preocupación alguna.

> El hombre tierra,
> hecho a dos dimensiones violentas.
> La dimensión común:
> cinco sentidos,
> y un cuerpo y una mente.
>
> El hombre todo. Él. (23)

Continúa describiendo a las personas "auténticas" como vinculadas a la tierra, no necesariamente en sentido agrícola, sino reconociendo que son parte de la naturaleza y están en contacto con sus instintos naturales. De acuerdo con Burgos la fuerza para enfrentar cualquier clase de opresión o identidad socialmente impuesta proviene del interior o de un movimiento, causa o afiliación política. Burgos ofrece una poderosa contranarrativa a los lazos de sangre y estructuras jerárquicas inherentes a la retórica paternalista de su generación, creando para ella y para otros un modo de salida de la nación.

El feminismo en Puerto Rico a principios del siglo XX

En la isla, la retórica del paternalismo infantilizaba a las mujeres, a los miembros de la clase trabajadora y a los afrodescendientes. Las mujeres de principios del siglo XX lucharon por la inclusión y por obtener roles públicos más significativos. Las mujeres asociadas con el mundo hispánico se adjudicaban cierta superioridad moral para distanciarse de la pobreza y la negritud. Las feministas de la élite puertorriqueña articulaban su propia visión moral de los matrimonios igualitarios entre la élite y su derecho a libertades intelectuales y sexuales. Su deseo de distanciarse de lo que percibían como mujeres afrodescendientes de mala reputación evitaba que impusieran retos más significativos al proyecto liberal de familia.[39] El movimiento obrero, en cambio, sí desafió las nociones liberales de respetabilidad y de la "gran familia nacional" con ideas de amor libre. Los líderes hombres del movimiento también soñaban con una visión de dominio masculino, limitando a las mujeres trabajadoras a una domesticidad idealizada, circunscrita. Las mujeres plebeyas que cuestionaban esta visión eran efectivamente marginalizadas. Una demonización sexual racialmente cargada de las mujeres obreras era el medio principal de una campaña colonial represiva en la que las mujeres burguesas jugaban un rol importante en la vigilancia y control de sus hermanas pobres: "Antiguas prácticas de vigilancia entre vecinos" hacían de las mujeres de estatus alto "invaluables aliadas en el ímpetu de erradicar la promiscuidad femenina".[40] Eileen Suárez Findlay señala que "a los ojos de las élites masculinas conservadoras y los funcionarios coloniales, actividades como la vigilancia y la intervención de las 'damas' en la vida de las familias de clase obrera eran por mucho preferibles a sus demandas crecientes por el voto femenino".[41]

Los discursos, comunicados de prensa y demás escritos que Burgos hizo para el Frente Unido Femenino repetían la retórica parroquial del Partido Nacionalista, aunque contradecía esta retórica en su poesía, las cartas a su hermana y la manera en que conducía su vida. Licia Fiol-Matta ha examinado cómo Gabriela Mistral a veces escondía y a veces revelaba su sexualidad ambigua a través de una variedad de máscaras públicas que por momentos desafiaban y por momentos afirmaban los roles sociales reductivos y limitantes de las mujeres.[42] También Burgos empezó a crear un personaje que hacía sombra a las ideas más radicales expresadas en su poesía. En 1938 dejó de usar su nombre de casada, Julia Burgos de Rodríguez, tanto al firmar sus cartas personales como los documentos del Frente Unido Femenino, abandonando el proyecto de construir una imagen socialmente aceptable a cambio de conducir su vida de acuerdo a sus propias ideas de libertad y justicia social. Esta variación de enfoque contribuyó a su partida de la isla.

El Frente Unido Femenino estaba comprometido a luchar por la soberanía de Puerto Rico. El 7 de julio de 1936, el periódico *El Mundo* publicó un comunicado de prensa escrito por Burgos en su capacidad de secretaria general de la organización, en el que anunciaba que la constitución oficial del grupo había sido aceptada en la Convención Nacional de Mujeres Portorriqueñas en San Juan el 28 de junio. La poeta Trina Padilla de Sanz, conocida como la Hija del Caribe, había sido nombrada presidente honoraria y Martha Lomar fue electa presidente ejecutivo. El comunicado alentaba a las mujeres de la isla a organizarse en capítulos locales.

Durante las décadas de 1910 y 1920, las mujeres puertorriqueñas lucharon por el sufragio, demandando emancipación en la esfera política y pública. Estos cambios quebrantarían el sistema de género establecido por la clase dominante. Magali Roy-Féquière señala que "la búsqueda de las mujeres criollas por su propia voz y empoderamiento fue inicialmente facilitada por una adherencia pragmática y selectiva a la práctica sufragista". De acuerdo con Roy-Féquière, las mujeres de la élite criolla tuvieron efectos contradictorios en la hegemonía del hacendado, desafiando al sistema para que las dejara participar en la vida pública, apoyando la estructura existente de raza y clase".[43] El líder del Partido Nacionalista, Pedro Albizu Campos, entre otros, acusaba a esas feministas de no apoyar a los hombres puertorriqueños en su lucha por la independencia del imperialismo estadounidense y de anteponer asuntos privados al interés nacional. En "Feminismo y la independencia patria", publicado en *El Mundo* en 1930, reprochó a las feministas que habían luchado por el sufragio en una elección colonial de 1926. Él creía que la única meta que valía la pena era la creación de la república soberana de Puerto Rico, argumentando que bajo el domino colonial nadie tenía derechos. En su opinión, por lo tanto, las mujeres sufragistas estaban intentando beneficiarse del imperialismo estadounidense y apoyando su permanencia.[44]

Las mujeres criollas de la élite tenían acceso limitado al capital cultural. Dedicadas al hogar, criaban niños y eran las portadoras de la cultura puertorriqueña. Cierto nivel educativo les era por tanto permitido y de hecho considerado esencial al desarrollo de una nación fuerte. El acceso a niveles más altos abría oportunidades a las mujeres de clase media y alta. Para principios del siglo XX, un número sin precedente de mujeres se habían convertido en profesoras y resultaron de primera importancia para la lucha sufragista. Estas profesoras venían tanto de familias acomodadas como del círculo de pequeños terratenientes y artesanos. Algunas, como Julia de Burgos, eran de clase trabajadora y/o de ascendencia africana. Estas mujeres a menudo mantenían a sus familias y experimentaban condiciones laborales extenuantes.[45] Sus oportunidades eran, además, limitadas porque no podían financiar viajes al extranjero para obtener mayores niveles educativos o certificados profesionales en áreas como la medicina, el derecho o la farmacia.

Burgos y otras miembros del Frente Unido Femenino respaldaron públicamente al Partido Nacionalista y a sus líderes y parecían dispuestas a subordinarse ante los hombres del partido y los valores patriarcales de la época. El 13 de julio de 1936, *El Mundo* publicó una nota en la que Burgos anunciaba una misa especial que sería celebrada al día siguiente, dedicada a la salud de Juan Antonio Corretjer, que estaba por ser sometido a juicio por traición contra el gobierno de los Estados Unidos, y al "restablecimiento de la paz y justicia pública". La nota también explicaba que las mujeres del Frente Unido Femenino habían enviado un telegrama al Papa pidiéndole su intervención a favor de Corretjer y de Albizu Campos, que también estaba en prisión:

> Su Santidad, Ciudad Vaticana, Las Mujeres de Puerto Rico humildemente ruegan a Su Santidad interceda excarcelación poeta patriota Corretjer, archivo proceso contra liderato nacionalista, presidencia Albizu Campos católico.

En otro comunicado de prensa publicado en *El Mundo* el 21 de julio de 1936, Burgos expresó creencias cristianas que no se encuentran en otras partes de su obra: "Mujeres portorriqueñas, que representáis la fuerza latente de nuestra nacionalidad, por decreto de la infinita voluntad de Dios Omnipotente; que hizo de cada mujer un símbolo divino, ofrendándole la gracia de la maternidad". Tras repetir su ruego a Dios y pedir a las mujeres que siguieran rezando por Corretjer y Albizu Campos, cerraba apelando a un sentido regional de la identidad, recordando los nombres de todos aquellos que habían luchado por la libertad y la justicia en América. En este mismo sentido, sugería una coalición transnacional, tema que se menciona en otras partes de su obra, articulaba una identidad hemisférica cuyas alianzas cruzaran fronteras y se declaraba en oposición al imperialismo de Estados Unidos, siguiendo el pensamiento de José Martí.[46]

> Cumplamos el mandato de nuestra condición de mujeres cristianas; oremos con devoción y fe solemne para que la tranquilidad vuelva a reinar en nuestra patria intervenida y para que se haga justicia con esos patriotas nacionalistas, en quienes

se está procesando también a Bolívar, a Sucre, a Martí, a Washington y a todos los libertadores del mundo.

Burgos repitió esta idea de solidaridad entre naciones latinoamericanas en incontables poemas escritos desde el extranjero como "Ibero-América resurge ante Bolívar", "Canción a los pueblos hispanos de América y del mundo" y "Saludo en ti a la nueva mujer americana". También escribió un poema en el que denunciaba al dictador dominicano Rafael Trujillo, "Himno de sangre a Trujillo", y una canción en apoyo al pueblo dominicano, "Canto a la ciudad primada de América". Estos textos expresan ideas de unidad hemisférica que invitan a otros latinoamericanos a identificarse con Burgos y a verla como un ícono defensor de la unidad latina.[47]

Las mujeres del Frente Unido Femenino se reunieron con miembros del gobierno estadounidense para defender su caso y expresar su apoyo al Partido Nacionalista. Cuando William H. King, senador republicano de Utah, visitó la isla el 15 de agosto de 1936, las mujeres se reunieron con él a pesar de que él se negó a reunirse con Albizu Campos o con otros representantes del Partido.[48] Según un informe de Burgos:

> Le indicamos al señor King que era nuestro criterio que él no había sido introducido a las personas que representan los verdaderos sentimientos y aspiraciones legíti- mos del pueblo de Puerto Rico; que sólo había sido introducido a los azucareros y capitalistas, que confabulados con el régimen, explotan al pueblo de Puerto Rico.[49]

Las mujeres continuaron expresando su desdén por el régimen estadounidense e hicieron un llamado por la salida inmediata de la isla de los funcionarios colo- niales estadounidenses: "Replicamos que en nombre de la mujer puertorriqueña queríamos decirle que odiamos el régimen norteamericano en Puerto Rico y que si ellos tenían las intenciones de evacuar nuestro territorio, deberían hacerlo inmediatamente". Las mujeres le pidieron a King que se reuniera con Albizu Campos, pero el senador respondió que no se reunía con asesinos y que, dado que él era capitalista y Estados Unidos era un país capitalista, tenía sentido que decidiera reunirse exclusivamente con capitalistas. Es poco probable que las mujeres esperaran que King simpatizara con su causa, pero la carta tuvo una gran carga simbólica y recibió mucha atención.

La poesía de Burgos, sin embargo, también estaba en conflicto con su prosa nacionalista, especialmente cuando escribía sobre los roles de las mujeres y exaltaba el linaje español de la isla. El 23 de septiembre de 1936, el Frente Unido Femenino conmemoró el aniversario del Grito de Lares de 1868 organi- zando una manifestación en esa población, durante la cual Burgos pronunció un discurso poderoso, persuasivo y poético, "La mujer ante el dolor de la patria". Articuló puntos de vista coherentes con el albizuismo, reivindicando que las mujeres españolas que habían peleado en la Guerra Civil Española eran el linaje heroico de Puerto Rico y alentando a las mujeres puertorriqueñas a seguir su ejemplo y tomar las armas para luchar junto a sus compañeros.[50]

> Que estamos dispuestas a ir al sacrificio que la libertad impone, para demostrarle al mundo la herencia de nuestra tradición heroica, que en estos momentos ha florecido en las valientes mujeres españolas que marchan, fusil en mano, junto a los hombres, a defender una causa que ellas creen justa y noble.[51]

Más adelante en ese mismo discurso, adoptó roles de género más tradicionales y se adhirió al discurso conservador del marianismo, una ideología prevalente en países latinoamericanos.[52] También conocido como el culto a María, el marianismo enseña que las mujeres son semidivinas, moralmente superiores y espiritualmente más fuertes que los hombres. Burgos abogaba por ciertas cualidades del marianismo, incluyendo la expectativa de que las mujeres sacrificaran sus propios deseos por los de los demás y mantuvieran características femeninas ideales como la fuerza y superioridad moral.

> Las elecciones partidistas sólo han servido para dividir la familia puertorriqueña. La mujer ha sido creada por Dios como símbolo de la unidad sagrada de la vida, que fecundiza en la maternidad. Ella es el centro del hogar, que irradia su amor, su abnegación y su ternura a todos lados. Pero no olvidarse de los principios de confraternidad humana; que hacen de la nación la familia común, que hacen de la Patria el hogar común. Así mismo debe ser ella el centro de la patria, irradiando su amor y su verdad por todas partes. Por lo tanto, no debe ella contribuir a dividir la patria, porque con ello está dividiendo su propio hogar. Se está faltando el respeto a sí misma y a la gracia divina que creó en ella la pureza de la maternidad.[53]

Burgos definió así el papel nacional de las mujeres como esposas y madres tradicionales, ideas que se alinean con el tono religioso que adoptó en sus escritos periodísticos y del partido, y reflejan el feminismo conservador de las criollas de élite como Mercedes Solá, profesora y líder sufragista que contribuyó a moldear el pensamiento feminista en la isla durante la década de 1920. Solá expresó sus ideas "por miedo a que el feminismo radical, favorecido por muchas feministas de clase obrera, pudiera ganar popularidad en Puerto Rico".[54] En consecuencia, ella y otras mujeres de clase media desarrollaron una línea del feminismo que no representaba una amenaza al *status quo*, presentándose como colaboradoras del proyecto nacionalista.[55] La poesía y las cartas de Burgos, sin embargo, describían el matrimonio como restrictivo y expresaban resentimiento hacia los limitados roles al alcance de las mujeres.

La raza y el género

La versión treintista del nacionalismo cultural domina hasta hoy, pero versiones disidentes de la cultura fueron expresadas desde la década de 1930. La primera poesía de Burgos, incluyendo "Río Grande de Loíza" y "Ay, ay, ay de la grifa negra" (1938), se opone al jíbaro idealizado al recordar el doloroso legado de esclavitud en la isla. En vez de mitificar al jíbaro, la poeta reconoce la explotación que sufren tanto los hombres como las mujeres que viven en condiciones de pobreza. Esta descripción la aparta de muchos otros escritores de la época, aunque no todos negaron la presencia africana en la isla. El poemario negrista de Luis Palés Matos, *Tun tun de pasa y grifería* (1937), por ejemplo, celebra la herencia africana de Puerto Rico, y su poesía afroantillana desafía al hispanismo y al insularismo de Pedreira.[56] Burgos también propone una construcción de la cultura puertorriqueña que tome en cuenta distintas razas, no sólo en "Río Grande de Loíza", sino también (y de modo más notable) en "Ay, ay, ay de la grifa negra".[57] Estas obras literarias son altamente experimentales y constituyen un reclamo deliberado de la presencia africana en la isla como una tradición autóctona. Normalmente, las obras de vanguardia estaban enmarcadas en contextos americanistas más amplios y afirmaban posiciones explícitamente americanistas. Este discurso "celebraba el humanismo del continente, su energía, su espíritu 'ancestral' y su originalidad radical como antídotos poderosos al agotamiento cultural europeo".[58]

Para mediados de los treintas, el debate sobre la negritud en la cultura puertorriqueña estaba en pleno desarrollo. El 13 de noviembre de 1932, Palés Matos publicó el ensayo "Hacia una poesía antillana" en *El Mundo*:

> En un sentido general, el hecho de que las Antillas hayan sido colonizadas y pobladas por la raza hispánica, no significa que después de cuatrocientos años, que representan múltiples generaciones, continuemos tan españoles como nuestros abuelos.
>
> El negro vive física y espiritualmente con nosotros y sus características, tamizadas en el mulato, influyen de modo evidente en todas las manifestaciones de nuestra vida popular...
>
> Su vitalidad, su dinamismo, su naturaleza primitiva... nos da su pasión, su verbosismo exuberante, su elasticidad de actitudes y su extraño magnetismo, que adquiere en el mulato una especie de fuerza mística arrolladora.
>
> ... Yo diría que el antillano es un español con maneras de mulato y alma de negro.[59]

Aquí, Palés Matos hace eco de la búsqueda de los intelectuales de la época que enmarcan una visión americanista en su obra literaria y articulan preocupaciones nacionales de las vanguardias literarias de su tiempo. Su poesía negrista había causado revuelo entre el público lector. El ensayo de Tomás Blanco "Elogio de la plena (Variaciones boricuas)" (1934) fue un intento de conciliar la identidad criolla de Puerto Rico con la heterogeneidad racial de la isla.[60] Los intelectuales criollos de la época insistían de manera casi unánime en que Puerto Rico era la isla más blanca del Caribe. Pensadores como Blanco, Emilio Belaval y Margot Arce distanciaban las formas de expresión africanas que había en la isla de sus orígenes culturales. La mulata aparece como el objeto favorito de las fantasías sexuales en la escritura de Blanco y Belaval, entre otros.[61]

"Ay, ay, ay, de la grifa negra", publicado por primera vez en 1938, es uno de los poemas mejor conocidos de Burgos. La conciencia racial es presentada en este poema de manera más explícita que en el resto de su poesía, algo extraordinario entre los escritores de entonces, siendo Palés Matos una de las pocas excepciones.

> Ay, ay, ay, que soy grifa y pura negra;
> grifería en mi pelo, cafrería en mis labios;
> y mi chata nariz mozambiquea.
>
> Negra de intacto tinte, lloro y río
> la vibración de ser estatua negra;
> de ser trozo de noche, en que mis blancos
> dientes relampaguean;
> y ser negro bejuco
> que a lo negro se enreda
> y comba el negro nido
> en que el cuervo se acuesta.
> Negro trozo de negro en que me esculpo,
> ay, ay, ay, que mi estatua es toda negra. (52)[62]

La mujer de las primeras estrofas está descrita en estereotipos deshumanizadores y carece de agencia. No habla: es más bien descrita como una estatua y ni sus sentimientos ni su humanidad son revelados al lector. Su cabello es "grifería", sus labios "cafrería" y su nariz es "chata", mientras que la blancura de sus dientes es tan brillante que, en contraste con su piel negra, lucen como rayos luminosos que "relampaguean". Palés Matos, uno de los primeros en escribir con este estilo, típico de los poetas negristas del periodo, crea imágenes similares. George Robert Coulthard y críticos más recientes como Magali Roy-Féquière han señalado sus características estereotipadas y la ausencia de humanidad asignadas a las figuras africanistas creadas por la poesía negrista en un primer momento, aunque el poeta afrocubano Nicolás Guillén destaca como excepción. Su poesía trasciende las representaciones estereotípicas, articulando conmovedoramente la humanidad africana en el contexto cultural racista de la década del treinta.[63]

Como Palés Matos, Burgos insistía en que las experiencias de los pueblos afrodescendientes eran críticas para el Caribe y en particular para la vida puertorriqueña. Si bien Burgos expresaba la identidad racial con estereotipos, creaba a la vez una división entre el amo y la raza esclavizada en este poema. La voz

poética rechaza cualquier asociación con el poder colonizador y se coloca claramente entre la raza esclavizada, reclamando una herencia africana y rechazando
cualquier afiliación con la raza del poder dominante.

> Dícenme que mi abuelo fue el esclavo
> por quien el amo dio treinta monedas.
> Ay, ay, ay, que el esclavo fue mi abuelo
> es mi pena, es mi pena.
> Si hubiera sido el amo,
> sería mi vergüenza;
> que en los hombres, igual que en las naciones,
> si el ser el siervo es no tener derechos,
> el ser el amo es no tener conciencia. (52)[64]

Si bien trazar su herencia hasta la esclavitud da cuenta de gran parte de su
tristeza, el yo poético dice preferir esta herencia al linaje del amo, carente de
conciencia. También sugiere la historia de violación y mestizaje que forma
parte del legado de la esclavitud y reconoce la explotación y subyugación de
los cuerpos de las mujeres negras.[65]

> Ay, ay, ay, los pecados del rey blanco
> lávelos en perdón la reina negra.
>
> Ay, ay, ay, que la raza se me fuga
> y hacia la raza blanca zumba y vuela
> a hundirse en su agua clara;
> o tal vez si la blanca se ensombrará en la negra.
>
> Ay, ay, ay, que mi negra raza huye
> y con la blanca corre a ser trigueña;
> ¡a ser la del futuro, fraternidad de América! (52–53)

En la penúltima estrofa, Burgos se refiere al concepto de mestizaje o blanqueamiento racial, un proceso promovido por las élites constructoras de nación
a lo largo y ancho de América Latina para descartar lo que ellos describían
como las indeseables características africanas e indígenas. Uno de los defenso-
res más conocidos de este blanqueamiento fue el político y escritor mexicano
José Vasconcelos, autor de *La raza cósmica* (1925). Burgos invierte esta idea
al sugerir que la raza blanca puede ser eliminada o "mejorada" a través del
mestizaje. Exalta una identidad racial mixta como la raza del futuro que unirá
al continente americano. Al hacerlo, expresa una preocupación americanista
común a las vanguardias latinoamericanas de la época, que "pronostican un
energético nuevo día, una nueva especie humana potente y un poderoso nuevo

arte".[66] Si bien este concepto de mestizaje es problemático, el poema entra en conflicto con la heterogeneidad racial puertorriqueña, una realidad que la élite criolla de su tiempo se negaba a aceptar. En el poema habla una mujer de herencia africana, lo que permite a Burgos desafiar y subvertir la idea de la nación como familia. Tanto los escritores en la isla como en la diáspora en Nueva York, retomaron más tarde esta importante parte del legado de Burgos al escribir sobre la negritud como identidad política.

La construcción del ser en la poesía feminista de Burgos

Si bien muchos de los primeros poemas de Burgos tienen características de nomadismo, los poemas en los que se autodefine son los que mejor muestran al sujeto nómada feminista. En ellos, revela sus sentimientos de frustración ante la cultura insular y patriarcal de la isla. Critica a la sociedad burguesa del Ateneo Puertorriqueño, la institución del matrimonio y las limitadas oportunidades accesibles para las mujeres. Estas frustraciones, junto con el clima político cambiante de la isla, finalmente la llevaron a abandonar su tierra natal para nunca volver.

En "A Julia de Burgos", la poeta revela una división o doble conciencia, que sugiere ideas posmodernistas de la identidad como performance. El ser socialmente construido hace un performance de feminidad. La voz del poema dramatiza el conflicto entre su identidad construida, socialmente aceptable, y su voz interna como mujer artista, y quiere deshacerse de esta "otra" Julia de Burgos. La artista/poeta Julia le habla a la Julia socialmente construida, revelando una batalla interna entre una identidad "verdadera" y una "falsa", con la que es incapaz de conciliarse. Este poema hace eco de la obra de otras grandes artistas americanas de principios del siglo XX, como *Las dos Fridas*, de Frida Kahlo (1939), "La otra", de Gabriela Mistral (1954), "Her Kind", de Anne Sexton (1960) y "Tres mujeres", de Sylvia Plath (1962). En estas piezas y poemas, las artistas escenifican una confrontación entre dos aspectos encontrados de sí mismas: el "verdadero" ser artístico y un "falso" ser construido socialmente. Los dos son irreconciliables; uno finalmente destruirá al otro.

"A Julia de Burgos" no sólo fue precursor de estos otros trabajos, sino que es único en el hecho de que la "verdadera" identidad del poeta es la voz victoriosa. En los otros poemas, la "falsa" identidad socialmente aceptada habla y mata a la "verdadera". Revelando lo que llamo una poética de la presencia y la autenticidad, la poeta/voz del poema de Burgos rechaza y critica a la mujer burguesa. Las primeras líneas preparan el escenario para estas dos identidades en conflicto. La poeta está consciente de que su yo "verdadero" representa una amenaza para la mujer social: "Ya las gentes murmuran que yo soy tu enemiga / porque dicen que en verso doy al mundo tu yo"(9). La poeta/voz es peligrosa, es la enemiga porque revela sus pensamientos más íntimos: aquello que debe permanecer no dicho, como sus convicciones políticas y su deseo sexual. Luego la poeta/voz se afirma a sí misma y aclara su posición, rechazando las palabras ajenas y sugiriendo que el "falso" ser exterior debe ser eliminado.

> Mienten, Julia de Burgos. Mienten, Julia de Burgos.
> La que se alza en mis versos no es tu voz: es mi voz;
> porque tú eres ropaje y la esencia soy yo;
> y el más profundo abismo se tiende entre las dos. (9)[67]

En esta estrofa se establece la división, y a partir de este punto la voz describe las dos partes incompatibles de sí misma, revelando que la identidad es un performance. Burgos expresa las luchas y retos que enfrentan las mujeres artistas en esta sociedad. La identidad "falsa" es descrita como ropaje, fría muñeca de mentira social, miel de cortesanas, egoísta, grave señora señorona, te rizas el pelo y te pintas, dama casera, resignada y flor de aristocracia. Se asocia con normas sociales artificiales, las apariencias y el ego y el qué dirán social. Ella es la mujer ideal que sabe vestirse apropiadamente y mantener el decoro. La identidad "verdadera" en este poema es la poeta, la fuerza vital escondida detrás de la máscara del decoro social. Describe este aspecto de sí misma como esencia, viril destello de la humana verdad, la vida, la fuerza, la mujer. Ella es verdad y sustancia; no es una señora, término que indica clase social y estatus marital, sino una mujer.

Como observadora externa de la burguesía, la voz poética se permite ofrecer una crítica incisiva. El mayor desafío al que se enfrenta la "falsa" identidad en este poema es la falta de control sobre sus decisiones y su destino. El performance de la feminidad está guiado y manipulado por la sociedad patriarcal en la que vive. Su vida no le pertenece. Su esposo es su carcelero y ella está sujeta a sus deseos: "tú eres de tu marido, de tu amo". Su vida está dictada desde fuera y carece de la habilidad para tomar decisiones propias:

> Tú en ti misma no mandas; a ti todos te mandan;
> en ti mandan tu esposo, tus padres, tus parientes,
> el cura, la modista, el teatro, el casino,
> el auto, las alhajas, el banquete, el champán,
> el cielo y el infierno, y el qué dirán social. (10)[68]

En contraste con este performance de feminidad, dictado por las costumbres de su tiempo —el cura, el esposo y todo lo que forma el mundo de la aristocracia social—, la voz del poema asume la poética de la presencia y lucha por vivir su propia vida y permanecer auténtica. Más o menos en el mismo momento de 1938 en el que este poema fue publicado, Burgos dejó de usar su nombre de casada; en vez de simplemente volver al de soltera, insertó un *de* antes del apellido de su padre. Fue así que se convirtió en Julia *de* Burgos, tomando posesión simbólica de sí misma.

La voz de "A Julia de Burgos" asegura que siempre ha sido leal a sí misma y a su voz interior, dejando claro que el ser "verdadero" es la poeta: "la que se alza en mis versos no es tu voz: es mi voz". Expone su alma en su poesía —"en todos mis poemas desnudo el corazón"— y lucha por mantenerse siempre leal a sí misma: "en todo me lo juego a ser lo que soy yo". La poeta controla su destino y toma sus propias decisiones: "en mí manda mi solo corazón, mi solo pensamiento; quien manda en mí soy yo". Continúa diciendo, "yo de nadie, o de todos, porque a todos, a todos, en mi limpio sentir y en mi pensar me doy". Aquí la voz define su vocación como poeta, comprendiendo que la obligación de un poeta es decir la verdad. Este poema tiene que ver con la autenticidad y con la iluminación, ideas que encabezaron las tendencias poéticas de principios del siglo XX.[69]

Burgos transmite claramente su compromiso con su oficio como escritora. En los últimos dos versos, la poeta se dirige a la "falsa" identidad expresando su compromiso de rebelión contra ella y contra todas las restricciones sociales impuestas. También hace evidente su determinación a combatir toda forma de injusticia e inhumanidad cuando dice: "contra ti, y contra todo lo injusto y lo inhumano, / yo iré en medio de ellas con la tea en la mano". Estos temas permearon en la obra de Burgos a lo largo de su carrera. Luchó persistentemente por los derechos de los oprimidos. Aquí, hace a un lado todo lo que le estorba al ser, llegando a un lugar de autoconocimiento y autocomprensión sobre su vocación como poeta, mujer y artista.

"Pentacromia" es otro de sus poemas más conocidos que aparece en su primer libro. Se recuerda sobre todo por su final controversial y su deseo explícitamente articulado de ser un hombre. La primera publicación de este poema fue en *El Imparcial*, un periódico nacionalista, el 4 de diciembre de 1937. En el poema, trasmite su anhelo de libertad para viajar y explorar, privilegios que se les otorgaban principalmente a los hombres en esa época y a las mujeres de la alta sociedad. En la primera estrofa, la mujer que habla desea ser "Don Quijote o Don Juan o un bandido / o un ácrata obrero o un gran militar" (25). Repite la primera frase, "Hoy, quiero ser un hombre", en las siguientes seis estrofas. Este deseo sugiere que hay oportunidades a las que ella no tiene acceso debido a su género. Quiere ser participante activa en el mundo, no una observadora pasiva. En la última estrofa, articula su ira y su deseo de rebelarse.

> Hoy, quiero ser un hombre. Subir por las tapias,
> burlar los conventos, ser todo un Don Juan;
> raptar a Sor Carmen y a Sor Josefina,
> rendirlas, y a Julia de Burgos violar. (26)

La referencia a Don Juan subraya la manera en que la sexualidad y virilidad de los hombres han sido glorificadas en la historia literaria. Las mujeres de este poema viven en un convento y su sexualidad les es negada. La yuxtaposición de Don Juan y las hermanas en el convento magnifica el doble estándar socialmente aceptado en lo que respecta a la sexualidad de los hombres y de las mujeres. La manera en que las mujeres están posicionadas sugiere su falta de poder y su exclusión activa del mundo. El último verso de la estrofa es el más impactante, revelando los sentimientos de vulnerabilidad y falta de poder de Burgos en una sociedad patriarcal. El hecho de que las violaciones ocurran en un convento constituye también una afrenta a la Iglesia católica.

El compromiso de Burgos para con su oficio de escritora es evidente desde este, su primer libro. Varios de sus poemas revelan los experimentos verbales e indagaciones temáticas del lenguaje características de las vanguardias. Éstas tuvieron una preocupación particular por la búsqueda de legitimación estética, por afirmar el poder artístico al identificarse con la formación inicial de la lengua y con la idea de recrear el lenguaje en el vacío.[70] En "Se me ha perdido un verso", Burgos expresa muchas de las frustraciones que viven los artistas al cultivar su oficio. La poesía es descrita como un objeto tangible. Las palabras son esculturas que los poetas deben moldear. Expresa frustración ante el misterio de la inspiración, que aparece para luego desaparecer: la vida propia de las palabras y la poesía.

> Partió calladamente, deforme y mutilado,
> cargando en su mutismo el vago sentimiento
> de haber vestido en carne gastada de palabras
> para exhibir mi entrada a un intento poético. (18)

Aquí prosigue la antropomorfización de la poesía al dirigirse a ella, en un acto discursivo directo, en la segunda persona del singular: "¡Tú! ¡Verso!". La repetición de este recurso sugiere un objeto vivo y presente. Esta forma ha sido usada durante siglos en la tradición poética para darle vida a objetos inanimados. En un intento final de definir la poesía, Burgos escribe:

> Ya puedo definirte. Traes ímpetu de idea,
> y vibra en tus palabras el ritmo de lo nuevo.
> Eres el hoy del mundo; la afirmación; la fuerza.
> ¡Revolución que rompe las cortinas del tiempo! (19)

Aquí su definición de la poesía hace eco con la noción de una poética de la presencia y la autenticidad evidente en "A Julia de Burgos". La poesía es una expresión del presente, una fuerza vital. Finalmente, en la poesía se define a sí misma al encontrar su voz: "me he encontrado yo misma al encontrar mi verso".

El intento de definir la poesía es así un intento de definir al ser, que está en una relación simbiótica con ella. El artista y el objeto artístico se vuelven uno. El poeta/ser le da forma a la poesía, la poesía le da forma al ser: no pueden ser definidos por separado. La poesía, considerada un objeto exterior al principio del poema, se ha fusionado con la existencia de la poeta. Burgos regresa a este tema en su tercer libro, *El mar y tú*. Burgos afirma su presencia al intentar darle forma y estructura a sus palabras e ideas. Revolucionó la lírica a través de su habilidad de expresar conmovedora y efectivamente su frustración como mujer y artista. La poesía, la escritura y el arte a menudo han sido descritos como una línea de salvación para mujeres artistas y como un vehículo de auto-descubrimiento y autoexpresión. Aunque Burgos no fue la primera en tener estas ideas, la expresión explícita de su relación con su arte es parte del legado que dejó a las siguientes generaciones de mujeres artistas.

Burgos sigue creando rutas de escape en su poesía en *Poema en veinte surcos*, pero la salvación y el escape de fuerzas opresoras se interna más y más en la imaginación, pues las avenidas hacia la libertad del mundo físico no están abiertas para ella. En "Íntima", por ejemplo, expresa su deseo de escapar de este mundo y dejar atrás la forma humana. En "Mi símbolo de rosas", la poeta se siente atrapada. Mira dentro de su propia subjetividad e imaginación para sostenerse. Su inhabilidad de conciliarse con el mundo la lleva a la introspección. Esta obra es enigmática y obscura. Su imagen principal es la de cuarenta rosas abiertas que simbolizan su corazón. La poeta se siente atrapada y adolorida, pero no encuentra manera de escapar. Incapaz de liberarse de su situación social, busca espacio dentro de sí misma, en su imaginación, para mantenerse en pie. Escribe sobre el "triunfo de la imaginación" y "mi vida en fuga continua hacia adentro" (58).

En "Mi alma", Burgos revela un ser inconexo y fragmentado que sufre de alienación, un estado que compara con la experiencia del exilio, anticipando la partida de su tierra natal. El estado mental de la voz poética es frágil y desea rebelarse, distanciarse de todo aquello que le es impuesto.

> La locura de mi alma
> no puede reclinarse,
> vive en lo inquieto,
> en lo desordenado,
> en el desequilibrio
> de las cosas dinámicas,
> en el silencio
> del libre pensador,
> que vive solo,
> en callado destierro. (65)

Burgos invoca al espacio metafórico del exilio, sugiriendo que intelectuales y librepensadores viven en tal espacio. En "Exilio intelectual: expatriados y marginales", Edward Said señala que la idea del intelectual como un ser marginal está "mejor ejemplificada por la condición de exilio, el estado de nunca adaptarse complemente, de sentirse siempre fuera del mundo familiar y locuaz de los nativos, por decirlo de algún modo, de tender a evitar e incluso sentir desagrado por las trampas de la acogida y el bienestar nacional. En este sentido metafísico, el exilio para un intelectual es inquietud, movimiento, sentirse constantemente inestable y desestabilizar a otros".[71] El intelectual representa el conocimiento y permanece siempre en los márgenes, negándose a perder su libertad.

El poema final de este libro es el ejemplo más notable de sujeto nómada, otra muestra más de la búsqueda de novedad de las vanguardias. En "Yo misma fui mi ruta", la voz poética crea su propio camino de vida. Describe cómo había intentado ser lo que la sociedad dicta, una esposa y una mujer adherida a las normas sociales, "Yo quise ser como los hombres quisieron que yo fuese: / un intento de vida; / un juego al escondite con mi ser" (70). Concluye que no puede ser esa mujer, por lo que debe crear una trayectoria propia. Se ve a sí misma como la propuesta y la esperanza de algo nuevo: debe dejar atrás el pasado y buscar un nuevo camino.

> Pero yo estaba hecha de presentes,
> y mis pies planos sobre la tierra promisora
> no resistían caminar hacia atrás,
> y seguían adelante, adelante,
> burlando las cenizas para alcanzar el beso
> de los senderos nuevos. (70)
> [...]
> cuando ya los heraldos me anunciaban
> en el regio desfile de los troncos viejos,
> se me torció el deseo de seguir a los hombres,
> y el homenaje se quedó esperándome. (71)

Aquí, la voz está decidida y preparada para romper con el pasado, expresando un deseo coherente con la noción de exilio metafísico de Said. Como modelo para el intelectual, el exilio significa que éste no puede seguir un camino predefinido. El estado de marginación debe ser sentido por el intelectual no como una "privación ni como algo que debe lamentarse, sino como una forma de libertad, un proceso de descubrimiento en el que haces las cosas de acuerdo con tu propio patrón, según captan tu atención intereses y según dicta la meta que tú mismo te propongas".[72] Si bien el exiliado es a menudo definido como una persona que se mueve de un punto a otro, Said define al exilio metafísico de manera distinta y más coherente con la trayectoria nómada, que se resiste a códigos morales de comportamiento y pensamiento comúnmente aceptados.

Durante la década de los treinta, Burgos desarrolló su conciencia social, política y creativa. Su primer libro de poesía incluye muchos de los temas que siguió explorando en su escritura durante toda su vida. Desde 1935, cuando escribió "Río Grande de Loíza", hasta 1938, cuando *Poema en veinte surcos* fue publicado, se embarcó en la ruta que seguiría a lo largo de su vida. Abandonó la máscara social construida durante su matrimonio con Rodríguez Beauchamp y en su escritura para el Frente Unido Femenino. Su poesía criticaba las normas sociales opresivas de Puerto Rico a la vez que establecía su compromiso con la independencia política de la isla. Desde su primer libro de poesía, Burgos empezó a crear rutas de escape y esa búsqueda la vinculó con las vanguardias literarias. Continuó usando imágenes de agua y otras formas de movimiento y fluidez para crear caminos y avenidas que la llevaran a algo nuevo. Los vuelos, migraciones y exilios en su poesía anticipan su partida física de la isla. Estos itinerarios abrieron la posibilidad de crear un hogar en otra parte, lejos de los restrictivos confines de la nación insular, colonial y patriarcal.

2

Nadie es profeta en su tierra
exilio, migración e identidad hemisférica

Julia de Burgos tenía 25 años cuando se embarcó rumbo a Nueva York, el 13 de enero de 1940. Para entonces ya había escrito tres libros de poesía y había publicado dos de ellos. Se había casado y divorciado. Estigmatizada por la cultura conservadora de Puerto Rico debido a su divorcio, Burgos partió sin planes de volver. "I feel more universal [Me siento más universal]", expresó en una carta enviada a su hermana Consuelo escrita en inglés poco después de haber llegado a Nueva York.[1] Su decisión de abandonar la isla y pasar el resto de su vida en el extranjero provocó muchas críticas, especulación romántica y chismes entre aquellos que consideran que su partida desencadenó la serie de eventos que llevaron a su muerte. La narrativa de la migración como tragedia prevalece en la cultura literaria y de expresión del Puerto Rico de las décadas del cuarenta y cincuenta. Para muchos puertorriqueños, tanto en la isla como en Nueva York, Burgos se volvió un símbolo de esta tragedia.[2] Sin embargo, la experiencia migratoria de Burgos también puede ser leída como un escape de su condición de víctima. Este capítulo sigue sus rutas migratorias hasta Nueva York, La Habana y de regreso a Nueva York en el contexto amplio de la migración puertorriqueña. A la luz de los temas relacionados con el género en su segundo y tercer poemario, *Canción de la verdad sencilla* (1939) y *El mar y tú* (1954), y en sus poco estudiadas cartas, su experiencia migratoria deja de parecer la de una víctima y, más bien, Burgos emerge como una figura temprana del sexilio.

Factores políticos y económicos han sido a menudo tomados en cuenta en el análisis de las razones de la migración desde América Latina y el Caribe a Estados Unidos. En años recientes, Lawrence La Fountain-Stokes y otros académicos han explorado el vínculo causal entre sexualidad y migración.[3] El teórico Manolo Guzmán acuñó el término sexilio para referirse al "exilio de aquellos que han tenido que dejar sus países de origen debido a su orientación sexual".[4] Este capítulo amplía la definición de sexilio para incluir a las mujeres heterosexuales que han sido excluidas y desplazadas por ser consideradas sexualmente transgresoras por los discursos patriarcales y heteronormativos.[5] Usar este término en referencia a mujeres trae a la mente a la anarquista puertorriqueña Luisa Capetillo, a quien se le recuerda como una de las escritoras más importantes y líder del sindicato de la industria del tabaco, una lectora (en ocasiones, los tabaqueros le pagaban a una persona para que leyera los periódicos o algún libro mientras ellos trabajaban) que luchó por los derechos laborales y fue activista por los derechos de las mujeres en Puerto Rico, Tampa y Nueva York. Hoy se le celebra como una de las primeras feministas puertorriqueñas y es famosa por haber sido arrestada por vestir pantalones en público en La Habana.[6] Escrito en 1911, en la víspera de su partida a Estados Unidos, *Mi opinión sobre las libertades, derechos y deberes de la mujer*, fue el primer libro puertorriqueño dedicado exclusivamente a cuestiones de género y derechos de las mujeres.[7] En Tampa, la autora revisó y expandió significativamente su obra, incluyendo de modo más general las condiciones de las mujeres, para una nueva edición publicada en Florida en 1913.[8] Lisa Sánchez González señala que Capetillo dejó la isla tras ser "acosada por los dos regímenes coloniales que conoció en Puerto Rico y quedar descontenta con el movimiento de los trabajadores".[9] Como una feminista que dejó la isla para ir en busca de mayores libertades de las que tenía en una sociedad patriarcal, su trabajo se anticipa al de generaciones posteriores de escritoras que tuvieron la esperanza de que la migración fuera una estrategia que las liberara de la opresión por motivos sexuales y de género.[10] Abundan las obras literarias con personajes de mujeres caribeñas cuya sexualidad es vista como transgresora o desviada y que fueron condenadas al ostracismo por sus comunidades. Si bien la sexualidad de Burgos no está bajo cuestionamiento, es importante entender el papel que el género jugó en su decisión de dejar la isla y en su imposibilidad de construir una vida propia en Cuba o en Nueva York. Circunstancias sociales fuera de su control frustraron sus ambiciones una y otra vez.

En "¿Sexilios femeninos?: hacia una arqueología del desplazamiento de las minorías sexuales en el Caribe", la crítica literaria Yolanda Martínez-San Miguel argumenta que la definición de sexilio debe incluir dos definiciones de desplazamiento simultaneas y complementarias: la inadaptación ante los discursos patriarcales caribeños y la exclusión negociada y temporal del cumplimiento del deseo sexual divergente. Propone comprender el sexilio como ha sido usado en los estudios queer caribeños para "pensar en la configuración de identidades comunales alternativas basadas en narrativas recientes que van más allá de matrices hetero y homonormativos". La autora extiende el significado de sexilio hasta "una noción negativa que motiva la acción colectiva a incluir la relación entre naciones no soberanas del Caribe insular y el papel de las minorías sexuales en la constitución de nuevas narrativas de identificación colectiva".[11] El control de la sexualidad de las mujeres y el de las minorías sexuales *queer*

Figura 3. Julia de Burgos y
Juan Isidro Jimenes Grullón,
ca. 1939–42. Colección general,
Archivos de la Diáspora
Puertorriqueña, Centro de
Estudios Puertorriqueños,
Hunter College, CUNY.

tienen una estructura en común: ambos grupos están excluidos de la nación por ser considerados excesivos y transgresores.

La asertividad, franqueza, divorcio, amorío y estilo de vida bohemio de Burgos resultaron en habladurías sustanciales y prejuicios en la isla. Según una amiga que vivía en Nueva York, Emelí Vélez de Vando, las mujeres de los círculos culturales de San Juan aceptaban a Julia de Burgos, la poeta, pero no querían ser asociadas con Julia de Burgos, la mujer.[12] El rechazo de Burgos hacia el matrimonio y los roles femeninos tradicionales, su pobreza y su raza eran factores en su relación conflictiva con su país natal y tuvieron una influencia significativa en su decisión de partir. Para no quedarse fija en la imaginación racista y elitista del proyecto nacional, Burgos siguió creando sujetos nómadas en *Canción de la verdad sencilla*.[13] Dejó la isla al poco tiempo de publicar este libro. En su último poemario, *El mar y tú*, podemos ver la culminación de su sujeto nómada, que usa la muerte y la abyección para escapar al confinamiento. Otros escritores queer que emigraron después desde Puerto Rico, tanto hombres como mujeres, retomaron esta imagen del sexilio, entendiendo la metáfora y convirtiendo a Burgos en un personaje ficcional queer que es expulsado de la nación por sus deseos sexuales exorbitantes (ver capítulo 4). Este fenómeno subraya los vínculos que existen entre la afirmación de Burgos de su sexualidad y sus elecciones no tradicionales y los movimientos de liberación sexual que definieron los movimientos de lesbianas, gay, bisexuales y transgénero de la década de los setenta.[14]

Canción de la verdad sencilla

Julia de Burgos escribió *Canción de la verdad sencilla* poco después de conocer a Juan Isidro Jimenes Grullón, quien más tarde declaró haber "sido testigo del nacimiento de todos estos poemas". Jimenes Grullón contaba que, cuando él se iba a acostar, Burgos "se quedaba despierta, escribiendo, y por la mañana me mostraba lo que había escrito durante la noche, siempre poemas de amor".[15] Sin embargo, una lectura más minuciosa del libro revela que estos poemas son más que simples poemas de amor. En ellos, Burgos desarrolló un sujeto nómada que imagina vuelos, viajes y transformaciones corporales para escapar del confinamiento. Si bien es cierto que mucha de esta poesía tiene que ver con temas amorosos, la voz en ella debe dejar atrás el mundo y emprender viajes imaginativos a través de los cuales se vuelve una con la naturaleza y con su amante. El poemario realza el impulso a derribar barreras, eliminar limitaciones y transgredir fronteras. A pesar de que la literatura canónica de la época se concentra en la construcción de la nación y la perpetuación del mito del jíbaro y la nación como la gran familia puertorriqueña, el sujeto nómada encuentra un modo de escapar de ese mundo.

Este conjunto de poemas está caracterizado por su sensual poesía lírica, que recurre a la tradición del erotismo para eludir los estrechos roles de género que había en la isla y afirmar la sexualidad femenina. Si bien el erotismo era un estilo de escritura popular en ese entonces, especialmente para las escritoras, los treintistas lo consideraban, junto con el placer y la lírica, un exceso de desenfreno que ponía en riesgo a la familia nacional.[16] El erotismo esquiva la función procreadora del sexo, desafiando el rol que circunscribe a las mujeres a ser esposas y madres. Los poemas incluidos en este libro tratan de la intimidad, del silencio, de la soledad y del aislamiento, temas que eran percibidos como amenazas para la comunidad, la familia y la nación. Si la literatura de la época estaba preocupada por hacer avanzar el proyecto nacional y definir la personalidad de Puerto Rico, los poemas de Burgos desafiaron el canon nacional y revelaron cómo las mujeres a menudo quedaban fuera de la construcción de la nación.

Diversas escritoras a lo largo y ancho de América Latina —entre ellas Juana de Ibarbourou, Alfonsina Storni y Clara Lair— cultivaron un estilo lírico erótico en respuesta a la supresión, negación y demonización de su sexualidad. No hay duda de que Burgos estaba familiarizada con su obra, y en "Cinco poetisas de América (Clara Lair, Alfonsina Storni, Gabriela Mistral, Juana de Ibarbourou, Julia de Burgos)", un artículo publicado el 13 de noviembre de 1973 en *Puerto Rico Ilustrado*, Luis Lloréns Torres compara explícitamente a las cinco mujeres.[17] Expresar el deseo físico a través de la escritura era liberador para las escritoras de un modo que no lo era para los escritores, cuya virilidad había sido glorificada durante siglos en la literatura y en el arte. Con el erotismo, las mujeres podían tomar control de sus cuerpos y de su sexualidad, como hizo

Burgos en "Alta mar y gaviota", donde describe el cuerpo femenino en imágenes paisajísticas.

> En ti aquieto las ramas abiertas del espacio,
> y renuevo en mi arteria tu sangre con mi sangre.
>
> ¡Te multiplicas!
>   ¡Creces!
>   ¡Y amenazas quedarte
>   con mi prado salvaje![18]

Estas líneas sugieren una erección que penetrará el "prado" de la mujer. La poesía erótica expresa una disyunción entre sexualidad y procreación, definiendo la sexualidad sólo en términos de placer y, por lo tanto, constituyendo una expresión revolucionaria y empoderadora para las mujeres.[19] Tras la revolución sexual de la década de los sesenta, el erotismo tomó una nueva forma de discurso liberatorio y contracanónico. Este movimiento está vinculado a un periodo histórico específico en el que las mujeres buscaron reclamar el control sobre sus cuerpos y afirmar su sexualidad a través de una poética de la intimidad.

En este libro, Burgos revela un mundo donde la armonía es restaurada a través de la unión de dos amantes que están fuera de las imposiciones sociales de la familia y la nación. Los poemas se mueven entre el aislamiento y la conexión con el cosmos, a menudo mediada a través de la unión con el amante. Los poemas finales de la colección revelan una atemorizante (o liberadora) pérdida del ego y sumisión al objeto amado.[20] En el primer poema, "Poema detenido en un amanecer", la voz compara el despertar de sus sentidos con el amanecer. Empieza describiendo una sensación de alienación y aislamiento, repitiendo "Nadie" tres veces en la primera estrofa. Es única, está asilada y separada del mundo.

> Nadie.
> Iba yo sola.
> Nadie.
> Pintando las auroras con mi único color de soledad.
> Nadie. (9)

En la cuarta estrofa ocurre un cambio inesperado y la voz despierta. Sus frases se vuelven más cortas y denotan vida y energía a través de signos de exclamación. El mundo se anima.

> Madrugadas de dioses
> maravillosamente despertaron mis valles.
> ¡Desprendimientos!

¡Cauces!
¡Golondrinas! ¡Estrellas!
¡Albas duras y ágiles! (9)

Burgos compara al sol, que trae vida al mundo, con su despertar personal a una sensación de integridad que encarna a la verdad en el poema. "Todo en ti: / ¡sol salvaje! / ¿Y yo? /—Una verdad sencilla para amarte..." (10). Algunos de sus poemas de amor a la naturaleza y al cosmos son los más fuertes del libro, entretejiendo intrincadamente amor, naturaleza y erotismo.

En estos poemas, el silencio implica una serie de posibilidades infinitas que, aunque no estén disponibles en la vida real, pueden alcanzarse a través de la poesía, la imaginación y el viaje. El viaje de esta colección está ejemplificado por "Viaje alado", en el que la voz poética se escapa del mundo artificial, demasiado ruidoso y desordenado, a través de un vuelo de la imaginación:

Por encima del ruido de los hombres
una larga ilusión se fue rodando,
[...]
Como corola al viento
todo el cosmos abrióseme a mi paso, (19)

El amor descansa fuera de las pretensiones sociales, de las formalidades y de las expectativas. En "Canción desnuda", su amor está caracterizado como puro porque no está cubierto ni limitado por normas sociales: "Me solté a la pureza de un amor sin ropajes / que cargaba mi vida de lo irreal a lo humano, / y hube de verme toda en un grito de lágrimas" (28).

En la primera encarnación del sujeto nómada, *Poema en veinte surcos* (1938), abundan las imágenes de caminatas, senderos y caminos. En su segunda encarnación, el sujeto escapa de su confinamiento a través de vuelos de la imaginación, por ejemplo en "Transmutación", en donde está quieto y en silencio mientras abandona el mundo: "me he desgarrado el mundo de los hombres, / y he quedado desierta en mar y estrella" (14). Así logra habitar un espacio ilimitado, libre de fronteras y restricciones. El poema no termina con un punto final sino con una elipsis abierta.

Aquí no hay geografía para manos ni espíritu.
Estoy sobre el silencio y en el silencio mismo
de una transmutación
donde nada es orilla... (14)

El sujeto nómada que aquí se crea se resiste a los códigos sociales de pensamiento y comportamiento. Si bien en este punto de su vida Burgos no había viajado todavía más allá de la isla, crea en su poesía un sujeto que subvierte convenciones y existe fuera de las normas sociales prescritas, situándose siempre al margen y al borde. El nómada imagina posibilidades y habita espacios nuevos. La promesa creativa de unión, amor y naturaleza da testimonio de la capacidad de dicho sujeto de liberar "la actividad del pensamiento del yugo del dogmatismo falocéntrico, regresando a su libertad, su vitalidad y su belleza".[21]

Cartas a casa: el desarrollo de un sentido de identidad latinoamericana en Nueva York y en Cuba

Si expandimos el sentido de sexilio para que incluya la expulsión de las mujeres de la familia inmediata de la nación por no conformarse con sus roles tradicionales de género, podemos ver cómo el término se aplica a Julia de Burgos. Sus primeros dos libros de poesía son testimonio de su deseo de romper las normas sociales para las mujeres. Las cartas personales de Burgos revelan que, además de su amor por el intelectual dominicano, veía a Jimenes Grullón como un medio para escapar de la política de la isla y cumplir su sueño de convertirse en una poeta mundialmente reconocida. Si bien su exilio la puso en una situación de aislamiento, soledad y desesperanza, viajar al extranjero también le brindó oportunidades como poeta y le permitió tener perspectivas alternativas. Cruzó fronteras tanto en su escritura como en su vida personal. Aunque los amantes que creó en su poesía están unidos más allá de límites y restricciones sociales, su relación con Jimenes Grullón violaba las normas: los padres de él se oponían fuertemente a la relación por el origen social, el estilo de vida y la reputación de Burgos, y él finalmente cedió ante sus deseos. En *Julia de Burgos: vida y poesía* (1966), Yvette Jiménez de Báez se refirió a Jimenes Grullón, que entonces seguía vivo, como el Señor X, en un esfuerzo por proteger su identidad de la naturaleza escandalosa de su relación con Burgos, incluso en la década de los sesenta. Además, la omisión de su nombre puede haber aumentado el misterio, la especulación y los chismes que rodeaban a la vida de la poeta. En 1994, Jimenes Grullón recordó que sus padres "buscaron información sobre Julia y averiguaron que sí, ella era una gran poeta, pero no una mujer unida a los valores tradicionales del hogar y la familia. Tenía una tendencia a la dipsomanía y, como era de esperarse (mis padres eran buenos burgueses), se opusieron a la relación".[22] Jimenes Grullón dejó Puerto Rico en noviembre de 1939, después de que sus padres le exigieran que terminara con la relación, pero Burgos se reunió con él en enero de 1940. Las cartas de Burgos demuestran que estaba al tanto de las críticas que su estilo de vida no tradicional desataba.

Burgos se fue de Puerto Rico el 13 de enero de 1940 a bordo del *San Jacinto* y llegó a Nueva York cinco días más tarde.[23] Estaba emocionada por las

posibilidades que su nueva vida podía ofrecerle. El día de su llegada, le escribió
a su hermana:

> Lo que importa en este momento es que se enteren cuanto antes que ya estoy en
> mi destino, al lado del que siempre sigue siendo el amado tierno, y para ustedes
> el hermano cariñoso. En verdad estoy maravillada. Hice una travesía muy feliz,
> llena de sorpresas. Mi emoción y mi sensación eran sorprendidas, unas veces por
> corrientes maravillosas de algas amarillas en pleno Atlántico, y otras veces por
> fantásticos cruceros hechos de nubes en el horizonte. Cerca de Nueva York cayó
> una lluvia de nieve preciosa. Desembarqué.

Cuando Burgos llegó a Nueva York en 1940, se instaló en Harlem en la casa
de un familiar de su primer esposo. Para esta época el enclave puertorriqueño
de Harlem era un vecindario bullicioso, lleno de cines, teatros, clubes sociales
y políticos, restaurantes y bodegas. Sus primeras cartas enviadas desde la ciudad transmiten una sensación de emoción, aventura, admiración y entusiasmo
de encontrarse en Nueva York. El Barrio también contaba con una vibrante
escena musical que incluía a compositores como Rafael Hernández, Pedro
Flores, Pedro Ortiz Dávila (conocido como Davilita) y Francisco López Cruz,
todos llegados a la ciudad durante la década de los veinte. Durante la década
siguiente, el modelo de la *big band* americana se fusionó con la música latina y
algunos músicos puertorriqueños como Juan Tizol, Fernando Arbello, Ramón
Usera y Ralph Escudero exploraron el universo en expansión del jazz mediante
colaboraciones o arreglos para Duke Ellington y Fletcher Henderson, entre
otros. Las décadas del treinta y cuarenta también fueron la era dorada de los
tríos y cuartetos puertorriqueños, y las composiciones de Hernández y Flores
se volvieron parte del repertorio popular de la población hispanohablante del
país.[24]
La ciudad de Nueva York llevaba tiempo siendo un punto de confluencia
para escritores, artistas y exiliados políticos de Latinoamérica y el Caribe, y
para 1940 residían ahí escritores e intelectuales de la vanguardia involucrados
políticamente, entre ellos Clemente Soto Vélez y Graciany Miranda Archilla.[25]
La inmigración desde Puerto Rico durante la Segunda Guerra Mundial y la
persecución y desmantelamiento del Partido Nacionalista convirtieron a la ciudad en la última parada para las vanguardias.[26] Soto Vélez, que fue encarcelado
con Pedro Albizu Campos en 1936, se estableció en Nueva York después de
ser liberado y trabajó para el Partido Laboral Estadounidense, del congresista
de Harlem Vito Marcantonio.[27]
El 30 en enero de 1940, unos días después de haber llegado a Nueva York,
Burgos le escribió a su hermana con entusiasmo. Con sentido de aventura, le
habló de las diferencias entre la metrópolis y el Puerto Rico rural. La ciudad

en expansión y las formas modernas de transporte público la maravillaron. En la carta usó las palabras en inglés *bus* y *subway,* el principio de un proceso en el que este idioma —que había aprendido como parte de su educación bajo el sistema colonial estadounidense— influiría cada vez más en su escritura. Así como en su poesía, las cartas de Burgos y otros de sus escritos desde Nueva York enfatizaron las caminatas y el movimiento, si bien destacó el paisaje urbano por encima del rural. Esas cartas son ejemplos de una conciencia nómada que establecía un paralelo con el rechazo a las formas fijas de identidad expresadas en su escritura.

> Aquí cada día abre nuevos horizontes, y cada paso dado es una maravilla en el apretado haz de las sensaciones. He caminado bastante por la ciudad, y me he perdido varias veces. Esta manía de atreverme a todo me ha hecho a los dos días de estar aquí, tirarme sola a caminar en "bus". Los medios de comunicación son muy complicados aquí. Imagínate nueve millones de habitantes en el radio de la ciudad, la mayoría caminando —pues aquí es muy poca la vida familiar— empujándose unos a otros en las guaguas, en las tiendas, en los cafés, etc. Para todo este público tiene que haber tranvías y subways y trenes elevados, de manera que en cada esquina cambian de dirección, y hay que ser experto en su telaraña. Y yo que a los dos días de llegar, muy segura de mí misma me fui a caminar en una guagua de dos pisos, fui a parar sin saberlo a Long Island, una parte de la ciudad bastante distante, separada por un enorme puente... A los dos días fue en el subway que me perdí. Caminé algunas calles por debajo de la tierra, en las grandes avenidas subterráneas de NY hasta dar con mi tren. Así es como se aprende, y no tengo miedo de ir a cualquier sitio sola. Como yo sé inglés, me es fácil salir.
>
> Este es un pueblo verdaderamente organizado. En las esquinas en vez de policías, hay luces rojas y verdes, que automáticamente indican a los carros y el público el momento de pasar. En los automáticos, especie de cafés, se sirve uno mismo la comida, con bandejas y todo.[28]

Como ilustran las cartas de Burgos, los inmigrantes puertorriqueños en Nueva York se encontraron no sólo con una nueva cultura sino con una metrópolis urbana completamente diferente a la vida rural en la isla. Incluso si venían desde San Juan, como ella, el contraste con la ciudad de Nueva York era impresionante.

Las cartas de Burgos proveen una visión poco común de la vida de una mujer inmigrante de clase trabajadora. La mayoría de los relatos que datan de esta época sobre las mujeres puertorriqueñas en Nueva York describen la vida de la mujer de una clase social diferente. Las impresiones de Burgos y su respuesta ante la grandeza de los edificios, la arquitectura moderna y la vida cultural que la ciudad ofrecía aportan mucho al registro histórico.

> He visto los dos edificios más altos del mundo: El Empire State Building, de 108 pisos, y el Kreisler [*sic*] de 90. El "Radio City," de Rockefeller, es una especie de

ciudad pequeña compuesta por varios edificios en el corazón de la ciudad. Maravilla arquitectónica. Arte completamente moderno, sobrio y lleno de ángulos. Es casi todo de mármol. "Times Square" es una cuadra llena de luces fantásticas, que asombra de luz y color. Ayer visité con Juan y unos amigos el Museo de Arte Moderno. Juan, que sabe mucho de arte, me fue explicando todo maravillosamente. He aprendido mucho.

En cuanto a diversiones iremos a la Opera, a Ballets y a Music Halls, novedades para mí en este continente. El Parque Central, que es más grande que San Juan, está ahora desierto, con arboles sin hojas y lagos helados. Se patina y se corre en trineos.

Sus experiencias en Nueva York alimentaban su escritura y le permitían conectar con un público que se extendía más allá de Puerto Rico. En el Museo de Arte Moderno, que en 1939 se había mudado a su actual edificio en la calle 53, Burgos vio seguramente la obra de Pablo Picasso, incluido el *Guernica* (1937), la protesta del artista ante el bombardeo de dicha ciudad vasca por parte de aviones alemanes que volaban en favor del bando fascista durante la Guerra Civil Española. También puede ser que haya visto *Zapatistas* (1931), de José Clemente Orozco, así como la obra de Diego Rivera. Jimenes Grullón admiraba mucho el arte y la cultura de México, e incluso dedicó *Luchemos por nuestra América* (1936) a la Revolución Mexicana y al ministro mexicano de educación, José Vasconcelos, que escribió el prólogo del libro. Jimenes Grullón destaca el arte de Rivera como expresión auténtica de la realidad de Latinoamérica sin imitar a la de Europa. Más tarde ese mismo año, el Museo de Arte Moderno presentó *Veinte siglos de arte mexicano*, la exhibición más grande de ese tipo hasta ese momento en Estados Unidos, que mostraba no sólo arte prehispánico sino también obras que capturaban el horror de la guerra y la Revolución Mexicana. Rosi Braidotti considera el muralismo el arte "nómada por excelencia, y su espacio no es público ni privado, ni entretenimiento ni información: está en los espacios intermedios y se mueve constantemente en el espacio y en el tiempo".[29] *Bailarina de rodillas* de Rivera (1939) y *Las dos Fridas* de Frida Kahlo (1939) fueron parte de la exhibición.[30]

Durante este periodo, Burgos fue optimista respecto de sus proyectos intelectuales y culturales. El 30 de enero 1940 le escribió a su hermana: "Estoy progresando en mis relaciones culturales. Venderé libros y daré recitales. La semana que viene trataré de enviarles algo para la casa". Y de hecho avanzó mucho en dichos proyectos y tejió diversas redes intelectuales y culturales durante los primeros meses de 1940. El 24 de febrero, se llevó a cabo una lectura de su trabajo en el *Master Theater*. El 7 de abril, la Asociación de Periodistas y Escritores Puertorriqueños organizó un homenaje público a Burgos y Antonio Coll y Vidal.[31] El 10 de mayo, la poeta leyó su poesía en el Bronx. La fotografía

recital poetico
de la genial poetisa puertorriquena

julia de burgos

LONGWOOD CASINO   VIERNES 10 de MAYO de 1940

867 Longwood Ave. Bronx, N.Y.   A las 8 P. M.

Figura 4. Volante para una lectura de poesía de Julia de Burgos el 10 de mayo de 1940. Archivo Pura Belpré, Archivos de la Diáspora Puertorriqueña, Centro de Estudios Puertorriqueños, Hunter College, CUNY.

incluida en el programa muestra a Burgos sosteniendo una copia de *Poema en veinte surcos*.[32] Es probable que haya conocido a la folclorista, escritora y bibliotecaria Pura Belpré en este evento. Como Burgos, Belpré era miembro importante de la comunidad puertorriqueña en Nueva York y en 1929 convirtió la rama de la Biblioteca Pública de Nueva York de la calle 115, en Harlem, en un centro para la comunidad hispanohablante.[33] Burgos también estaba involucrada en otras actividades culturales, lo cual le dio la oportunidad de crecer y madurar como escritora y pensadora.[34] Entre los intelectuales puertorriqueños y latinos que conoció están Emelí Vélez de Vando y su esposo, Erasmo Vando, que pertenecían a la comunidad teatral y eran activos respecto a los derechos de los puertorriqueños.[35]

Jimenes Grullón se fue a Cuba en abril de 1940 y Burgos se reunió con él en La Habana en junio de ese año. Desde ahí les escribió a varios familiares, emocionada por estar viajando y conociendo el mundo, expandiendo sus horizontes y desarrollando su oficio de escritora. Vivir en Cuba le dio la oportunidad de conocer y compartir su trabajo con intelectuales y escritores latinoamericanos como Juan Bosch, Pablo Neruda, Raúl Roa, Nicolás Guillén, y el español Juan Ramón Jiménez. El 27 de junio le explicó a su hermana que una de sus razones para viajar a la isla era crecer como escritora.

> Aunque tú no lo creas, yo estoy en Cuba, la hermosa tierra de Martí. ¡Quién hubiese pensado hace tres años que iba yo a recorrer tierras de América! Todo se lo debo a Juan, mi eterno amado. Sabía que al seguirle, me iba a seguir yo misma por todas mis más íntimas ambiciones, y ya ves que se están realizando...
>
> ¡Consuelín, por primera vez he pisado tierra libre de América Indo-hispánica! Es algo grandioso. Invoqué a Martí, y recordé tanta sangre puertorriqueña vertida en Cuba por la causa de la Independencia. ¡Dónde estarán esos hombres hoy! La bandera Cubana, tendida por todos los horizontes, me produjo una enorme sensación de tristeza. Es tan parecida a su hermana, la nuestra. Sin embargo, esa última ondula solamente en unos cuantos corazones puros, que han sabido guardarla del ventarrón fatal que ha arrancado la vergüenza a la mayor parte de nuestro pueblo.[36]

Burgos se encontraba en proceso de desarrollar una identidad hemisférica basada en las nociones de José Martí en "Nuestra América", y La Habana jugó un papel importante en ese proceso. Buscó establecer conexiones y alianzas más allá de Puerto Rico a favor de la independencia de la isla. Es posible que su amistad cercana con Bosch durante esos años haya influido en sus ideas. Bosch, junto con Jimenes Grullón y otros, estaba en La Habana organizando a la comunidad dominicana exiliada para formar un partido revolucionario que luchara contra el régimen de Trujillo y restaurara la paz en el país, esfuerzos que culminaron en 1942 con la creación del Partido Revolucionario.[37]

Bosch, escritor, intelectual y revolucionario dominicano, estaba exiliado durante esa época y se convertiría en una de las figuras políticas más influyentes del siglo XX.[38] Según Lorgia García-Peña, su escritura creativa y pensamiento político tenía "un estilo distintivo que buscaba desafiar los márgenes de la nación y la retórica de la opresión impuesta por las varias ocupaciones militares estadounidenses del siglo XX y por el régimen de Trujillo". Influenciado por las ideas de unidad y solidaridad propuestas por ideólogos del siglo XIX como Eugenio María de Hostos y José Martí, Bosch fue "uno de los primeros pensadores en articular y promover la creación de una dominicanidad transnacional que pudiera existir fuera de las fronteras geográficas de su país". Lo hizo creyendo en alianzas entre dominicanos viviendo en el extranjero y "permitiendo que las voces de la diáspora participaran en el diálogo nacional, interpelando a la historia y haciendo más complejas las nociones de fronteras nacionales".[39] Estas ideas resuenan en la obra de Burgos.

En 1994, en una entrevista con la poeta dominicana Chiqui Vicioso, Bosch relató el encuentro entre Neruda y Burgos:

Él la conoció en mi casa, ahí la conoció, en Joveyar 107. Neruda había ido a comer conmigo. Jimenes Grullón estaba ahí, y Julia, naturalmente. Nicolás Guillén lo llevó, fue él quien me dijo que Neruda quería conocerme. Así que lo invité a comer, a él y a Neruda… Ahí fue cuando conoció a Julia, cuando se encontró por primera vez con su poesía. Le pedí a Julia que copiara algunos de sus versos para que él pudiera leerlos. Neruda los leyó. Al día siguiente tenía una lectura en La Habana, en el palacio municipal. Yo asistí al recital, también Julia y Jimenes Grullón: fuimos los tres y ahí le pregunté qué había pensando de los versos de Julia; entonces dijo que Julia estaba destinada a ser una de las más grandes poetas de las Américas.[40]

Roa, intelectual, diplomático y profesor cubano de izquierda, fue encarcelado en 1931 por sus actividades contra el gobierno y en 1933 participó en la huelga que derrocó a Gerardo Machado.[41] En una carta para Consuelo escrita en julio de 1940, Julia relató haberlo conocido:

Él está encantado con mi obra, y me llama superior a la Ibarbourou. Yo sabía que saliendo de Puerto Rico el mundo cambiaría para mí. Juan Bosch opina lo mismo que Roa, y dondequiera se me presenta como la mejor poetisa de las Antillas. Yo estoy por creerlo, ¡ja, ja! En verdad cada día me siento más satisfecha de mi obra y descubro nuevas fuerzas en mí. Me alegra por Puerto Rico, pues doquiera que vaya seré puertorriqueña.

A pesar de que la relación con Jimenes Grullón contribuyó a que Burgos conociera a algunos intelectuales latinoamericanos, Bosch recuerda que no le ayudó a que su carrera avanzara tanto como hubiera podido, posiblemente incluso obstaculizando y desanimando sus ambiciones como poeta. Según Bosch, Burgos nunca se convirtió en una de las grandes poetas de las Américas, como Neruda y Lloréns Torres habían predicho, "por una simple razón: no publicó, no publicó. Ni siquiera Jimenes Grullón se interesó en eso, en que ella publicara. Nunca hizo ningún esfuerzo por dar a conocer los versos de Julia en Cuba. No hizo nada: eso fue parte, probablemente, de su naturaleza celosa".[42]

Como intelectual y escritor caribeño, Bosch enfatizó la importancia de dejar atrás su hogar y publicar en el extranjero. Cuando se le recordó que Burgos había publicado su trabajo en Puerto Rico, aclaró:

Sí, pero Puerto Rico es un espacio muy limitado en ese sentido. El intelectual puertorriqueño que nunca dejó la isla no llegó a ser conocido, como el dominicano: por eso Julia nunca fue conocida. Pero Julia tenía cualidades excepcionales y debemos tener en mente que esto fue hace 45 años, es decir, cuando Gabriela Mistral estaba de moda como poeta. La poesía de Gabriela Mistral es una poesía muy vinculada a las fórmulas de su tiempo, y lo hizo de manera hermosa, pero Julia no se permitió ser influida por ella.[43]

En *Julia de Burgos: la canción y el silencio*, Ivette López Jiménez explora la escritura de Burgos en el contexto de otras escritoras latinoamericanas como Mistral, Delmira Agustini y Alfonsina Storni, que se enfrentaron a retos como la alienación, el aislamiento, la pobreza extrema y la opresión en una sociedad que desautorizaba a las mujeres artistas e intelectuales.[44] Las palabras de Burgos en una carta a su hermana fechada el 27 de octubre de 1940 expresan la frustración que sentía al luchar por sus metas: "Ya te lo he dicho, mi vida es un continuo sube y baja, inexorablemente mi ambición de altura me lleva al sueño, para atropellarlo mi destino contra la realidad".

Migración de género: el hogar como un sitio de resistencia y conflicto

Burgos tenía una relación conflictiva con su isla natal. La amaba y apoyaba siempre su independencia, pero también se sentía frustrada ante su sociedad conservadora. La pobreza de su familia la había obligado a trabajar duro y hacer sacrificios, e incluso su relación con Jimenes Grullón era difícil. Si bien la familia y el hogar fueron espacios de fuerza y resistencia, Burgos no tenía interés alguno en volver. Hablaba del dolor, las heridas y el resentimiento que sentía hacia aquellos que la criticaban, la juzgaban y condenaban sus decisiones personales. En julio de 1940, cuando estaba viviendo en La Habana con Jimenes Grullón, recibió un premio literario por parte del Instituto de Literatura Puertorriqueña por *Canción de la verdad sencilla*.[45] El 17 de julio le escribió a su hermana sobre su incredulidad ante este reconocimiento:

> En verdad Consuelín, esa ha sido la sorpresa más grande de mi vida... Te aseguro que había perdido todas las esperanzas, máximo cuando me encontraba ausente. Además, desde la innumerable fila de enemigos gratuitos en todos los órdenes que dejé en casa, nunca pensé que me fuera a hacer justicia.

Le sorprendía que el jurado hubiera visto más allá de su vida personal y considerado su poesía de manera objetiva. Sobre el premio, escribió: "nadie es profeta en su tierra", revelando las emociones en conflicto que sentía por su tierra natal. Edward Said describe la condición del exilio como "extrañamente atractiva cuando se piensa en ella pero terrible en la experiencia. Es un abismo insondable entre un ser humano y su lugar natal, entre el ser y su hogar verdadero: su tristeza esencial nunca puede ser superada".[46]

Para Burgos, la pobreza y el hambre de la isla le parecían menos dolorosos que sus constantes habladurías. El 9 de julio de 1940, le escribió a Consuelo:

> No quisiera ir a Puerto Rico por muchos motivos de índole moral, que tú bien conoces. No quiero encontrarme con ciertas personas a quienes he tronchado de mi existencia, gracias a la distancia. De volver a encontrarlas surgirían los viejos rencores y agrias actitudes mentales, y quisiera conservar mi vida limpia de toda sombra pasada.

Y el 12 de septiembre:

> Me emocionó tu cartita pues me recordó de mis días de práctica en la Universidad. Aquellos días llenos de ilusión que ya no volverán nunca, días solamente heridos por el hambre y la miseria, pero no por la calumnia y la crueldad.

El control social sobre la sexualidad de la mujer en esa época se ejercía de modo similar al control de las minorías sexuales: chismes y rumores. La Fountain-Stokes señala que el desplazamiento de las minorías sexuales ocurre a menudo por la "intolerancia social, discriminación, acoso y persecución".[47] Muchos de los primeros trabajos sobre Burgos pintan su decisión de marcharse de la isla como el cumplimiento de un impulso autodestructivo.[48] Sin embargo, las cartas de Burgos revelan su decisión consciente de dejar atrás las condenas y exclusión de la isla, aunque le haya causado tristeza. El 16 de diciembre de 1940, escribió:

> No quiero ir a Puerto Rico. Cada día me aleja más de su superficie para encontrarme en su entraña, en lo más hondo de su corazón, en su bendita tierra donde hoy descansa nuestra Santa con nuestras almas apretadas de eterno amor. Es lo único por lo cual algún día me decida volver en viaje de pájaro a mi patria: a besar la tierra que la guarda y a llorar sobre ella mis lágrimas más tiernas. Por lo demás, espero verlos a todos en el extranjero.

Si bien Burgos y Jimenes Grullón se sentían apasionadamente atraídos el uno por el otro, la disolución de su relación fue igual de candente. A principios de 1941, los padres de él viajaron a Cuba desde República Dominicana a visitar a su hijo. No está claro si sabían de antemano que Burgos estaba con él, pero mientras estuvieron ahí hicieron nuevos esfuerzos por ponerle fin a su relación. Al principio, Burgos se mantuvo optimista, como le escribió a su hermana el 7 de enero:

> He escrito los poemas más trágicos de mi vida, y he tenido días negros en los que he pensado hasta en el suicidio. Los padres... no le han hablado todavía de mí, pero tiran puyitas a los amigos... Pero estoy triunfando. Ellos quedan todavía en La Habana, y yo me voy al lado de Juan.

Burgos y Jimenes Grullón viajaron después a Santiago de Cuba, al sureste de la isla, donde él aparentemente la internó en una casa de huéspedes para mujeres solteras. La relación se deterioró rápidamente, y el 14 de julio Burgos le escribió a su hermana:

> Hago una vida más puritana que la más puritana de las momias femeninas. Paso el día cosiendo, oyendo la radio y hablando con las damas, que me rodean en la casa de huéspedes; la noche, sentada rígidamente en una reunión formal, comentando las inaptitudes de las sirvientas, manteniendo mi posición de "esposa" prejuiciada y mojigata; y en cualquier momento inesperado, por la calle, Juan se encuentra con un amigo de la familia, y me presenta como amiga. ¡Qué te parece Consuelín! Te juro que a veces es horrible. ¡Y tan sola que me siento, tan indefensa, sin atreverme a dar un paso! Adoro a Juan; él me adora a su manera, pensando en primer lugar en su familia, que le ha dicho que se suicidará si se casa conmigo.

Burgos estaba completamente consciente de las debilidades y limitaciones de Jimenes Grullón. A pesar de ser un público defensor a favor de la verdad, la libertad y la igualdad y de escribir sobre la importancia de la justicia social, no mantenía estos valores en su vida personal. Burgos comprendía su propia posición precaria, y tras volver a la capital cubana buscó protegerse y se inscribió en algunas clases en la Universidad de La Habana. El 22 de abril de 1942 le escribió a Consuelo:

> De todo hemos hablado, y he recibido golpes tremendos, que nunca esperé. Mi único refugio ahora es el estudio. A él me he aferrado con verdadera fiebre. Ante una negación social, hija de lo ficticio, una afirmación intelectual, hija de la valoración propia. Seré doctora, Consuelito, en todas las carreras que me he propuesto terminar. Mis diplomas serán tremendas bofetadas, para los eternos perseguidores. En ellos, en su obtención, solamente estaré yo, mis facultades innatas, más nobles y aristócratas que las herencias huecas.

Burgos creía que la educación no sólo mejoraría su posición social y le granjearía el respeto de los demás, sino que también le proporcionaría mayores oportunidades y estabilidad financiera. Jimenes Grullón arruinó sus planes menos de dos meses más tarde, al informarle que tenía que volver a la ciudad de Nueva York, sola. El 22 de junio Burgos se lo contó a su hermana:

> El viernes a las 12:00 llegó Juan del interior de Cuba con el dulce regalo de un pasaje para el avión de las 4:00 pm. No tenía nada arreglado, y a esa hora tuve que comenzar a separarlo todo y a llevarme los 55 libros que solo pude cargar por avión. Fue horrible todo, hasta esta triste llegada, sin nadie que me esperara en la estación, con 48 horas de sueño y tenerme que lanzar a buscar un cuarto y con solo cinco míseros pesos para alquilarlo y comenzar a comer. Juan no me dejó ni siquiera esperar tu carta. Encontró una oportunidad para lavarse las manos como Pilatos, y heme aquí, profundamente sola, desecha y asombrada, mucho peor que

cuando me encontró. Con sueño y hambre me tiré a la calle a buscar amigos antiguos, pero todos se han ido.

Burgos había sido exiliada de nuevo.

Mientras se las arreglaba para sobrevivir en Nueva York, buscó enfocarse en sus metas y sueños para lidiar con su dolor. El 12 de julio de 1942, escribió:

> Él rebajó con rencores pequeños y desbordada y brutal pasión, aquello tan enorme. El profundo dolor se ha convertido en indignación. No con él, sino con el hombre mismo. Para mí no existe él, sino la humanidad. ¡Y qué pobre es!
> Le escribí un profundo, desgarrador, pero inaplazable adiós. Y por veinte días, ya libre, volví a ser yo... Y aquí estoy, llorando no de dolor, sino de decepción.

Con la energía y la vitalidad renovadas, Burgos se integró a la comunidad puertorriqueña en Nueva York, prestando su voz al servicio de la lucha por la justicia social para latinos, latinoamericanos y afroamericanos en Gotham.

El mar y la muerte como rutas de escape en *El mar y tú*

El mar y tú marca el clímax del sujeto nómada de Burgos. Imágenes de agua aparecen de manera prominente en estos poemas, creando avenidas de escape de las rígidas normas sociales que intentaban contenerla y demostrando una vez más que la voz femenina en su obra no puede ser restringida. *Poema en veinte surcos* destaca imágenes de caminos que el sujeto nómada marca al crear nuevos senderos y avenidas. En *Canción de la verdad sencilla*, dicho sujeto se mueve a través del cosmos en vuelos que a menudo culminan en la exuberante unión con el amante o con la naturaleza. En el último libro de Burgos, el mar se vuelve el espacio abierto, sin fronteras, en el que la voz poética se libera de toda restricción. Además, las imágenes marítimas se mezclan con la muerte, ofreciendo un escape final. Muchos de los poemas siguen un patrón de pérdida y abyección, renovación y transformación. Según Mercedes López-Baralt, *El mar y tú* está intensamente alineado con las corrientes de vanguardia y es surrealista, con fuertes ecos a Neruda.[49] El vínculo con las vanguardias queda claro en la búsqueda de "nuevos niveles de conciencia, a través de la deseada experiencia primaria de los lenguajes creados".[50] Las vanguardias buscaban inyectar vigor al lenguaje volviendo a sus orígenes: "Estas fantasías diversas de mundos verbales no mediados plantean un universo sin lenguaje como el sitio de la creación lingüística. La actividad verbal en estos mundos mudos va desde un caos preverbal de expresión amorfa al silencio absoluto. En todo caso, el lenguaje parece emerger de la nada, pero cuanto más cerca del vacío original, mayor es el poder del lenguaje".[51] El mar es un caos primitivo que ofrece la posibilidad de salir del vacío.

Los senderos y vías fluviales que Burgos creó en su trabajo divergen de los caminos y rutas ordinarias y tienen una cualidad nómada. Gilles Deleuze y Félix Guattari distinguen entre senderos tradicionales y trayectorias nómadas. Los senderos y caminos tradicionales asignan a las personas a espacios cerrados: en otras palabras, siguen rutas que llevan a los viajeros al "espacio sedentario" que está "marcado por paredes, espacios confinados y caminos entre estos espacios". En cambio, la trayectoria nómada distribuye a la gente en espacios abiertos que son indefinidos, fluidos, "marcados sólo por 'trazos' que son borrados y desplazados con la trayectoria misma".[52] Más allá, los nómadas transforman los espacios abiertos que visitan y habitan.

En *El mar y tú*, los caminos del sujeto nómada llevan al mar, un espacio abierto creativo y dinámico. En "Naufragio", el nómada pregunta: "¿Que mi camino es mío? / ¡Sí todos los caminos son míos, / todos los que comienzan en el pecho de Dios!"[53] En "Víctima de luz", el sujeto nómada hace un llamado a dejar atrás todos los caminos: "Tienes que olvidar sendas / y disponerte a manejar el viento" (29). El viento, como el mar, es espacio abierto que no puede ser contenido. En la estrofa final de "Mi senda es el espacio", el sujeto nómada transforma el camino por el que avanza: "Recorrerme es huirse de todos los senderos... / Soy el desequilibrio danzante de los astros" (34). La estructura dialógica de los poemas lleva al lector a preguntarse quién es el interlocutor del sujeto nómada.

Como en gran parte de la poesía de Burgos, habla a menudo consigo misma. Típicamente, los críticos han considerado que los poemas contenidos en *El mar y tú* ofrecen una idea de su estado mental durante y después de la ruptura con Jimenes Grullón. Sin embargo, Luz María Umpierre interpreta el espacio abierto del mar en este libro como un sitio de creatividad, imaginación y renovación. El mar es el *"locus* poético" de estos poemas, pero ni el "tú" ni el mar deben ser leídos como un símbolo del hombre amado. Son más bien "placer de un acto no menos erótico, el de la escritura".[54] En estos poemas, la poeta sale a proteger su habilidad de creación. La aventura es una búsqueda ontológica que finalmente termina en un deseo de muerte cuando la poeta pierde su habilidad de escribir y crear.

"Entre mi voz y el tiempo" es un poderoso ejemplo de cómo Burgos se sitúa en la frontera, en el borde, en este espacio liminal, entre la vida y la muerte, en medio del océano, entre su voz y el tiempo:

> En la ribera de la muerte,
> hay algo,
> alguna voz,
> alguna vela a punto de partir,
> alguna tumba libre

que me enamora el alma.
¡Si hasta tengo rubor de parecerme a mí!
¡Debe ser tan profunda la lealtad de la muerte!

En la ribera de la muerte,
¡tan cerca!, en la ribera
(que es como contemplarme llegando hasta un espejo)
me reconocen la canción,
y hasta el color del nombre.

¿Seré yo el puente errante entre el sueño y la muerte? ¡Presente...!
¿De qué lado del mundo me llaman, de qué frente? Estoy en
    altamar...
En la mitad del tiempo...
¿Estoy viva?
¿Estoy muerta?
¡Presente! ¡Aquí! ¡Presente...!

Su marginalidad respecto de la historia oficial atrae e invita a los lectores a salvarla para nuestra memoria colectiva. Habitar ese espacio intermedio permite una variedad de identificaciones, asociaciones e interpretaciones.

El nómada habita y ocupa espacios fluidos y lisos de bordes borrosos. En "Letanía del mar", el sujeto se identifica metafóricamente con el mar: "Mar mío / mar profundo que comienzas en mí" (64). En este poema, la trayectoria empieza con una identificación entre la voz poética y el mar que luego se expande hacia el universo. El mar es un espacio volátil y tumultuoso donde el erotismo y la muerte, aunque contrarios, se combinan. Tanto en este poema como en otros de Burgos, el mar es el espacio de la amplitud, en contraste directo con el insularismo de Antonio S. Pedreira, que describe el mar como algo que separa y aísla a Puerto Rico del resto del mundo: "El cinturón de mar que nos crea y nos oprime va cerrando cada vez más el espectáculo universal y opera en nosotros un angostamiento de la visión estimativa".[55] Sin embargo, para Burgos, estos espacios abiertos son sitios de creatividad, lugares donde nacen poemas. El mar une a las islas del Caribe. En contraste con la imagen del mar de Pedreira, "Poema con la tonada última" plantea volverse uno con el mar como una manera de escapar de las raíces que atan al hablante, "a deshacerme en olas más altas que los pájaros / a quitarme caminos que ya andaban en mí como raíces" (65). Volverse uno con el mar de manera metafórica genera transformaciones y reencarnaciones.

Las múltiples encarnaciones del cuerpo tanto en *Canción de la verdad sencilla* como en *El mar y tú* son manifestaciones de lo nómada. Braidotti señala que el cuerpo nómada es "multifuncional y complejo, como un transformador de flujos y energías, afectos, deseos y fantasías... es un umbral de transformaciones".[56] La transformación definitiva en *El mar y tú* es de la vida a la muerte, como lo ilustra el poema final, "Poema para mi muerte", en el que la muerte es un escape bienvenido de las demandas y expectativas sociales, encarnando una expresión final de libertad.

> Que nadie me profane la muerte con sollozos,
> ni me arropen por siempre con inocente tierra;
> que en el libre momento me dejen libremente
> disponer de la única libertad del planeta.
>
> ¡Con qué fiera alegría comenzarán mis huesos
> a buscar ventanitas por la carne morena
> y yo, dándome, dándome, feroz y libremente
> a la intemperie y sola rompiéndome cadenas![57] (91)

Las siguientes estrofas describen cómo, en la muerte, ella regresa a la tierra y fertiliza el suelo en el que quizá crecerá una flor, destacando el ciclo de la vida y la reencarnación.

> ¿Quién podrá detenerme con ensueños inútiles
> cuando mi alma comience a cumplir su tarea,
> haciendo de mis sueños un amasijo fértil
> para el frágil gusano que tocará a mi puerta?
>
> Cada vez más pequeña mi pequeñez rendida,
> cada instante más grande y más simple la entrega;
> mi pecho quizás ruede a iniciar un capullo,
> acaso irán mis labios a nutrir azucenas.
>
> ¿Cómo habré de llamarme cuando sólo me quede
> recordarme, en la roca de una isla desierta?
> Un clavel interpuesto entre el viento y mi sombra,
> hijo mío y de la muerte, me llamarán poeta. (91–92)

El verso final captura la mayor ambición de Burgos. Convertirse en una poeta reconocida mundialmente era el faro que la guiaba y que la animó a seguir en sus momentos más difíciles.

El segundo y tercer libros de poesía de Burgos, y las cartas a su hermana revelan la relación conflictiva que tuvo con Puerto Rico así como sus nociones de hogar, que nos permiten considerarla una figura del sexilio. A pesar de su patriotismo, el hogar y la nación se volvieron espacios limitantes, restrictivos y represivos. Ella anticipó la posterior teorización del hogar como un espacio de conflicto para las mujeres de color que elaboraron feministas como Cherríe Moraga, Gloria Anzaldúa, bell hooks y Chandra Mohanty. Las mujeres de color existen fuera del imaginario nacional y con frecuencia viven en desacuerdo con las nociones prescritas de feminidad que les dejan poco espacio para afirmarse como mujeres, como escritoras y como intelectuales. En este sentido, Burgos intentó crear un hogar y una vida propia fuera de las fronteras de su país. Según Martínez-San Miguel, las figuras literarias del sexilio engendran identidades queer de la diáspora que existen en el imaginario del Caribe insular.[58] Señala que en *Spiks*, de Pedro Juan Soto, el sexilio se convierte en un punto de partida para la representación de la vida en la metrópolis, haciendo más complejos los conceptos oficiales de la inmigración masiva a Estados Unidos como resultado de la modernización de la isla. El resto del libro se enfoca en el desarrollo del sujeto nómada y queer de Burgos en su escritura en Nueva York, y cómo éste excede los límites de su trabajo, influenciando a escritores de la diáspora como Manuel Ramos Otero, Luz María Umpierre, Chiqui Vicioso y Mariposa y engendrando identidades de la diáspora que abundan en la nación insular.

3

MÁS ALLÁ DEL MAR

el periodismo como práctica cultural
y política transnacional en Puerto Rico

Julia de Burgos es parte del tejido cultural de los puertorriqueños, tanto en la isla como en Nueva York. Es reconocida, principalmente, por su poesía y por lo que llegó a simbolizar para tantos puertorriqueños en su corta vida. Sin embargo, sus escritos para el periódico en español *Pueblos Hispanos* durante la década del cuarenta han recibido poca atención de la crítica. Burgos participó activamente en la vida cultural, política y social de la colonia puertorriqueña en Nueva York. El presente capítulo contribuye a entender cómo el periodismo fue una práctica cultural y política transnacional para las comunidades puertorriqueñas en Nueva York del principio del siglo XX.

Los puertorriqueños han emigrado a Estados Unidos de manera creciente desde 1898. Para las décadas de los cuarenta y cincuenta, mucha gente se marchó de la isla en busca de mejores trabajos y mayores salarios en la economía estadounidense, que estaba en expansión. Los viajes se vieron favorecidos por el desarrollo de los sistemas de transporte y por el apoyo a la migración, que era vista como solución a los problemas de desempleo y sobrepoblación de la isla.[1] En 1947, se creó la Oficina de Migración de Puerto Rico (que en 1951 se convirtió en la División de Migración del Departamento de Trabajo de Puerto Rico). Esta agencia facilitó los acuerdos de trabajo entre inmigrantes y asociaciones agrarias a lo largo de la costa este de Estados Unidos.

Nueva York era un destino preferido por estos inmigrantes, y en la colonia puertorriqueña que se fue formando se desarrollaron vínculos sociales densos que contribuyeron a la circulación de ideas, personas, dinero y bienes entre la isla y la ciudad. Consciente de la relación política ambigua de la isla con Estados Unidos, Jorge Duany usa el término migración colonial transnacional para describir la diáspora puertorriqueña. Este acercamiento permite entender a Puerto Rico como "una nación, una comunidad imaginada con un territorio, historia, lenguaje y cultura propios", sin olvidar que la isla "carece de un Estado soberano" y de un gobierno independiente que "represente a la población de ese territorio".[2] Como migrantes coloniales, los puertorriqueños usaron a la prensa para exigir reconocimiento como ciudadanos plenos de Estados Unidos sin desvincularse de la política en la isla.

Ya en el siglo XIX, editores de publicaciones en español en Nueva York actuaban como árbitros en el ámbito cultural entre Latinoamérica y Estados Unidos. Como mediadores culturales, construyeron puentes lingüísticos entre las dos culturas, defendieron a los hispanohablantes y educaron a sus lectores en "alta cultura", formando y reflejando, a la vez, sus gustos e intereses. Estos mediadores culturales tenían una identidad cosmopolita entre los hablantes globales de español. Kirsten Silva Gruesz y Rodrigo Lazo subrayan la importancia de la escritura transamericana y la prensa multilingüe en Estados Unidos, escrita principalmente por las élites blancas criollas del siglo XIX. Gruesz describe a las primeras generaciones de editores y escritores como "embajadores".[3] Con algunas excepciones, estos políticos y hombres de Estado no vieron los peligros de imitar y extender las jerarquías raciales estadounidenses a América Latina. José Martí y su generación fueron los primeros en tomar una posición proindependentista, antianexionista y antirracista contra la modernidad imperial de Estados Unidos y las burguesas normas anglosajonas. Según Laura Lomas, las interpretaciones de Martí van más allá de la meta de igualdad de derechos en las fronteras estadounidenses y caen en la tradición de inmigrantes económicos y trabajadores no ciudadanos que son americanos en un sentido amplio. Ella usa el desarraigado y nómada término de *migrante* para referirse a residentes que llegan a Estados Unidos para proteger sus intereses en el sur y acceder a derechos en el lugar donde viven y trabajan.[4]

La prensa en español que se desarrolló durante la década de 1880, empezando con Martí y los seguidores de esa tradición, se resistió a las presiones de asimilar las normas culturales anglosajonas burguesas. Dicha oposición tomó diversas formas, entre ellas las ideologías relacionadas con el hispanismo, un proyecto de hispanización a través del lenguaje, las costumbres y creencias impuestas, empezando con la expansión imperial del llamado Nuevo Mundo, que operó como un paradigma político, representacional y epistemológico a lo largo del desarrollo de la historia cultural de Hispanoamérica y España, desde el periodo colonial hasta la consolidación de las naciones-estado, en el contexto de la globalización.[5] El desarrollo del hispanismo alcanzó una de sus etapas más productivas durante la década de los treinta y cuarenta, cuando la Guerra Civil Española llevó a muchos académicos e intelectuales al exilio en América Latina y centros metropolitanos como Nueva York. Como concepto, el hispanismo se había construido con tensiones ideológicas, algunas de ellas ligadas al fascismo, y otras que tenían que ver con la misión cultural y espiritual de extender la cultura hispánica a Norteamérica y Latinoamérica como una manera de contrarrestar la modernidad imperial de Estados Unidos. Con raíces en el idioma español, el hispanismo tiene un impulso de asimilación, dado que homogeiniza a las naciones latinoamericanas silenciando su diversidad lingüística, cultural y racial. También refuerza los lazos culturales y lingüísticos entre las naciones latinoamericanas postcoloniales y España. Como señala Sebastiaan Faber, el hispanismo "termina por reprimir o borrar la mayoría de las formas de otredad interna" en sus esfuerzos por reivindicar las diferencias culturales relativas a las normas culturales anglosajonas del norte; lleva a una "borradura de la diferencia en nombre de la diferencia". Faber concluye que el hispanismo "debe ser rechazado precisamente porque *asimila* una realidad cuya principal característica es su heterogeneidad".[6]

Las numerosas publicaciones periódicas en español que había en Nueva York usaron el hispanismo como bastión contra las presiones de asimilación.[7] Dichas publicaciones representaron varios intereses políticos y sociales, exigieron derechos y medidas de protección para los hispanohablantes de Estados Unidos e intentaron influir y defender los intereses de escritores y editores en sus países nativos. *Gráfico* (1927–31), por ejemplo, promovió la unidad entre neoyorkinos hispanohablantes, así como las conexiones transnacionales con América Latina, como declaraba la misión publicada en el número del 27 de febrero de 1927:

> El constante aumento de la colonia española e iberoamericana nos ha impelido a editar este semanario que viene a cooperar a la defensa de todos los que forman la gran familia hispana. Haremos una labor tendente a buscar la mayor compenetración y bienestar de los que ausentes de la patria amada debemos en suelo extraño agruparnos bajo una sola bandera: la de la fraternidad.[8]

Esta misión promueve claramente el hispanismo y la defensa de las comunidades tanto española como sudamericana en Nueva York, cuyos intereses eran muy distintos. Con enfoque en la hermandad, la publicación ignora también las diferencias de género. Sin embargo, publicaron al afropuertorriqueño Jesús Colón y a la feminista Clotilde Betances Jaeger, que desafiaban esta orientación.[9] Otros artículos y columnas demostraban una crítica incisiva de la racionalización que latinoamericanos e hispanohablantes del Caribe experimentaban al emigrar al norte. El primer editor de *Gráfico* fue el afrocubano Alberto O'Farrill, quien era también su principal caricaturista y desarrolló el personaje de un inmigrante mulato, Ofa, que usó como narrador en primera persona y cuya principal preocupación era encontrar y mantener trabajo en la gran ciudad. Colón había empezado su carrera como escritor y activista político trabajando como cronista para *Gráfico* antes de escribir para *Pueblos Hispanos* y para *Daily Worker*. Fue autor de sesudas críticas al racismo estadounidense y puertorriqueño, y para

Figura 5. Jesús Colón,
ca. 1973. Archivo Jesús
Colón, Archivos de la
Diáspora Puertorriqueña,
Centro de Estudios
Puertorriqueños, Hunter
College, CUNY.

mediados de la década del cincuenta ya escribía en inglés. Sus artículos y los de
otros colaboradores de *Gráfico* no tienen un interés especial por la raza blanca,
como sugiere el término *hispanismo*.[10]

Además de promover el hispanismo como un modo de unir a la colonia de
Nueva York, algunos escritores y editores usaron la prensa en español para
exigir sus derechos y desafiar la noción de "extranjerismo" que abarcaba a los
inmigrantes de América Latina y otras partes del sur global, así como a sus
hijos. Cuando las principales publicaciones periódicas mostraron a los miembros de la colonia puertorriqueña como criminales, holgazanes e incapaces
de autodeterminación, la prensa en español defendió a la comunidad. Este
sentido de extranjerismo era parte del proceso de racialización que vivían los
inmigrantes de Latinoamérica en Estados Unidos. El 7 de agosto de 1927, los
editores de *Gráfico* publicaron un editorial en inglés en el que señalaron que sus
críticos "olvidan que los ciudadanos que habitan en Harlem y sus alrededores
tienen las prerrogativas y privilegios que la ciudadanía estadounidense implica.
Casi todos venimos de Puerto Rico y el resto de nosotros somos ciudadanos
naturalizados". Al publicar este texto en inglés, el editor indicaba que estaba
dirigido a la comunidad que rodeaba a la colonia. Sin embargo, el editorial
adopta un mensaje asimilacionista, argumentando que los inmigrantes italianos
e irlandeses que habían llegado antes a Harlem "eran iguales [a los inmigrantes
puertorriqueños] antes de aprender los usos y costumbres de este país". Estas
palabras sugieren que la asimilación era deseable y que, una vez que se ameri-
canizaran, los puertorriqueños se fundirían en el crisol cultural. Los editores no
conceptualizaron a los crecientes miembros de la colonia puertorriqueña como
racializados y marginados por su estatus de migrante colonial y su diferencia

racial y cultural.[11] En 1927, los editores de *Gráfico* no vieron —o decidieron no ver— las diferencias entre los puertorriqueños como migrantes coloniales y sus vecinos italianos o irlandeses. Una década y media más tarde, los editores de *Pueblos Hispanos* mostraron un entendimiento distinto de su posición en el paisaje cultural y político estadounidense.

Además de las preocupaciones sobre la raza y los derechos de la ciudadanía, se discutían en la prensa en español ideas sobre feminismo y los roles de género de las mujeres hispanas. Al verlas como el corazón de la familia y de la comunidad y como las encargadas de preservar la cultura y el lenguaje del hogar, los cronistas y editores (en su mayoría hombres) usaron su influencia para tenerlas por las riendas. Estaban preocupados por la influencia que las *flappers*, a menudo caracterizadas como de moral distraída, pudieran tener en ellas.[12]

Las mujeres puertorriqueñas contribuían a la prensa en español desde casi una década antes de que Burgos llegara a Nueva York. En 1933, Josefina (Pepina) Silva de Cintrón fundó *Artes y Letras* con el Grupo Cultural Cervantes, constituido en su mayoría por actores y escritores puertorriqueños. Esta revista cultural mensual estaba dirigida a la burguesía de la clase media, especialmente a las lectoras involucradas en actividades culturales y filantrópicas, y era distribuida en Latinoamérica y el Caribe. Entre las mujeres que publicaban ensayos, cuentos y poemas en *Artes y Letras* estaban Alfonsina Storni, Gabriela Mistral, Carmen Alicia Cadilla, Martha Lomar, Concha Meléndez e Isabel Cuchí Coll. Virginia Sánchez Korrol señala que las puertorriqueñas educadas que emigraron a Nueva York antes de la década de los treinta optaron por "civilizar en vez de liberar a sus hermanas de clase trabajadora". Se aferraron a sus roles domésticos que, a su parecer, "inhibían la expansión de cualquier cosa que se saliera de la consciencia femenina más básica". Los vínculos transnacionales que mantenían estas mujeres perpetuaban las ideas patriarcales al "influenciar la transferencia del modelo familiar puertorriqueño en un nuevo escenario".[13]

Otras publicaciones tomaron posiciones mucho más conservadoras. El periódico *La Prensa*, por ejemplo, fue fundado en 1913 por José Campubrí para las comunidades inmigrantes españolas y cubanas en Nueva York; se adaptó a las posteriores oleadas de llegadas latinoamericanas y caribeñas a la ciudad. Dado que *La Prensa* había sido concebido como un negocio con fines de lucro, era menos radical que otras publicaciones: en vez de favorecer la independencia de Puerto Rico, el periódico apoyó a Luis Muñoz Marín y el estatus de Estado Libre Asociado para la isla. Sus puntos de vista políticamente moderados y su habilidad para adaptarse a las comunidades que iban llegando a la ciudad explican, en parte, su longevidad (fue publicado hasta 1962, cuando se fusionó con *El Diario de Nueva York*).[14]

Pueblos Hispanos (1943–44) presentaba otra alternativa.[15] Como otros periódicos en español de su tiempo, buscaba construir un sentido de solidaridad con la comunidad de los hispanohablantes, tanto en Nueva York como en una Latinoamérica imaginada más ampliamente. A través de su director, Juan Antonio Corretjer, la publicación estaba afiliada tanto con el Partido Nacionalista de Puerto Rico como con el Partido Comunista de Estados Unidos (los únicos dos que apoyaban entonces la independencia de la isla). La idea de *Pueblos Hispanos* nació en la cárcel federal de Atlanta, donde Pedro Albizu Campos, Corretjer y otros líderes del Partido Nacionalista de Puerto Rico estaban presos por sedición y conspiración para derrumbar al gobierno de Estados Unidos en Puerto Rico.[16] Durante su tiempo en prisión, Albizu Campos y Corretjer conocieron a Earl Browder, candidato por el Partido Comunista en la elección presidencial de 1940, quien había sido encarcelado tras ser hallado culpable de irregularidades en su pasaporte. Como parte de un arreglo entre Albizu Campos, Browder y Vito Marcantonio, un congresista de izquierda de Nueva York, el periódico adoptó la posición antibélica del Partido Comunista, continuó la lucha por la independencia de Puerto Rico y apoyó los movimientos de liberación en América Latina. Dadas las múltiples —y por momentos confusas— agendas involucradas, fundar el periódico parecía un reto imposible hasta que Corretjer fue liberado de la prisión en 1942 y conoció a Consuelo Lee Tapia en Nueva York.[17]

A primera vista, Lee Tapia parecía una participante improbable en el desarrollo del periódico. Nieta de una figura literaria importante, Alejandro Tapia y Rivera, nació en una familia puertorriqueña prominente y capitalista. Durante la década del treinta le conmovió la pobreza de la isla, el juicio y encarcelamiento de líderes nacionalistas puertorriqueños y la masacre de Ponce, lo que influyó en su decisión de unirse al Partido Comunista de Puerto Rico en 1937. En Nueva York, buscó las oficinas del Partido Comunista, en el que trabajó como voluntaria. Si bien en un inicio fue recibida con desconfianza por su clase social, pronto se volvió un elemento integral del Partido, trabajando con comunidades hispanohablantes dentro y fuera de Estados Unidos, lo cual la llevó a grupos antifascistas y anti-Franco. Trabajando junto a Corretjer (con quien se casó en 1945), Lee Tapia contribuyó decisivamente a que el periódico se pusiera en marcha: él asumió la dirección y ella trabajaba como administradora. Sus actividades políticas fueron entonces concentrándose en la colonia puertorriqueña y *Pueblos Hispanos* fue publicado semanalmente durante veinte meses. Después, la pareja partió rumbo a Cuba.[18]

Julia de Burgos conoció a Corretjer por su implicación en el movimiento nacionalista puertorriqueño entre 1936 y 1939 y se unió al personal de la publicación desde un principio como editora de arte y cultura y colaboradora habitual.

En *Pueblos Hispanos,* Burgos publicó poesía y ensayos en apoyo a causas socialistas. En sus escritos también criticó a Estados Unidos por no vivir a la altura de sus ideales democráticos, apoyó la independencia puertorriqueña y contribuyó a mantener los vínculos entre la comunidad hispanohablante de Nueva York y América Latina al publicar noticias de esa región. Sus ensayos promovieron la integración de los inmigrantes latinoamericanos, caribeños y afroamericanos en la ciudad de Nueva York. En contraste con las mujeres que escribían para *Artes y Letras,* Burgos había rechazado las nociones puertorriqueñas de domesticidad burguesa desde antes de partir de la isla. Desarrollar conexiones transnacionales con su isla natal a través del semanario le brindó un espacio para crear nociones más flexibles y fluidas de la identidad puertorriqueña.

Pueblos Hispanos: noticias desde América Latina

Pueblos Hispanos promovía el panhispanismo, la integración de las naciones latinoamericanas y las causas socialistas de todo el mundo, enfocándose en países como Perú, Ecuador, Brasil y México. El semanario ofrecía cobertura detallada de los asuntos políticos de Puerto Rico y de la colonia, alentando la solidaridad en la lucha por la libertad y justicia en Latinoamérica. Al compartir noticias de estos países, específicamente de Puerto Rico, mantenía informados a los residentes hispanohablantes de Nueva York, estableciendo conexiones transnacionales al tiempo que intentaban influir en la política local.

La misión socialista y las afiliaciones comunistas del semanario le brindaban un contexto internacional que facilitaba el desarrollo de vínculos transnacionales. El noveno punto de su misión, publicada en la primera página de cada número, era "la unidad sindical en las Américas". La asociación que tenían con la Organización Internacional de Trabajo y otros grupos similares facilitó la publicación y circulación de noticias de la región. Por ejemplo, el 6 de junio de 1944 (el Día D, casualmente), las oficinas de *Pueblos Hispanos* recibieron a Salvador Ocampo y Alberto Durán, delegados de Chile y Colombia, respectivamente, ante la Conferencia Internacional del Trabajo que se había llevado a cabo en Filadelfia durante abril y mayo. El recuento que Burgos hizo de la visita, publicado en el semanario el 17 de junio, subrayó no sólo la presencia de los invitados sino también otro evento notable del día a nivel mundial: "Habíamos previsto que íbamos a tener un gran día en P.H. con la dicha y el privilegio de recibir en nuestra casa a dos grandes líderes de América Latina. Pero no habíamos previsto que nos íbamos a reunir en el día de la apertura del Segundo Frente".

Como parte de un movimiento internacional, el semanario fue un vehículo para difundir noticias en apoyo a movimientos de trabajadores y de luchas por

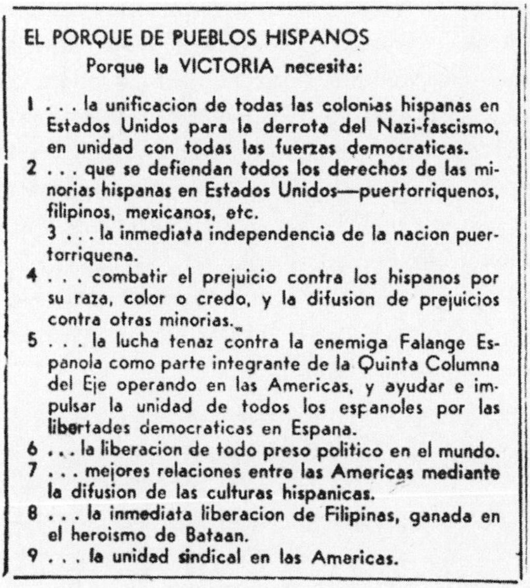

EL PORQUE DE PUEBLOS HISPANOS
        Porque la VICTORIA necesita:

1 . . . la unificacion de todas las colonias hispanas en
Estados Unidos para la derrota del Nazi-fascismo,
en unidad con todas las fuerzas democraticas.
2 . . . que se defiendan todos los derechos de las minorias hispanas en Estados Unidos—puertorriquenos,
filipinos, mexicanos, etc.
3 . . . la inmediata independencia de la nacion puertorriquena.
4 . . . combatir el prejuicio contra los hispanos por
su raza, color o credo, y la difusion de prejuicios
contra otras minorias.
5 . . . la lucha tenaz contra la enemiga Falange Es-
panola como parte integrante de la Quinta Columna
del Eje operando en las Americas, y ayudar e im-
pulsar la unidad de todos los españoles por las
libertades democraticas en Espana.
6 . . . la liberacion de todo preso politico en el mundo.
7 . . . mejores relaciones entre las Americas mediante
la difusion de las culturas hispanicas.
8 . . . la inmediata liberacion de Filipinas, ganada en
el heroismo de Bataan.
9 . . . la unidad sindical en las Americas.

Figura 6. Declaración de principios de *Pueblos Hispanos* 1943–44. Colección de publicaciones pre-1960, Archivos de la Diáspora Puertorriqueña, Centro de Estudios Puertorriqueños, Hunter College, CUNY.

la libertad ante gobiernos opresores de Latinoamérica y el Caribe. Se enfrentó con sus palabras al fascismo, al colonialismo y a las dictaduras. En la reunión también estuvieron presentes un oponente del gobierno de Trujillo y Max Audi-court, el secretario general del Partido Democrático de Haití, feroz crítico de la administración de su país en ese tiempo. Según el artículo de Burgos, Audicourt "señaló la esclavitud en que por muchos años ha vivido el pueblo haitiano, que también forma parte de América, y de la lucha por la redención de las masas sufridas del mundo. Prometió seguir luchando por la liberación de Haití, y por la victoria de las naciones que luchan por esa misma libertad, dondequiera que se encuentre usurpada".

En *Pueblos Hispanos* también aparecía trabajo creativo de Burgos que apo-yaba su misión de justicia social y liberación. "Canción a los pueblos hispanos de América y del mundo" se publicó por primera vez el 11 de marzo de 1944, conmemorando su primer aniversario. En él, Burgos enfatizó la misión de liber-tad y justicia por la que luchaban los editores y colaboradores del semanario. El poema sugiere que los países de América eran "tímidas patrias" que aún no cumplían con su potencial, misión que sólo podrían alcanzar a través de la liberación de la tiranía, la educación de las masas y la independencia política: "Pero tu voz camina herida en cada brisa / y en cada suelo manso te reciben las lágrimas, / todavía reza un trueno de tiranos y dólares / sobre el vuelo tendido de tus tímidas patrias". Según Burgos, el subdesarrollo de América Latina era resul-tado de la relación desigual entre Estados Unidos y los países económicamente dependientes cuyas élites cooperaban en varios asuntos económicos y políticos que fortalecían al dólar, pero dañaban al pueblo. Los editores de *Pueblos Hispanos* luchaban por hacer triunfar una visión que representara la expansión del proyecto de Martí: la autodeterminación para las naciones latinoamericanas.

El Estados Unidos imperial, que había buscado agresivamente tener una mayor influencia política y económica en América Latina y contra el cual José Martí advirtió en sus escritos desde Nueva York, había asomado su cabeza monstruosa. Burgos veía la independencia puertorriqueña como una continuación del legado de Martí. En su poema "Canto a Martí", que apareció en *Pueblos Hispanos* el 20 de mayo de 1944, criticó a Estados Unidos por traicionar los ideales democráticos de autodeterminación y libertad:

> Con una voz apenas comenzada,
> apenas recogida, apenas hecha;
> con una voz flotando entre horizontes
> de ansiada libertad, sin poseerla,
> de uniformes robustos, y de estrellas,
> con voz herida que se arrastra
> bajo el grito de América incompleta,
> con una voz de angustia desoída
> por donde rueda el alma de mi tierra;
> con una voz de suelo exasperado,
> vengo a decirte, santo, que despiertes...

Así como Martí lanzó una advertencia contra la anexión de Cuba a Estados Unidos en la década de 1880, Burgos veía con gran suspicacia la idea de que Puerto Rico fuera un Estado Libre Asociado en relación permanente con Estados Unidos. Su deseo de ver a Puerto Rico convertirse en una de las naciones libres e independientes de América se convertiría en su misión de vida.

Fundado en 1938, el Partido Popular Democrático comenzó a ganar fuerza en la década del cuarenta bajo el liderazgo de Luis Muñoz Marín. El lema del partido era "Pan, tierra y libertad", y la mayoría de sus votantes eran trabajadores, campesinos y miembros de la clase media. Muñoz Marín, temprano defensor de la independencia, le dio la espalda a la cuestión del estatus y se enfocó en reformas sociales más inmediatas. Según César Ayala y Rafael Bernabé, Muñoz Marín se dio cuenta gradualmente de que la independencia política era económicamente inviable y para 1946 empezó a aceptar capital estadounidense como una manera de industrializar la isla.[19] En respuesta a la situación política de Puerto Rico, Burgos escribió el ensayo "Ser o no ser es la divisa", publicado en 1945 en *Semanario Hispano*, una efímera publicación en español. El texto la hizo acreedora, al año siguiente, al Premio de Periodismo del Instituto de

Figura 7. Volante para la discusión pública "¿Estadidad o Independencia?", 4 de noviembre [1945]. Archivo Jesús Colón, Archivos de la Diáspora Puertorriqueña, Centro de Estudios Puertorriqueños, Hunter College, CUNY.

Literatura Puertorriqueña. Juan Antonio Rodríguez Pagán señala, con razón, que en él Burgos "esboza su ideología político-social en relación con Puerto Rico y la América Latina" y dibuja un paralelo entre las preocupaciones que manifiesta en él y las expresadas en una carta enviada a su hermana en junio de 1945 en la que articuló una "auténtica preocupación por el futuro de la Humanidad".[20]

El ensayo de Burgos fue más allá de simplemente expresar su preocupación por la humanidad. Enmarcó el debate de la independencia de Puerto Rico en el lenguaje de los derechos humanos: el derecho de un pueblo a gobernarse a sí mismo en lugar de ser peón de los designios imperialistas y capitalistas. Vinculó la cuestión del estatus de Puerto Rico a las luchas globales de la Segunda Guerra Mundial y de los gobiernos déspotas de República Dominicana, Nicaragua y Honduras.

A esta hora de encrucijada a que ha llegado la humanidad, podemos llamar la era de las definiciones. No de las definiciones de carácter lingüístico, sino de las definiciones de carácter humano que tienen su tronco en el hombre, y se esparcen sobre las colectividades en una dinámica social que rige el destino de los pueblos por el bien o por el mal. Estamos en la era de la definición del hombre.

Burgos argumenta que el pueblo tiene el derecho a desarrollarse y definirse por sí mismo, libre de la coerción e intimidación presentes en las relaciones coloniales e imperialistas en Puerto Rico y otras naciones latinoamericanas. Sus reflexiones anticipan la definición que hizo Albert Memmi del colonialismo: "La revuelta es la única manera de salir de la situación colonial", y la condición colonial es "absoluta y exige una solución absoluta; una ruptura y no un compromiso".[21] Para Burgos, sólo se podía escapar de la situación colonial a través de una ruptura total con Estados Unidos, a través de la independencia: "En Puerto Rico hay sólo dos caminos. O exigir el reconocimiento incondicional de nuestra independencia, o ser traidores a la libertad, en cualquiera otra forma de solución a nuestro problema que se nos ofrezca".

La cultura estadounidense promovía la amnesia cultural y criminalizaba a los puertorriqueños y a los hispanos. Uno de los objetivos de los periódicos en español era mantener a los inmigrantes de Nueva York informados sobre los eventos relevantes que sucedían en América Latina que no llegaban a los principales periódicos del país. De esa manera, ofrecían imágenes alternativas de estos pueblos, que muchos consideraban incapaces de gobernarse a sí mismos. Memmi argumenta que "la liberación de los colonizados debe llevarse a cabo a través de una recuperación de la dignidad propia y autónoma".[22] Para contrarrestar estas imágenes negativas del sur global, Burgos destacó a íconos latinoamericanos como Juan Bosch, José de Diego, Carmen Alicia Cadilla y Marigloria Palma. Sus artículos para el periódico ofrecían una oportunidad para el autoconocimiento: contar la historia de resistencia de Latinoamérica brindaba poderosas contranarrativas a aquellas divulgadas en los principales medios de comunicación. En "Triunfa Juan Bosch en Concurso Periodista", publicado en *Pueblos Hispanos* el 26 de marzo de 1944, reportó que el intelectual y estadista dominicano había ganado el prestigioso premio Hatuey de Cuba, llamado así por un cacique taíno que luchó contra los colonizadores españoles a principios del siglo XVI. Burgos trazó alianzas internacionales que vinculaban a quienes apoyaban la libertad en contra del materialismo, el colonialismo y el imperialismo.

Bosch recibió el premio como parte de las celebraciones por el centenario de la independencia dominicana y Burgos señaló la ironía de que la celebración se llevara a cabo cuando el país llevaba catorce años gobernado por Trujillo, "uno de los más sangrientos déspotas hispanoamericanos, traidor a las esencias que hicieron posible el acto". Apenas dos semanas antes, el 11 de marzo de 1944, Burgos había publicado "Himno de sangre a Trujillo" en *Pueblos Hispanos*. En este inquietante poema, ella maldice a Trujillo por llevar sangre inocente en las manos y predice que el suyo sería un legado de vergüenza, muerte y sangre "General Rafael, Trujillo General, / que tu nombre sea un eco eterno de cadáveres / rodando entre ti mismo, sin piedad, persiguiéndote" y que se convertiría en un espectro atormentado de la historia de su país "Sombra para tu nombre, General. / Sombra para tu crimen, General. / Sombra para tu sombra".

En dos ensayos cortos publicados en *Pueblos Hispanos*, Burgos llevó noticias desde Puerto Rico y Latinoamérica hasta la colonia en Nueva York, destacando las contribuciones literarias, culturales y políticas de dos escritoras puertorriqueñas que, como ella, habían emigrado entre Puerto Rico, Cuba y Nueva York. En "Presentación de Marigloria Palma", publicado el 8 de julio de 1944, Burgos señaló que Palma había obtenido el Premio de Literatura Puertorriqueña en 1941, convirtiéndose en la segunda mujer ganadora de este premio (después de Burgos). Ahora en Nueva York, Palma empezó a colaborar regularmente con *Pueblos Hispanos*.

"Carmen Alicia Cadilla", publicado dos semanas después, llevó hasta los lectores la noticia de que Cadilla había recibido recientemente una beca para estudiar periodismo en Cuba y pronto se mudaría a ese país. Burgos elogió la habilidad de Cadilla para desasociar el símbolo de la caña de azúcar de la explotación de los trabajadores puertorriqueños a manos de Estados Unidos: "Se pegó Carmen Alicia a la tierra épicamente. Se pegó a su tierra puertorriqueña. Y vio en la zafra su mayor tragedia, su más amarga cruz. Destruyó la villana bandera de la caña dentro y fuera de Puerto Rico como pabellón de explotación y ofreció la caña limpia de pecado, redimida, a la flora natural del mundo". En su escritura, Cadilla devolvió los símbolos puertorriqueños a la isla, libres de su connotación negativa. Sus contribuciones resultaron importantes para los esfuerzos de los puertorriqueños de liberarse de la opresión dado que, según Memmi, "el rechazo de los colonizadores es el preludio indispensable del autodescubrimiento. Esa imagen acusadora y aniquiladora debe ser eliminada".[23]

En estos ensayos, Burgos cuestiona la idea de que la cultura emana del centro a la periferia y sugiere que las tradiciones de las periferias y las provincias pueden desafiar a las ideas de objetividad y racionalidad. Burgos celebró a Palma como "completamente subjetiva". Esta subjetividad viene del autoconocimiento. El trabajo de Palma, así como la poesía de Burgos, frecuentemente examina la vida interior y la autobiografía de la escritora, llevando hacia un sentido de justicia social que viene de adentro y por lo tanto, en palabras de Burgos, "rehúye formas objetivas de rebelión". Burgos también explora esta idea en la poesía publicada en *Pueblos Hispanos*. En "Campo", publicado el 3 de julio de 1943, elogia a las provincias como lugares en donde surgen ideas, tradiciones y esperanza: "¡La tradición está ardiendo en el campo! / ¡La esperanza está ardiendo en el campo! / ¡El hombre está ardiendo en el campo!". En contraste, al escribir sobre Palma, describió a Nueva York, la gran metrópolis, como "la ciudad del ruido y del cansancio". Esta descripción sugiere que el centro produce ideas ininteligibles y poco originales, puro ruido.

La prensa en español de Nueva York a menudo encabezaba campañas de acción comunitaria o de recaudación de fondos para alguna crisis en particular.[24] En 1944, cuando Luis Lloréns Torres enfermó gravemente, recibió atención médica en Estados Unidos. Tras visitar al poeta en el hospital, Burgos escribió un texto publicado el 10 de junio en *Pueblos Hispanos*, en el que se identificó como puertorriqueña de Nueva York para hacer un llamado de solidaridad entre sus compatriotas: "La crisis de su vida lo ha tomado lejos del más hondo motivo de su existencia: Puerto Rico. Somos los puertorriqueños de Nueva York los que tenemos el deber de cuidar de esa vida preciosa. Unámonos todos, alrededor de PUEBLOS HISPANOS para homenaje de su vida". Burgos no consideraba a los puertorriqueños de la isla y de Nueva York como dos grupos separados, sino como un pueblo dividido por la intervención estadounidense y las duras condiciones económicas que llevaron a la emigración masiva. Crear esta relación transnacional, a nivel político y cultural, le permitió a Burgos expresar un sentido más fluido y sensible de identidad nacional, una continuación del proceso que había empezado con su creación del sujeto nómada en sus primeros poemas. En su prosa escrita en Nueva York, el sujeto migratorio se mueve en el paisaje citadino y la geografía urbana.[25]

Compartir noticias de Latinoamérica con la comunidad inmigrante de Nueva York fue un paso importante en el desarrollo de las relaciones transnacionales. Estas historias permitieron a los inmigrantes influir en la política de sus países natales. En el caso de Puerto Rico, por ejemplo, la comunidad ejerció presión para que se resolviera el asunto del estatus al crear conciencia del colonialismo estadounidense en la isla. Eligieron a Marcantonio, el único legislador de la época que se refería a Puerto Rico como una colonia y apoyaba la independencia.[26] Las noticias culturales que los *émigrés* leían en la prensa les permitían conservar un sentido de identidad cultural con sus países de origen al tiempo que las experiencias vividas en su nuevo hogar generaban conocimiento y autoconciencia.

La promoción de la cultura hispana en Nueva York

En uno de los artículos más interesantes que escribió para *Pueblos Hispanos*, "Cultura en Función Social", publicado el primero de abril de 1944, Burgos expuso los objetivos del semanario, específicamente de la sección de arte y cultura, de la cual era editora. Este ensayo demuestra que la publicación había sido creada en defensa de la comunidad y que buscaba facilitar el desarrollo de las instituciones al servicio de la población. Burgos deseaba volver a trabajar con Corretjer por sus convicciones políticas compartidas: "Es por coincidencia de principios y de posiciones frente a la batalla general entre las fuerzas

Figura 8. Portada de *Pueblos Hispanos*, 3 de julio de 1943. Colección de publicaciones pre-1960, Archivos de la Diáspora Puertorriqueña, Centro de Estudios Puertorriqueños, Hunter College, CUNY.

reaccionarias y la justicia humana, y frente a la lucha específica que sostienen los pueblos hispanos en Nueva York por su supervivencia y superación". Los editores se entendían a sí mismos como parte de una identidad minoritaria en Estados Unidos, por lo que entendían que no gozaban de derechos plenos de la ciudadanía. Enmarcaron sus demandas de justicia en el lenguaje de los derechos humanos, idea que difiere del sentido de identidad puertorriqueña descrita quince años antes en *Gráfico*.[27]

Unidos en visión y propósito, Burgos y Corretjer procuraron confrontar los retos, prejuicios y discriminación que enfrentaban los puertorriqueños y latinoamericanos en Estados Unidos a través de la definición, preservación y promoción de las culturas de Hispanoamérica. El hispanismo tuvo un auge en Nueva York durante la década de 1930 y 1940. Si bien Faber lo critica en la década del treinta por su asimilacionismo y por negar la heterogeneidad de Latinoamérica, Burgos promueve las "culturas hispánicas" considerando esa heterogeneidad y diversidad como una de las mayores ventajas de la región. En vez de elogiar al hispanismo, busca la solidaridad entre latinoamericanos

—"hispanoamericanos"— y la difusión de la "cultura hispanoamericana". Se enfoca en lo que percibe como auténticamente "americano", distinto de España: "Por razones de colonización la cultura, refrescada y enriquecida en la virginidad americana, aportó elementos determinantes en la estructuración de nuevas formas de cultura". Burgos tenía un entendimiento sofisticado de la cultura, que definió como "una proyección o manifestación directa del espíritu de una colectividad". Para ella, la heterogeneidad o "el mestizaje" de Latinoamérica "ha sido la fuente máxima de nuestra expresión autóctona".²⁸ Burgos consideraba las identidades culturales de estos países como fuentes de fuerza y resistencia contra la cultura del asimilacionismo estadounidense. Su sentido de hispanismo se enfocaba claramente en las Américas, teniendo en cuenta su diversidad cultural como fuente de poder.

La poeta creía que era necesario mirar al interior para que nuestra América (el título del ensayo más conocido de Martí) se liberara del yugo imperial de Estados Unidos. El camino a la libertad, de acuerdo con el siguiente ensayo, estaba en el autoconocimiento crítico:

> Antes que nada, afrontar, con mente abierta y espíritu crítico, todos nuestros problemas; analizarlos, sin olvidarnos del marco limitado donde se presentan, con mente universal; someterlos desnudos al pueblo para concienzudo estudio, y fijarle causas auténticas y soluciones permanentes... Ha sido una mano leal al pueblo que ha presentado abiertamente, en toda su tragedia y en todas sus posibilidades, los problemas mayores de nuestra América.

Para Burgos, el estudio crítico y sostenido era la clave para encontrar soluciones permanentes a problemas locales. De este modo, las naciones latinoamericanas podrían rechazar las soluciones ofrecidas por el proyecto imperial estadounidense.

Una de las manifestaciones de esta idea de autoanálisis era el esfuerzo por educar a los inmigrantes puertorriqueños y latinoamericanos que vivían en Nueva York, en muchos casos desconectados de sus países natales y de la historia de resistencia de los pueblos de Latinoamérica. Escribiendo para el periódico, Burgos compartía historias de figuras históricas y políticas. En "El hombre transmutado", un artículo corto publicado el 15 de abril de 1944, hizo un recuento del legado del poeta puertorriqueño José de Diego, que peleó por la independencia de la isla a finales del siglo XIX. El ensayo educaba a la comunidad sobre la historia de la independencia de ese país, levantando los ánimos y reforzando la solidaridad al tiempo que brindaba un modelo puertorriqueño positivo a seguir. En ese artículo, Burgos también denunció la intervención estadounidense en la política de la isla, como hacía en la mayoría de sus ensayos cortos.

Como mediadora cultural, Burgos educaba a sus lectores sobre instituciones culturales, exhibiciones artísticas y otros eventos locales relevantes. En varios artículos publicados en *Pueblos Hispanos* en 1944 habló de las experiencias de dos personajes de ficción, Paloma e Iris, al explorar la ciudad de Nueva York. Paloma era una joven mujer de ascendencia española cuya familia había escapado a México durante la Guerra Civil y había sido acogida por la familia de Iris. En una nota publicada el primero de junio, las dos mujeres se encontraron por casualidad en el Museo de Arte Hispánico de Nueva York. Burgos invitó a sus lectores a visitar el museo con descripciones de algunos de los mejores cuadros que se encontraban ahí, incluidas algunas obras de Goya y El Greco. Llamó la atención hacia las colecciones de esculturas y cerámica del museo, así como a sus ejemplares de brocados, telas y tapices que hacían eco de los "hispano-moriscos", afirmando nuevamente la heterogeneidad del mundo hispánico. Les contaba a los lectores sobre los hermosos mosaicos y muebles antiguos del museo, así como de la primera edición del *Quijote* de Miguel de Cervantes, que hizo que Paloma exclamara, sorprendida, "¡Quién me diría que en tu América iba yo a ver la primera edición del *Quijote*!" Esta estrategia permitió que Burgos familiarizara a los lectores con la impresionante historia, artes, logros y tradiciones del mundo hispanohablante, incluida Latinoamérica, hablando de las primeras ediciones de libros de Rubén Darío, Heredia y Sor Juana que había en el museo. Además, al enfatizar el hecho de que algunos de los mayores tesoros de Latinoamérica y España se encontraban ahora en Nueva York, Burgos reforzó el concepto de que las ideas y elementos culturales de importancia se mueven de la periferia al centro y reflejan el cambio de poder que ocurrió en las Américas a finales del siglo XIX, de España a Estados Unidos.

Como editora de arte y cultura, Burgos fungía como mediadora y promotora de la cultura hispanoamericana y desde ese papel educó a la comunidad inmigrante en Nueva York y estableció vínculos transnacionales entre la metrópolis y sus ciudades natales. Si bien promovía la cultura hispanoamericana como una manera de luchar contra el asimilacionismo proveniente de la cultura estadounidense, sus escritos se enfocaban en aquello que ella consideraba "americano": los pueblos indígenas de América del Sur y las culturas africanas que habían llegado a esa región del mundo. De este modo, Burgos evitó el impulso asimilacionista que acompañaba al hispanismo y celebró la heterogeneidad de Latinoamérica como fuente de fortaleza.

Las primeras identidades de la diáspora y las formas culturales transnacionales en Estados Unidos

Además de promover la cultura hispanoamericana en Nueva York, Burgos empezó a usar su trabajo para articular las identidades de la diáspora y las formas culturales transnacionales. Al entrevistar a artistas de origen latinoamericano, a menudo reflexionaba sobre el arte y la cultura de la diáspora, explorando cómo la inmigración y la nostalgia por sus países de origen influían en su obra artística. El periódico mantenía informada a la comunidad puertorriqueña, y a los lectores hispanohablantes en general, sobre eventos que sucedían en la ciudad y educaba y fomentaba el apoyo a los artistas entre la comunidad. Como parte de su labor de encontrar aliados de izquierda y crear conexiones políticas y sociales más amplias, también escribió sobre eventos que ocurrían en la comunidad afroamericana de Harlem, entre ellos un concierto de Paul Robeson y la marcha por los derechos civiles de 1944.

Burgos enfatizó la fluidez y complejidad de una identidad nacional que no está limitada por la geografía. En la narrativa dominante estadounidense, se plantea que los inmigrantes dejan sus países de origen para empezar una nueva y mejor vida en Estados Unidos y que deben, por lo tanto, olvidar su origen para enfocarse en su nueva vida. Sin embargo, las narrativas y entrevistas que Burgos hizo para *Pueblos Hispanos* cuestionan esta idea de la migración como unidireccional y unilateral, sugiriendo que los latinoamericanos que emigran conservan los vínculos con su país de origen al tiempo que establecen nuevas relaciones sociales transnacionales en Estados Unidos. En particular, los puertorriqueños comparten un fuerte nacionalismo que se resiste a las políticas de asimilación. Juan Flores señala que el principal eje de esta expresión cultural es "hacia la autoafirmación y asociación con otras culturas atrapadas en procesos similares de recuperación histórica y resistencia estratégica".[29]

En su entrevista "Con Narciso Figueroa, pianista puertorriqueño", que se publicó en *Pueblos Hispanos* el 13 de mayo de 1944, Burgos habló de los lazos transnacionales que los inmigrantes conservan con sus países natales. Figueroa era pianista clásico y había estudiado primero en Puerto Rico y luego en un conservatorio de España antes de mudarse a Nueva York en la adultez. Burgos describió hermosamente los duraderos vínculos familiares de este artista con su país. Compartía con él un apego visceral con el mar:

NF: Me encantaba el monte, y especialmente el mar. Tenía ambiciones de ser marinero. Aún hoy día el bote de vela me subyuga.

JB: Le comprendo, Narciso. No puede sentirse de otro modo un artista nacido en una isla atajada por doquiera de mares azules y eternos.

Sin embargo, como artistas, era importante dejar atrás su pequeña isla y explorar el mundo. Muchos han expresado este dilema del que Burgos habla en su conversación con Figueroa: "En este punto me semeja el mismo una tierna y ponderosa vela del mar antillano que se ha alejado de sus islas, sin soltarse nunca de ellas, para dar al mundo la altiva presencia musical de Puerto Rico, en lo más selecto, en lo más grandioso y perfecto del maravilloso arte". La metáfora del velero subraya el fuerte, persistente apego a su patria.

Si bien la conversación con Figueroa mostraba que los puertorriqueños que habían emigrado como adultos mantenían fuertes vínculos emocionales y familiares con su país, la "Plática con Esteban Soriano", publicada en *Pueblos Hispanos* el 22 de abril de 1944, es todavía más convincente. Nacido en Puerto Rico, Soriano se mudó a Nueva York a los 16 años y casi tres décadas después su obra seguía siendo influida por la nostalgia de su país natal. Burgos empieza el artículo con una descripción poética de Nueva York que contrasta con las descripciones del imperturbable paisaje de Puerto Rico de las pinturas de Soriano. Los sentimientos de nostalgia por la isla que asolaban a Burgos se revelan en este contraste:

> La tarde, terca como toda tarde neoyorkina avisada ya de la llegada de la primavera, no quiere subirse a las lejanas azoteas a desaparecer, humilde, sobre su destino. Quiere ser compañera de un encuentro de artes, fijado en apacible rincón humano de esta ciudad, tenebrosamente silenciosa a veces, otras veces demoniacamente a gritos. La amplia tarde, intrigada, nos lleva, sin saberlo, a un bello rinconcito de Puerto Rico, animado por la encendida mano de uno de sus más grandes artistas, Esteban Soriano.

En esta hermosa descripción, la ciudad se muestra antropomorfizada. Burgos reconocía el misterio de la ciudad y su habilidad de ser silenciosa o bulliciosa dependiendo del momento, pero siempre con la emoción de lo inesperado. En las pinturas de Soriano, el paisaje tranquilo y sosegado de Puerto Rico aparece como un oasis de serenidad.

Burgos estaba sorprendida por la fuerte influencia de la isla en este artista, y escribió: "La curiosidad o la picardía de saber cómo le ha impresionado, en su arte, el lugar donde salió a la vida". Les reveló a los lectores: "Casi con rubor de haber avanzado demasiado, me dejo conducir hasta la dulce visión de otra acuarela cuyo título corresponde a la pregunta: MI CIUDAD NATAL. Allí está San Juan como lo dejó Esteban Soriano hace veinticinco años, tranquilo y simple. Es una pintura cubista sin complicaciones". La imagen pacífica y simple de Puerto Rico choca con la vibrante descripción de la ciudad de Nueva York con la que abre el artículo. Su obra revela sus fuertes afinidades y las maneras en que su país siguió figurando de forma prominente en su arte, inspirándolo. Burgos celebraba la promoción de la cultura puertorriqueña que Soriano hacía en Estados Unidos: "Es Soriano exponente reconocido e indiscutible de nuestra vida nacional, viva para siempre en sus cuadros".

Burgos volvió a explorar las identidades complejas en las familias inmigrantes en su entrevista "Con Josephine Premice: Y su arte folclórico haitiano", publicada el 24 de junio de 1944. Más tarde, Premice se volvió una actriz famosa de teatro y televisión y trabajó con estrellas como Lena Horne y Diahann Carroll.[30] Su historia de chica preparatoriana de ascendencia haitiana, estudiante de danza Vodun, desafiaba las nociones dominantes de migración y enfatizaba las alianzas culturales entre puertorriqueños y otras minorías caribeñas y afroamericanas. Todos estos grupos habían enfrentado el proceso de inmigración de la periferia a la metrópolis y cohabitaban en los vecindarios del centro de Nueva York. Esta entrevista deja clara la influencia del Caribe en Nueva York a través de las alianzas culturales entre los grupos de minorías étnicas.[31]

La conversación con Premice demostró cómo los haitianos, así como los puertorriqueños y otros grupos minoritarios, luchaban por la autoafirmación. Premice había llegado a Estados Unidos a los 18 meses de edad, y muy pronto en la entrevista su acento en inglés llevó a Burgos a preguntarle por sus orígenes:

JB: Al notar el perfecto acento de su inglés, inquirimos el tiempo de su estadía aquí. Para nuestro asombro, contesta:

JP: Apenas conozco a mi patria natal. Casi no la recuerdo. Nací en Port Au Prince. Cuando contaba año y medio mis padres se trasladaron a Nueva York. Volví a Haití a los cuatro años, pero por breve tiempo. De manera que casi toda mi vida la he pasado aquí.

JB: Pero, ¿Cómo es posible que exprese ud. una parte de la cultura haitiana tan admirablemente, cuando no ha tenido contacto con el origen de esa cultura?

JP: Eso se lo debo a mi familia. Mi casa, dentro de esta misma ciudad cosmopolita, es haitiana. Aunque vivimos normalmente la vida norteamericana, rendimos culto a las más bellas y altas tradiciones nuestras, seguimos muy de cerca los acontecimientos políticos y sociales de nuestra patria y somos, antes que nada, y para ser más universales, haitianos.

Premice era conscientemente bicultural y había sido criada en Nueva York con valores y costumbres tradicionales haitianas. A continuación señaló:

Cada pueblo tiene su expresión rudimentaria y su expresión más culta de una tradición o de un culto. A unos parece salvaje lo que para otros es completamente normal. En la interpretación de otras culturas se llega hasta la exageración. Mi misión será aclarar la verdad de la cultura haitiana.

Nueva York brindaba a los artistas, escritores, músicos y actores oportunidades de trabajar de manera interdisciplinaria y formar vínculos y coaliciones que, con el tiempo, llevarían a nuevas formas de expresión cultural. Burgos se adelantó a algunos asuntos que tenían que ver con el arte y la identidad en la diáspora y que se volvieron más intensos con el creciente movimiento de gente desde el Caribe a Nueva York. Estos artistas estaban creando su identidad desde antes de la gran inmigración de mediados de siglo y del establecimiento de los principales enclaves étnicos.

El ensayo "Perfiles Mexicanos—Voces de México en Baltimore", publicado el 6 de mayo de 1944, describe un encuentro entre Burgos y un grupo de mexicanos que se encontraba en Estados Unidos de braceros, como trabajadores temporales para aliviar la escasez de mano de obra durante la guerra. Burgos comenzaba el artículo con una descripción poética de Penn Station que enfatizaba el racismo y la manera en que éste se reflejaba en la estructura económica estadounidense: "Rostros negros. Rostros negros de hermosas mujeres que barren el camino de los blancos. Rostros agitados de prisa y de cansancio en un vaivén de vueltas que choca por su uniformidad". De este modo, demostraba cómo la repetición monótona de la estación deshumanizaba la escena. Se sintió cautivada por este grupo de gente que, sospechaba, era latinoamericana. Su atracción por lo familiar y lo reconocible destacó entre esta multitud homogénea. La descripción expresaba un deseo por encajar y humanizar a una multitud que parecía alejada y extraña.

> De pronto, una mancha distinta del tono blanco y negro atrae mis ojos. Es una mancha India, sola y quieta, que en un rincón disuelve la monotonía de la estación de Pennsylvania. Sin poder explicar por qué, mis pies avanzan con dirección definida.
> —Parecen hispanos— me digo, para mí vista, cae sobre un grupo de piel morena tostada por el sol, de rostros suaves y expresivos, de ademanes pausados que contrastan notablemente con el marco convulso de hombre y trenes que los circunda.

Al acercarse al grupo, uno de ellos le preguntó si era mexicana, ante lo cual Burgos expresó placer por el mutuo e inmediato sentido de familiaridad y conexión: "En mis oídos la pregunta suena a música, en mi corazón se alegra de contenido humano y en mi mente se contesta con un saludo y un cariño hondo para aquellos hermanos hispanoamericanos". El artículo transmite el sentido de soledad y aislamiento que los inmigrantes latinoamericanos sentían ante la ausencia de comunidades establecidas.

Por otro lado, la nota subraya la importancia de los periódicos para las primeras comunidades de inmigrantes, dado que brindaban apoyo emocional y un sentido de solidaridad en un contexto en que la tecnología más avanzada, como el teléfono, la televisión y el transporte, eran un lujo. Al hacerlo, los medios escritos ayudaron a crear lo que Benedict Anderson ha descrito como "comunidades imaginadas". Los trabajadores mexicanos con los que Burgos se encontró expresaron: "No hemos visto ninguna cara hispana, ni un periódico, ni nada. Por eso le hemos hablado. Perdone usted; es que todos los pueblos hispanos nos atraemos, sobre todo en estos sitios tan desolados de un alma que nos comprenda o nos quiera". La comunidad hispanohablante era entonces puertorriqueña en su mayoría, pero también incluía a personas de otros países y estaba segregada del resto de la ciudad. En sus propias palabras: "Estoy un tanto sorprendida de encontrar en semejante sitio un grupo completo de mexicanos, ya que en Nueva York las colonias hispanas se mezclan unas con las otras y es difícil encontrar un conglomerado exclusivamente de mexicanos, de puertorriqueños o de cubanos. Pienso enseguida en la inmigración". La migración posibilitó entonces alianzas que de otro modo hubieran resultado impensables. La ciudad posibilitó la creación de nuevas identidades.

Publicado el 12 de agosto de 1944, el artículo final de Burgos en el que aparecían sus dos personajes ficcionales fue "Iris y Paloma caminan por Harlem". En él, Burgos insistió precisamente en este transnacionalismo de la comunidad latina y en la importancia de la solidaridad. Empezó la nota ilustrando este punto: "Solamente guardaron la localización de sus espíritus en la cosa latina, especialmente en lo latinoamericano, que en Nueva York forma una sola familia sin fronteras, que es necesario unir más cada día". Dibujando un paralelo entre las luchas de los diferentes grupos y acentuando sus similitudes, enfatizó aún más la necesidad de unión. Iris exclama: "Quiero vivir de cerca y detenerme hoy en la vida que es casi toda dolor del pueblo puertorriqueño en esta famosa barriada. Quiero sentir, a pleno corazón, con el pueblo hermano que hace tiempo quiero y vigilo".

El artículo también explora los problemas que enfrentan los miembros de la comunidad puertorriqueña en Estados Unidos, subrayando injusticias, prejuicios, desigualdad y discriminación. Un narrador describe lo que Iris y Paloma ven al caminar por Harlem: "Ven las viviendas casi inhabitables, sin ventilación, sin calor, sin seguridad, sin higiene, del pueblo puertorriqueño de Harlem".

Para los puertorriqueños, Harlem no era la tierra de las oportunidades que se esperaban:

> Porque en el negro de Estados Unidos la persecución está centralizada en el color del pellejo, lo que implica naturalmente, la negación a todo su desenvolvimiento. Para el puertorriqueño, en cambio, el azote no tiene ni siquiera enfoque directo; es un azote mitad político y mitad bárbaro-pasión y cálculo mezclado para la liquidación de un pedazo del mundo completamente hecho en sus propias raíces, pero violado en su crecimiento natural.

La escena termina abruptamente con una nota que dice que las mujeres no pueden entender la comunidad en una sola tarde y que volverán a salir después para explorar más.

Los problemas asociados con la pobreza —malnutrición, enfermedad, mala higiene, falta de educación y desempleo— siguen afectando a los puertorriqueños tanto en la isla como en Estados Unidos. La diferencia central es el contexto y el entorno. En la década de los cuarenta, Puerto Rico era primordialmente rural, así que para los inmigrantes estos retos fueron aún más complicados por el entorno urbano, el crimen y la discriminación. La solución que Burgos propuso en Nueva York fue similar a la que propuso en la isla: solidaridad, apoyo mutuo y organización alrededor de una causa. En El Barrio, Iris y Paloma también fueron testigos de

> la humanidad, que contra la corriente destructora quiere unirse en fraternal abrazo, casi siempre proletario, organizándose para la verdad mientras traicioneramente es azotado por ráfagas y demagogos de sus causas. Ven en el lado positivo, inspiradores grupos como los Clubs de Marcantonio, el Club de Hostos, el Club Obrero, La Mutualista Obrera, *Pueblos Hispanos*, que son y serán la vanguardia de la defensa de las clases explotadas y sufridas, especialmente la puertorriqueña.

Del mismo modo que en el artículo anterior, Burgos concluye este ensayo con información vital para la comunidad, enumerando una serie de organizaciones y recursos disponibles para quien los necesitara. Burgos conocía bien los retos a enfrentar y estaba comprometida a mejorar sus condiciones de vida.

Las razones del abrupto declive de *Pueblos Hispanos* no están del todo claras, pero el ambiente sin duda se había transformado. El macartismo ofrecía un paisaje político distinto para comunistas, nacionalistas e independentistas, tanto en Nueva York como en Puerto Rico. En un ambiente en el que el anticomunismo era asunto de seguridad nacional, la amenaza del comunismo se extendía más allá de los miembros oficiales del partido para incluir a casi cualquier grupo que desafiara el orden económico, social o racial establecido. Bajo la consideración de que "la inconformidad es tan peligrosa como el comunismo", el director del FBI, J. Edgar Hoover, tenía en la mira a los extranjeros, a los radicales y a los trabajadores en huelga.[32] En un intento por ganar apoyo para el movimiento anticomunista, el gobierno de Estados Unidos presentó al comunismo como fundamentalmente antipatriótico.[33]

Uno de los objetivos de los fundadores de *Pueblos Hispanos* fue abrir una editorial y una librería para promover libros que revelaran un sentido de "americanidad", pero esos planes nunca llegaron a concretarse. Sin embargo, éste y otros periódicos en español de Nueva York tuvieron contribuciones considerables. La prensa ayudó al desarrollo de vínculos transnacionales entre la isla y la creciente comunidad inmigrante en la metrópolis y les permitió a los inmigrantes mantenerse conectados a Puerto Rico sin dejar de integrar sus experiencias en Nueva York al entendimiento que tenían de sí mismos. Este capítulo muestra la importancia de las contribuciones de Burgos en este sentido durante la década de 1940, cuando se esforzó por transmitir sentimientos de unión y conexión con "la cosa latina" en Estados Unidos. Las relaciones políticas y culturales cultivadas en el periódico le permitieron imaginar maneras más expansivas e inclusivas de ser puertorriqueña, un proceso que había comenzado con la poesía escrita en la isla y en Cuba. Burgos adoptó un sentido heterogéneo de identidad en el cual las diferencias raciales y de género fomentaban vínculos hemisféricos de solidaridad entre los inmigrantes, un sentido más fluido que atrajo a generaciones posteriores de escritores a su trabajo, particularmente a escritoras y artistas puertorriqueñas y minorías sexuales en la diáspora.

4

Legados múltiples

Julia de Burgos y los escritores
de la diáspora caribeña

Tan sólo una década tras la muerte de Burgos, en 1953, Nueva York ya se había transformado por completo. En 1954, en el caso Brown contra el Consejo de Educación, la Corte Suprema de Estados Unidos determinó que las escuelas separadas para estudiantes afroamericanos y blancos negaban la igualdad de oportunidades educativas, poniendo punto final a la segregación racial de jure en el país. En 1963, 250 mil personas participaron en la Marcha sobre Washington por el trabajo y la libertad, que demandaba el establecimiento de legislación significativa en materia de derechos civiles para prohibir la discriminación por color, raza o nacionalidad. Un año después, la Ley de Derechos Civiles se convirtió en una realidad. Miembros del Partido de los Young Lords, que luchaban por la independencia de Puerto Rico, por los derechos civiles y por mejorar las condiciones de vida para los puertorriqueños en Nueva York, se opusieron a la gentrificación y a las condiciones de vida injustas, esfuerzos que dieron forma al movimiento político de la década del setenta.[1] Se extendió el movimiento artístico e intelectual denominado nuyorican, y en 1973 Miguel Algarín fundó el Nuyorican Poets Café, donde poetas, escritores y artistas acudían a expresar su identidad y la realidad de sus vecindarios. Puertorriqueñas como Lorraine Sutton y Sandra María Esteves emergieron en la escena poética de la ciudad.

Empoderadas por los movimientos sociales de esa época, escritoras queer y feministas, la mayoría de Puerto Rico pero también algunas de República Dominicana, retomaron a Burgos como símbolo de su causa y hasta el día de hoy escritores y artistas, tanto en la isla como en Nueva York, mantienen vivo su espíritu a través de su obra. Burgos se convirtió en un ícono cultural en Nueva York por tres razones principales. La primera es que estos escritores se identifican con la lucha política de Burgos por la autodeterminación y el reconocimiento, expresada en su vida y en su obra. La segunda es que su estilo poético intensamente personal y autobiográfico se presta para desarrollar estos temas y resuena con un movimiento en las convenciones poéticas que se aleja del estilo modernista impersonal, hacia el arte de la autenticidad y la presencia. Estas transformaciones condujeron a la poesía en performance de los poetas de la generación *beat* y, varias décadas después, al *slam* y a la poesía en voz alta adoptada por poetas nuyorican y por el Movimiento del Arte Negro, entre otros.[2] Finalmente, las posiciones políticas y la historia de vida de Burgos funcionan como símbolos para la construcción de coaliciones entre grupos marginados. Este capítulo explora la manera en que las escritoras feministas, queer y de la diáspora que han sido excluidas tanto del canon literario puertorriqueño como del estadounidense, utilizan la escritura y la figura de Julia de Burgos para criticar y desafiar al patriarcado, sugerir modelos alternativos de familia, afirmar su negritud y su sexualidad, expandir las fronteras de la isla para incluir a la diáspora y ampliar las nociones tradicionales de la literatura estadounidense.[3]

El canon literario puertorriqueño de la década de los treinta se mantuvo incuestionable hasta la década de los setenta, cuando las voces previamente silenciadas de mujeres, afrodescendientes, inmigrantes y miembros de la comunidad LGBTQ aparecieron en la escena literaria.[4] La voz de Burgos fue una de las principales encargadas de desafiar al patriarcado, al clasismo, al racismo y a las fronteras geográficas del canon. Durante la consolidación del canon, los escritores de la Generación del 30 le habían dado nueva vida al concepto de la gran familia, como una estrategia de resistencia ante el poder colonial estadounidense en la isla.[5] Este mito "fue útil para delinear los contornos del canon, ya que se usó para legitimar sus 'silencios' a través de tres principios centrales: armonía social y democracia racial, glorificación del pasado y culto al patriarcado".[6] Tal y como hizo Burgos, muchas escritoras queer y feministas de la diáspora puertorriqueña desarrollaron una literatura contracanónica que tomaba el erotismo como punto de partida.

Este capítulo analiza la importancia de Burgos como una figura del sexilio en el trabajo de Manuel Ramos Otero y Luz María Umpierre, así como su influencia en escritores de la diáspora caribeña en Nueva York como Rosario Ferré, Chiqui Vicioso y Sonia Rivera-Valdés. Luego, examina el legado de Burgos entre escritores nuyorican como Esteves y Mariposa (María Teresa Fernández), entre otros.[7] Las tendencias de la poesía en performance intersecaban con el legado de Burgos, magnificando su importancia entre los escritores de la diáspora. Dicho legado subraya los desafíos que enfrentó el canon literario puertorriqueño, así como el culto al patriarcado y el mito fundacional de la gran familia en la literatura puertorriqueña, que empezó a declinar durante la década de los setenta.[8] Para algunos grupos que tradicionalmente habían sido omitidos del imaginario nacional, apropiarse de la figura de Burgos fue una manera de desarticular los impulsos nacionalistas, la historia compartida y la memoria social de la isla. Por otra parte, en una ciudad cosmopolita como Nueva York, Burgos se convirtió en un ícono cultural latinx transnacional. Reinventar, reimaginar y reflexionar sobre la figura de Burgos ha sido una manera en que los artistas han alzado la voz para hablar de sus luchas por el reconocimiento y la autodeterminación en la ciudad, haciendo eco de los temas que ella desarrolló en su obra.

La escritura autobiográfica y la poesía lírica intensamente personal se desarrolló entre los escritores puertorriqueños en Estados Unidos a lo largo del siglo XX. De acuerdo con Juan Flores, la literatura puertorriqueña en dicho país puede dividirse en tres etapas. La etapa pionera (1916–45), ejemplificada por Jesús Colón y Bernardo Vega, fue principalmente autobiográfica y periodística. La etapa de mediados de siglo (1945–65) coincide con la gran migración de puertorriqueños a Nueva York, cuando autores consagrados como Pedro Juan Soto y René Marqués escribieron sobre la comunidad en la diáspora sin ser realmente parte de ella, ofreciendo una mirada externa. La tercera etapa, la de la literatura nuyorican, surgió en las décadas de los sesenta y setenta sin referencia directa ni conciencia clara de la literatura previa creada por los puertorriqueños de la ciudad. De acuerdo con Flores, a pesar de esta aparente falta de conexión, esta literatura recurre a la postura autobiográfica de la etapa pionera, así como a la literatura imaginativa de la etapa de mediados de siglo, de modo que "con los nuyoricans, la comunidad puertorriqueña en Estados Unidos ha alcanzado la modalidad de la expresión literaria que le corresponde según su posición como minoría colonial no asimilada".[9] La característica más distintiva que emana de esta nueva literatura es el cambio de idioma, del español al inglés, y la escritura bilingüe, lo cual es una señal de presencia, si bien no necesariamente de pertenencia.

Los recuentos autobiográficos y testimoniales también emanaron del establecimiento de ciertas convenciones que consideraban a la "poesía en performance un espectáculo de la personalidad".[10] A finales del siglo XIX y principios del XX, recitar poesía jugaba un papel importante en la educación estadounidense, realzando el patriotismo, fomentando la asimilación y conmemorando las celebraciones comunitarias. Los avances tecnológicos del siglo XX llevaron a nuevas formas de entretenimiento y puede que hayan promovido la lectura de poesía como se entiende en la actualidad: los poetas recitando su propia obra.[11] Algunos de los ejecutantes orales más talentosos fueron dados a conocer al público a través de medios masivos de comunicación, mientras que las oportunidades para escuchar y ver a los poetas personalmente se volvieron más escasas. Lesley Wheeler nota que "a medida que su audiencia se reducía, la poesía se volvió más inmensamente un arte de la autenticidad, representando lo opuesto al mundo televisivo, pulido y distante".[12]

Algarín, el poeta y profesor que fundó el Nuyorican Poets Café, es un ejemplo puntual. En un ensayo en el que define la literatura nuyorican, escribe: "Languages are struggling to possess us; English wants to own us completely;

Spanish wants to own us completely. We, in fact, have mixed both. (Las lenguas luchan por poseernos: el inglés se quiere adueñar de nosotros por completo, el español se quiere adueñar de nosotros por completo. Nosotros, de hecho, hemos mezclado ambos)". La decisión de translenguar constituye un rechazo no sólo del hispanismo de la isla sino también de la presión que la cultura angloamericana ejercía por la asimilación. La experiencia de la inmigración ha dejado a generaciones enteras "stripped of all historical consciousness (despojadas de toda conciencia histórica)".[13] Como hicieron generaciones anteriores de escritores, Algarín lucha por el reconocimiento político, la toma de conciencia, la construcción de coaliciones y la expresión del ser. Dar voz al ser es una acción política y de autodefinición. Él privilegia la expresión oral y señala que la "expression of the self (expresión del ser)" y las "transformations before the public eye are a very important way of psychic cure (transformaciones ante la mirada pública son formas muy importantes de cura psíquica)" para aquellos que han experimentado alienación cultural, racismo, pobreza y marginación.[14] En 1975, Algarín y Miguel Piñero editaron el libro *Nuyorican Poetry: An Anthology of Words and Feelings,* la primera colección de este tipo. En 1994, la publicación de *Aloud: Voices from the Nuyorican Poets Cafe,* editada por Algarín y Bob Holman, incluía la obra extensa de muchos poetas de distintas nacionalidades para los que el café había sido un lugar de expresión y transformación ante el público. Ambos títulos y colecciones enfatizan la importancia de la poesía en la expresión de las voces personales, las emociones y la autodefinición.

A medida que los espacios multiétnicos e interlatinxs florecían en Nueva York, Burgos se convirtió en un ícono de la cultura latinx de dicha ciudad. Las transformaciones demográficas que venían ocurriendo desde la década de los noventa habían creado espacios urbanos en los que interactuaban latinxs de varias nacionalidades. Hoy en día, casi todas las naciones latinoamericanas y caribeñas están representadas en Nueva York, es decir que la comunidad latinx ya es sólo mitad puertorriqueña, la otra mitad son dominicanos, mexicanos, colombianos y ecuatorianos, entre otros.[15] Retomar la figura de Burgos les permite a los inmigrantes latinxs más recientes establecer un vínculo con el espacio y el lugar, a medida que reconocen el legado puertorriqueño de El Barrio. En palabras de Frances Aparicio: "El mosaico social conduce a nuevas formas de interacción, afinidades y dinámicas de poder entre latina/os de varias naciones", creando objetos y prácticas culturales a partir de múltiples influencias nacionales. Además, mientras que "los medios y el periodismo parecen enfocarse en los conflictos culturales y tensiones nacionales que surgen como resultado de estos nuevos espacios sociales", las diversas formas de afiliación, solidaridad, identificación y deseos entre latinxs tienen menos visibilidad.[16] Recordar colectivamente a Burgos como parte de la mitología de El Barrio es un acto de solidaridad, identificación y asociación entre latinxs. Yolanda Martínez-San Miguel ha usado el término "zona de contacto" para reflexionar sobre los intercambios culturales post y neocoloniales entre inmigrantes del Caribe insular hispanohablante.[17] Sus aparentes similitudes ocultan grandes diferencias en cuanto a poder social y político. Marisel Moreno lleva la idea más allá al pensar en las "zonas literarias de contacto" en las que se dan las continuidades entre el trabajo de las escritoras puertorriqueñas en la isla y las de la diáspora.[18] Estos nuevos objetos culturales interlatinxs ofrecen oportunidades de reimaginar la latinidad como un sitio de resistencia.

El término *latino* empezó a circular como una manera de reconocer la heterogeneidad de Latinoamérica y el legado africano e indígena en las culturas sudamericanas.[19] Sin embargo, la versión de consumo de la etnicidad latina tiende a racializar a los latinos hacia la blanquitud, reflejando las ideologías racistas presentes en los medios estadounidenses y aprovechando el racismo de las culturas caribeñas y latinoamericanas.[20] Hoy en día, los medios norteamericanos destacan solamente algunas historias de éxito espectaculares de latinxs, ocultando la realidad de racismo, miseria económica y privación de derechos políticos que la mayoría de ellos enfrentan como consecuencia de las persistentes desigualdades regionales y globales. La discriminación en los sistemas educativos y judiciales, así como el deseo de confrontarla, siguen siendo motivos de unión. Del mismo modo, los medios han definido a la *latinidad* como un concepto hegemónico que homogeneiza a la población. Sin embargo, Aparicio busca reclamar el término como una idea que puede resultar útil para explorar "las experiencias históricas (post)coloniales y para encontrar afinidades y similitudes que nos empoderen en lugar de dividirnos".[21] Los latinxs que viven en Nueva York afirman su negritud en la imagen de Burgos, confrontando las ideas de armonía social y democracia racial que forman parte de las narrativas nacionales del Caribe y Latinoamérica.[22] Para escritores como Vicioso, Esteves y Mariposa, retomar a Burgos es una manera de afirmar su negritud y de resistir la racialización.[23] Recordarla les ofrece a los escritores contemporáneos una manera de apropiarse de su latinidad, resistir la asimilación, luchar en contra del consumismo y la gentrificación e imaginar nuevos futuros para ellos y sus comunidades.

Los escritores de la diáspora han invocado a Burgos, simultáneamente, para expresar diferencias culturales y para hablar de las conexiones transnacionales a través de las cuales las comunidades en la diáspora se reconocen entre ellas. Brent Hayes Edwards explica que la diáspora implica una relación, real o imaginaria, con una tierra natal que está mediada por las dinámicas de la memoria colectiva y las políticas del regreso: "Como un marco para la producción de conocimiento, la diáspora inaugura un análisis ambicioso y radicalmente descentralizado de los circuitos políticos y culturales transnacionales que se resisten a los contextos de naciones o continentes". De acuerdo con Edwards, la diáspora africana está "formulada expresamente como un intento por asumir diversas tradiciones negras de resistencia y anticolonialismo relacionadas entre sí".[24] James Clifford observa que, si bien los discursos de la diáspora están definidos y limitados por las estructuras del Estado nación y el capitalismo global, "éstos también los exceden y cuestionan, ofreciendo recursos para los postcolonialismos emergentes". Argumenta que "no hay culturas o lugares postcoloniales, sólo momentos, tácticas, discursos... sin embargo, el término 'postcolonial' sí describe rupturas reales, si bien incompletas, con estructuras pasadas de dominación, sitios de conflicto actual y de futuros imaginados".[25] Por lo tanto, identificaciones que median las relaciones entre tradiciones culturales, así como historias rotas, movedizas y desplazadas emergen de la literatura de la diáspora. Las expresiones diaspóricas nunca son puramente nacionalistas, sino que, como señala Clifford, "son utilizadas en redes transnacionales construidas a partir de múltiples elementos y que llevan codificadas prácticas de adaptación a los países anfitriones y sus normas, así como resistencias ante ellos".[26] Cuando los escritores de la diáspora hacen referencia, recuerdan y trabajan a partir de la figura de Burgos, están de hecho resistiendo la asimilación a Estados Unidos y el hispanismo puertorriqueño, al mismo tiempo que se identifican con las tradiciones de la isla y afirman su lugar en la sociedad estadounidense.

Sexilio

Las condiciones económicas y políticas han sido reconocidas masivamente como motivaciones para la inmigración desde el Caribe. Sin embargo, estudios más recientes han considerado otras causas de carácter social como la persecución, el ostracismo y el rechazo como consecuencia de la orientación sexual.[27] En *Queer Ricans: Cultures and Sexualities in the Diaspora*, Lawrence La Fountain-Stokes defiende la centralidad de la sexualidad en la experiencia migratoria puertorriqueña a Estados Unidos. Así como el erotismo femenino desafía el mito fundacional de la gran familia puertorriqueña, la sexualidad LGBTQ es vista como un peligro para la nación y el patriarcado, y como una "amenaza al carácter nacional" y la orientación sexual no normativa como "una forma de comportamiento desviado ante el cual la población nacional debe ser protegida".[28] Puede que la inmigración desde Puerto Rico no haya sido forzada del modo en que el escritor Reinaldo Arenas describe en *Antes que anochezca*, su novela autobiográfica sobre la persecución de personas gay en Cuba, pero la intolerancia social, el acoso, la discriminación y la persecución influyeron, sin duda, en la decisión de partir de muchas personas. En Puerto Rico, la sexualidad como factor de la migración fue discutido abiertamente por primera vez cuando algunos trabajadores en el ámbito cultural empezaron a documentar y explorar experiencias de sexilio (migración forzada por la orientación sexual) en las décadas de los setenta y los ochenta. Desde entonces, varios académicos han empezado a reconocer la importancia de la inmigración tanto como medida regulatoria como estrategia de liberación para la sexualidad no normativa. Burgos se convirtió en un ícono para escritoras y escritores gay que emigraron a Estados Unidos como parte de una estrategia de liberación.[29]

La escritura personal y autobiográfica de Manuel Ramos Otero se hace eco del trabajo de Burgos y se resiste a las nociones de la familia puertorriqueña y la nación insular. En "El cuento de la mujer del mar", Ramos Otero crea una Julia de Burgos ficticia en la peripatética Palmira Parés.[30] Tal y como hace Burgos, Ramos Otero toma imágenes de agua, fluidez y movimiento. Asimismo, la transformación a través de la inmersión y la abyección son centrales en la poesía de la poeta queer puertorriqueña Luz María Umpierre. Su sexualidad, así como los temas que exploran, desafía al canon patriarcal al confrontar la idea de la familia paternalista. Reclamar a Burgos como parte de su legado es un intento por establecer un canon literario alternativo. Si la nación, el canon y la familia puertorriqueña supuestamente desfavorecen la dispersión y la insubordinación, no es ninguna sorpresa que estos escritores transgredan las fronteras del imaginario nacional con su obra, y que emigren de manera permanente a Estados Unidos. Para la teórica Cathy Cohen, el concepto queer ofrece la posibilidad de "construir una nueva identidad política verdaderamente liberadora, transformadora e incluyente de todos aquellos que se encuentren fuera de la norma dominante de la heterosexualidad blanca de clase media y alta impuesta por el Estado".[31] Algunos escritores latinx interpretan a Burgos como queer en su obra y la desarrollan a modo de metáfora como figura temprana del sexilio, subrayando las posibilidades de coaliciones y resistencia compartida entre comunidades marginadas.

Ramos Otero salió de Puerto Rico en 1968 por la persecución y el ostracismo que sufría como hombre abiertamente gay. Murió en 1990 en Nueva York por complicaciones derivadas del virus del sida. De acuerdo con La Fountain-Stokes, Ramos Otero era "visto con suspicacia en todos lados por sus posiciones políticas abiertamente militantes a favor de la liberación gay y feminista".[32] Como en el caso de otros escritores puertorriqueños, la obra de Ramos Otero había sido pasada por alto en Latinoamérica dado el estatus periférico de Puerto Rico en la región. Además, fue marginado en Estados Unidos por su estatus racializado y colonial y porque escribía en español. En el Caribe, su trabajo había sido ignorado como resultado de su sexualidad y de su decisión de partir rumbo al norte. El legado de Burgos en la obra de Ramos Otero cristaliza en "El cuento de la mujer del mar", en el que se dramatiza la condición queer del personaje principal como figura histórica. En el relato, dicho personaje aparece como una poeta que tiene un amorío lésbico y deja Puerto Rico cuando la relación termina. "El cuento de la mujer del mar" tiene lugar en la calle Christopher, el corazón de la zona gay de Greenwich Village, en Nueva York (el personaje central, Palmira, forma parte de la mitología de ese vecindario y no de la mitología de El Barrio). En la calle Christopher se encuentra el Stonewall Inn, donde en 1969 tuvieron lugar una serie de disturbios que fortalecieron y consolidaron una larga tradición de lucha por los derechos básicos de la comunidad LGBT ante el acoso de la policía y el vilipendio social. En un sentido más amplio, la historia se centra en la relación entre un escritor gay sin nombre y desempleado (el cuentero) y Ángelo, su novio italoamericano. Su relación se sostiene por su narración de distintas versiones del cuento de la mujer del mar, cuya protagonista es la poeta puertorriqueña de tez morena Palmira Parés. En la versión de Ángelo, la mujer del mar representa a su abuela italiana, Vicenza Vitale, sugiriendo las experiencias compartidas por los inmigrantes que llegan a Nueva York. En la versión de Ramos Otero, la negritud de Parés es evocada en su amorío lésbico con Filimelé, que también aparece como sujeto y musa en la poesía de Luis Palés Matos, enfatizando la afinidad que ambas mujeres tenían en la mente del autor. Parés deja la isla en 1939, cuando termina su relación con Filimelé. Un ensayo metacrítico sobre la naturaleza excluyente e hipócrita de las instituciones literarias y culturales puertorriqueñas, tanto en la isla como en Nueva York, recorre la historia.[33] Según la crítica literaria Betsy Sandlin, Ramos Otero designa a Burgos, su precursora literaria, como queer para criticar las nociones homofóbicas de la historia literaria puertorriqueña.[34]

En "El cuento de la mujer del mar", Ramos Otero considera las mismas instituciones exclusivas que Burgos criticaba, usando tanto personajes de ficción como nombres de figuras históricas literarias de Puerto Rico. Cita publicaciones ficticias que capturan los chismes y rumores que rodeaban la vida de Parés, reflejando la historia de Burgos. El cuentero sugiere que era cuestión de tiempo que los momentos trágicos de Parés tomaran la forma de una historia melodramática. Al final, sostiene que los críticos se sacuden a Parés como una poeta mórbida a la que nadie será capaz de entender realmente.[35] A 25 años de su muerte, dice el cuentero, la crítica hecha a su trabajo sigue siendo anecdótica, personal y displicente. Afirma que la poeta es ignorada en parte por su complejidad y en parte porque "escandalizó el orden de su época" (102). El narrador sugiere que, en vez de intentar entenderla, los críticos relegan su complejidad al terreno de la locura. A pesar de los elogios superficiales de la crítica, el cuentero cree que Parés "es la poeta puertorriqueña más ignorada de su tiempo (el cielo y el infierno habitan en su poesía)" (108), e insiste en el atractivo universal de su obra: el aislamiento y la soledad que sus poemas reflejan resuenan en todos los viajeros e inmigrantes. Al final, se encuentra a sí mismo en la historia de ella.

A medida que diferentes viajeros de diversos lugares se adhieren a la historia de Parés, el cuentero recuerda a la mujer checa que se la contó por primera vez:

> Contándome del viaje, de la llegada a la ciudad, del poemario póstumo de Palmira Parés, *El mar*, de los ojos inolvidablemente negros de Filimelé, de la voluntad para el suicidio lento, heroína en su abrazo y su poesía, de su muerte en Nueva York en el 1954. Nublada y llorosa por el humo (el tiempo había cincelado el acento) me dijo, "You must tell the story of Palmira" ("Debes contar la historia de Palmira"). Pero uno sabe que hay cosas que no deberían contarse. (112)

La historia de Parés (como la de Burgos y la de Otero) es la historia que no debería contarse. Está envuelta en secretos y chismes. Las versiones oficiales están blanqueadas y desinfectadas con omisiones, elisiones y elipsis. Las historias circulan entre aquellas comunidades que se identifican con ellas, exagerando sus aspectos más sensacionalistas. Las publicaciones académicas literarias de Puerto Rico publicaron críticas mordaces a la obra de Ramos Otero, acusándolo, como a Burgos, de escribir literatura demasiado personal, solipsista, y autobiografía finamente velada.[36] Del mismo modo, Burgos y muchas otras mujeres de su época fueron acusadas de escribir solamente poesía amorosa, un estilo literario que resultaba demasiado personal para ser generalizable y, por lo tanto, inaccesible para los lectores. Durante el siglo XX se dio un cambio hacia una escritura más autobiográfica tanto en prosa como en poesía, con la personalidad, la autenticidad y la presencia de los poetas enfatizada como manera de rebelarse contra la impersonalidad modernista.[37] La Fountain-Stokes señala que la escritura autobiográfica permite la autorreflexión, y al estar enraizada en la realidad de la experiencia y en la historia comunal, ofrece un espacio para los vuelos imaginativos y la expresión creativa.[38] Como en el caso de Burgos, la vida de Ramos Otero estuvo rodeada por habladurías incesantes que finalmente lo llevaron a emigrar. Como él mismo recuerda, "no podía soportar la atmósfera represiva de Puerto Rico. Me había dado cuenta de que Nueva York era una ciudad en la que podía vivir sin sentirme perseguido todo el tiempo. En Puerto Rico me sentía asediado por hablar abiertamente de mi sexualidad".[39]

Los cuentos, poemas y ensayos de Ramos Otero trazan la ruta de su experiencia migratoria. Sus escritos autorreflexivos son una manera de construir su mitología personal y teorizar el exilio como una posición emancipadora.[40] En el centro de "El cuento de la mujer del mar" están las obsesiones del escritor con la soledad y la muerte (a menudo asociadas con la experiencia del exilio, tanto en su caso como en el de Burgos). Las vidas de ambos están igualmente envueltas en secretos y aislamiento. En el cuento, el exilio constituye un desplazamiento no sólo de la pertenencia comunal, sino también del lugar donde habitan el amor, la intimidad y la escritura. El entendimiento metafísico del exilio que tiene Ramos

Otero se hace eco del de Burgos, que lo usa como una metáfora del amor en *Canción de la verdad sencilla* y como un sitio de escritura y muerte en *El mar y tú*. Al identificarse con Burgos, Ramos Otero rechaza el canon patriarcal de la isla, eligiendo alinearse con una persona que fue doblemente marginada como poeta y como mujer, así como él fue doblemente marginado como escritor gay.[41]

Umpierre tiene mucho en común con Ramos Otero y con otros escritores queer de la primera generación de la diáspora de las décadas de los setenta y ochenta. Tanto Umpierre como Ramos Otero exploran la experiencia de toparse con las normas culturales tradicionales de Puerto Rico en la isla y en la diáspora, y ambos se identifican cercanamente con la vida y obra de Burgos.[42] En palabras de Umpierre: "Julia de Burgos es parte de la conciencia cultural de Puerto Rico. No puedes haber crecido en Puerto Rico y no conocer a Julia de Burgos".[43] Nacida en Santurce, Umpierre era jefa del Departamento de Español de la Academia María Reina, una escuela católica privada para niñas en San Juan, cuando los chismes sobre su sexualidad presionaron al consejo escolar para despedirla. En 1974, aconsejada por amigos y colegas, decidió dejar la isla para hacer un doctorado en la Universidad Bryn Mawr, en Pennsylvania.[44] Tras cuarenta años en Estados Unidos, Umpierre se considera puertorriqueña y nuyorican. En algunas entrevistas, ha descrito la discriminación sexual que ha experimentado en las comunidades latinas de Estados Unidos así como de parte de los puertorriqueños en la isla.[45]

Umpierre ha publicado cinco libros de poesía, de los cuales *The Margarita Poems* (1987) es considerado el más importante. Ha sido llamado un manifiesto lésbico y ha resultado controversial por ser el primero en donde la autora escribe, abiertamente, como lesbiana.[46] El libro empieza con tres ensayos de Julia Álvarez, Carlos Rodríguez Matos y Roger Platizky, una selección estratégica: escritora Latina, crítico puertorriqueño que escribe en español y poeta consagrado, respectivamente. *The Margarita Poems* fue publicado poco después de la innovadora antología editada por Cherríe Moraga y Ana Castillo en 1981, *Esta puente, mi espalda: Voces de mujeres tercermundistas en los Estados Unidos*[47] (publicada en inglés ese mismo año con Cherríe Moraga y Gloria Anzaldúa como antologadoras), y coloca claramente a Umpierre como una escritora fundamental en el desarrollo del feminismo latinx en Estados Unidos, a pesar de que su importancia es a menudo pasada por alto.[48]

The Margarita Poems, dedicado "a Margaret y Julia", consta de nueve poemas y una poderosa introducción, "In Cycle", en la que Umpierre establece la fuerza que impulsa al libro:

> Necesitaba decir, hablar, "lo que nunca pasó por mis labios", aquello que no había pronunciado y que estaba siendo usado por otros como herramienta para mi opresión, murmurado detrás de puertas cerradas, sacado a relucir por aquellos enemigos

que saben leer mi poesía como un pretexto para negarme mis derechos. Lo que necesitaba verbalizar es el hecho de que soy, entre muchas otras cosas, lesbiana.[49]

Umpierre continúa expresando su deseo de comunicarse con un objeto amoroso que ha llegado a representar a todas las mujeres. Este objeto amoroso es Margarita y es Julia, sus dos musas, que se fusionan en la misma persona y, finalmente, en el ser. Escribe Umpierre: "Mientras lees esto puede que te preguntes: ¿Quién es Julia? Julia es la más grande poeta de Puerto Rico, Julia es una maestra, Julia es un ídolo, Julia es una amiga. Pero Julia es, sobre todo, Margarita. Todas somos Margaritas y llevamos una Julia dentro".[50] Hay dos poemas que ejemplifican esta manera de tratar a Burgos como una musa: el primero del libro, "Immanence (Inmanencia)", y el último, "The Mar/Garita Poem (El poema de Mar/Garita)".[51]

La influencia de Burgos se siente con fuerza en "Inmanencia", donde aparece como lesbiana, evocando su imagen como una figura del sexilio y reforzando la posibilidad de establecer alianzas entre comunidades marginadas. Imaginar a Burgos como queer subraya "luchas contra la normalización sexual como un elemento político central de todas las comunidades marginadas".[52] El poema empieza con la voz poética cruzando literalmente el río Mad de Ohio, un acto que sugiere otros tipos de cruce de fronteras. Se trata de un paso hacia la locura, un estado efectivamente evocado en el tono frenético del poema, compuesto en versos cortos —a veces de una sola palabra— que sugieren visualmente la intensidad y ritmo rápido del texto. La voz cruza hacia la otra, hacia el objeto amoroso, y las amantes se vuelven una en el acto sexual. Quien habla invoca a Julia como una poeta capaz de dejar a un lado las convenciones sociales y asomarse a su interior, descendiendo hacia la locura y la abyección para convocar a la mujer creativa, a la escritora.

> I am crossing
> the MAD river in Ohio,
> looking for Julia
> who is carrying me away
> in this desire.[53]

> (Estoy cruzando
> el río Mad en Ohio,
> buscando a Julia
> que me lleva consigo
> en este deseo.)

Umpierre relaciona la locura con la creatividad y vincula estos atributos a mujeres creativas como Julia de Burgos, Virginia Woolf, Sylvia Plath y Frida Kahlo, posicionándose a sí misma en diálogo con ellas. En el poema, Umpierre se refiere a "Lady Lazarus", el famoso poema en el que Plath escribe sobre su espectacular habilidad para morir y resucitar. En este poema autobiográfico/ confesional, Plath alude a las tres veces que ha experimentado la muerte y cómo ésta la ha transformado: primero, a los diez años, cuando murió su padre, luego cuando intentó suicidarse en la universidad y finalmente cuando su esposo la abandonó. En los últimos versos del poema, la voz de Plath se ha transformado en una poderosa fuerza inhumana: "out of the ash / I rise with my red hair / and I eat men like air (de las cenizas / me levanto, con mi cabellera roja / y devoro hombres como aire)".[54] Así como en el final de "Lady Lazarus", la voz de "Immanence (Inmanencia)" termina el poema empoderada. El tono de frenesí sexual no puede distinguirse de la locura. Julia es la mujer interior que habita el espacio de esa frontera y desafía toda convención social. En la teoría queer, "el sujeto sexual es entendido como construido y contenido en múltiples prácticas de categorización y regulación que sistemáticamente marginan y oprimen a aquellos sujetos definidos como desviados o ajenos".[55] La Julia a la que Umpierre convoca en su poema es la Julia de Burgos triunfal de "A Julia de Burgos", la poeta interior que desafía a la sociedad burguesa de su marido y asesina a la mujer sumisa. Esta Julia interior luego se permite disfrutar del sexo con otra mujer.

La voz poética se convierte en Julia en las estrofas finales de "Immanence (Inmanencia)". El acto de masturbarse indica que ha aprendido a amarse a sí misma. La última estrofa invoca un juego infantil en el que se utilizaban pétalos florales. Expresando alternativamente autoestima y autodesprecio, se dice a sí misma: "I touch my petals:/ 'I love me. / I love me not' (Toco mis pétalos: / 'Me quiero. / No me quiero.')". De acuerdo con Umpierre, si bien Burgos buscó el amor fuera de sí misma, en este poema aprende finalmente a amarse.[56] El final también muestra a la voz poética aprendiendo a amarse a sí misma a pesar de los chismes, el ostracismo, las ofensas y el rechazo que ha experimentado por su sexualidad. La habilidad de alcanzar el amor lésbico y el autoplacer (autoerotismo) amenaza el mito de la gran familia, ya que una mujer que experimenta placer sin necesidad de un hombre pone en riesgo la masculinidad, la procreación y la unidad familiar.

Los lectores de *The Margarita Poems* son testigos de una búsqueda compleja y múltiple. Como señala la crítica literaria Elena Martínez, es la "búsqueda de un amor perdido, la búsqueda de una identidad cultural y sexual o la cruzada por una expresión literaria unida a una búsqueda política".[57] El movimiento del libro termina con el último poema, "The Mar/Garita Poem (El poema de Mar/ Garita)". Los primeros versos, que se repiten a lo largo del poema, son onomatopéyicos y sugieren el sonido de algo o alguien que se hunde: "Glu, glu, glu, glu" (33). Este hundimiento trae a la mente la presencia del mar en la poesía de Burgos, así como su muerte a causa del alcoholismo. El poema también evoca el suicidio de Woolf por ahogamiento: "buried alive, / disconnected from self the Muse / The sea (enterrada viva / desconectada de sí misma la musa / el mar)" (34). La separación del ser, aunado al impulso estancado de crear la misma muerte para quien escribe. La voz poética se esfuerza por desarrollar un lenguaje que haga avanzar el proyecto creativo de las madres/poetas que la precedieron. La sanación comienza a través de este proyecto creativo. El poema se mueve del silencio al inglés y al español. Es un regreso a la lengua madre, al origen, al lugar de nacimiento: Puerto Rico. En el poema, Umpierre explora dos metáforas de la isla: el mar y la garita, una referencia al puesto de observación en El Morro, el fuerte erigido en San Juan por los colonizadores de la isla. El mar simboliza a la musa creativa, mientras que la garita es el editor vigilante que no deja de observar. La poeta debe separarse de estas influencias y voces externas. Esta lectura personal del poema también tiene varias capas de significado político: el poema es un llamado a la independencia de Puerto Rico y la libertad frente al colonialismo. Desde la garita se observan tanto el mar como la tierra.

> Los dos símbolos isleños:
> el mar, mi mar, verdoso, azul
> y la garita, el puente de vigía, del colonizador. (35)

> The two island symbols:
> The sea, my sea, greenish blue
> And the garret, the outpost of the colonizer.

El paso de los sonidos de ahogamiento al inglés y finalmente al español sugieren una búsqueda de lenguaje y expresión. Del mismo modo que con otras escritoras feministas de las décadas de los sesenta y setenta, la búsqueda de Umpierre de una voz poética "se mezcla con la voz en un sentido político: tener el derecho y la habilidad de hablar, y especialmente de disentir".[58]

> to dismember the patriarch,
> to destroy the colonizers
> to crush the merchants of her pain,
> undressing herself from dogmatic lies
> and religious guilts. (34)

> (desmembrar al patriarca
> destruir al colonizador
> aplastar a los comerciantes de su dolor,
> desnudándose de mentiras dogmáticas
> y culpas religiosas.)

Aquí, Martínez subraya la conciencia de la poeta acerca del reto que las escritoras enfrentan al descubrir su propio lenguaje, distinto al de la dominación masculina.[59] La voz poética se libera a través del descubrimiento de este nuevo lenguaje. Los lectores experimentan el "proceso de catarsis y libertad que la voz poética ha proclamado a lo largo del libro" y que culmina con el último poema.[60] Esta voz no es sólo feminista, también es bilingüe —habla inglés y español—, enfatizando la marginalización de la poeta como mujer y como puertorriqueña. Para los estudios feministas y para Umpierre, que se inspira en escritoras feministas que le precedieron, la voz "significa poder retórico y poder político".[61] Muchas jóvenes mujeres latinas y afroamericanas han existido fuera de las normas de la heterosexualidad blanca de clase media. Estas mujeres "caben en la categoría social de marginales, desviadas y queer", como señala Cohen, y "en la intersección de opresión y resistencia yace el potencial radical que tiene lo queer para desafiar y unir a todos aquellos considerados marginales y a quienes están comprometidos con la política de la liberación".[62] A través de su trabajo, Ramos Otero y Umpierre honran el legado de Burgos al enfatizar su compromiso con la libertad ante la opresión, al tiempo que exploran las posibilidades de las políticas queer y el potencial de formar coaliciones con mujeres y con todo tipo de comunidades marginalizadas.

Latinidad feminista

En las décadas de 1970 y 1980, las mujeres de color estaban en el proceso de definirse a sí mismas, hacer valer su voluntad y construir sus propias tradiciones intelectuales. La publicación de *Esta puente, mi espalda: Voces de mujeres tercermundistas en los Estados Unidos*, de Moraga y Anzaldúa, y de *All the Women Are White, All the Blacks Are Men, but Some of Us Are Brave* editado por Gloria Hull, Patricia Bell Scott y Barbara Smith en 1982, expanden la definición del término "feminista" para las mujeres de color en Estados Unidos. Según Edna Acosta-Belén y Christine Bose,

> Dada la subordinación de las latinas y su exclusión inicial tanto de un movimiento de estudios étnicos dominado por hombres como de un movimiento de mujeres dominado por blancas, chicanas, puertorriqueñas y mujeres de otras minorías etnoraciales privadas de sus derechos en Estados Unidos empezaron a forjar y a articular una conciencia feminista y un sentido colectivo de lucha basado en sus experiencias como miembros de nacionalidades individuales diversas, así como en sus identidades colectivas panétnicas y transfronterizas como latinas y mujeres de color.[63]

La escritura de mujeres latinas tuvo un auge durante la década de los ochenta. Antologías como *Cuentos: Stories by Latinas* (1983), editado por Alma Gómez,

Cherríe Moraga y Mariana Romo-Carmona y *Compañeras: Latina Lesbians* (1987), editado por Juanita Ramos, así como del libro de crítica *Breaking Boundaries: Latina Writing and Critical Readings* (1989), editado por Asunción Horno-Delgado, Eliana Ortega, Nina M. Scott y Nancy Saporta Sternbach, marcan el surgimiento de voces literarias que trascienden una simple identificación nacional y resuenan desde una perspectiva hemisférica. Las escritoras latinas tienen conciencia de estar escribiendo de y desde sus comunidades, definidas tanto como grupos nacionales individuales como interétnicos, extendiendo su solidaridad a todas las escritoras. Acosta-Belén señala que "si bien estos grupos desafían la hegemonía cultural y socioeconómica que promueve un sueño americano incumplido, afirman una identidad colectiva distintiva que preserva, rechaza, modifica o transforma elementos tomados de la cultura de origen, del mundo que rodea al opresor y de su interacción con otros grupos subordinados con los que tienen afinidades culturales y raciales o una posición estructural similar".[64] Las escritoras que participaron en estos movimientos se aferraron a la memoria y al legado intelectual de Burgos como parte del proceso de búsqueda de su propia historia y la creación de nuevas identidades. En el proceso de recordar a Burgos preservaron, rechazaron y modificaron partes de su historia para desarrollar una conciencia politizada de su posición estructural como mujeres.

Las escritoras lucharon contra los roles de género definidos. En búsqueda de la autodefinición, imaginaron nuevos caminos, senderos y roles para ellas como mujeres creativas. "No Hatchet Job", de Umpierre, publicado en *The Margarita Poems*, explora estos retos particulares. Si bien el poema está dedicado a Marge Piercy, cuenta la historia de mujeres creativas al tiempo que explora su posición estructural como mujeres en la sociedad. El poema sugiere que la sociedad intenta dominar a las escritoras cuyas vidas rebasan las nociones establecidas de género. Al escribir "We have domesticated this unruly woman (Hemos domesticado a esta mujer desobediente)" (21), Umpierre evoca "A Julia de Burgos", en donde la voz poética arremete contra los códigos de domesticidad basados en el género. Otras estrofas subsiguientes de "No Hatchet Job" sugieren que la sociedad disfruta ver a las mujeres rotas, vulnerables y descendiendo hacia la enfermedad porque eso ayuda a mantener al patriarcado en su lugar: "We have finally reduced this superior woman (Hemos disminuido finalmente a esta mujer superior)" (21). En el proceso, la sociedad descarta a la mujer genio, reduce su tamaño y la subestima hasta que ésta muere. Sólo entonces puede la sociedad lidiar con la mujer creativa a través del elogio y la hagiografía. Este poema sugiere que su genio puede contenerse en la muerte y el significado de su vida puede ser controlado en las estatuas inertes erigidas en su nombre.[65] Si bien hay un impulso a alabarla después de muerta y levantar monumentos en su honor, su vida y humanidad rechazan estas narrativas rancias de santidad.

> But headstrong she is unleashed,
> intractable she nourishes her mind,
> defiantly she lives on in unity,
> obstinately she refused the limelight, the pomp and the glory.
> Respira eternamente
> un verso tras otro,
> desenfrenada, desprotegida
> > con intención
> > ESCRITORA
> > MUJER (22)

> (Pero impetuosa, se libera,
> intratable, nutre su mente,
> desafiante, continúa viviendo en la unidad,
> obstinada, rechaza el primer plano, el esplendor y la gloria.
> Respira eternamente
> un verso tras otro,
> desenfrenada, desprotegida
> > con intención
> > ESCRITORA
> > MUJER)

Umpierre desafía la narrativa tradicional de la víctima que ha encubierto la memoria de Plath, Woolf, Kahlo y Ana Mendieta, sugiriendo que la sociedad prefiere encubrir sus complejidades conteniendo sus legados en la tragedia, llevándolas simultáneamente a la invisibilidad y a la hipervisibilidad como víctimas. En "Poema para mi muerte", Burgos espera que una vez muerta, la gente reflexione sobre su vida y sea recordada, sobre todo, como poeta.[66] En "No Hatchet Job", Umpierre afirma las identidades de las mujeres artistas que la precedieron, así como su propia vida como mujer creativa. Y en "Manifesto: Whose Taboos?: Theirs, Yours, or Ours?" (Manifiesto: ¿Los tabúes de quién?: ¿De ellos, tuyos o nuestros?), señala que, por decir lo que piensa, ha sido criticada y llamada mentalmente inestable. Además, se le ha negado su estatus de poeta porque su identidad como mujer, lesbiana y escritora resulta incómoda para los tabús que permanecen intactos en las sociedades patriarcales de Estados Unidos y Sudamérica.

La narradora, ensayista y crítica literaria Sonia Rivera-Valdés nació en Cuba y vivió por primera vez en Nueva York en 1966. Al año siguiente se mudó a

Puerto Rico, donde permaneció hasta 1977, cuando regresó a Nueva York. Su primer libro, *Las historias prohibidas de Marta Venerada*, una colección de cuentos cortos sobre las vidas íntimas de los inmigrantes latinxs en Nueva York, ganó el Premio Literario Casa de las Americas en 1997, convirtiéndola en la segunda persona cubana en recibir el prestigioso reconocimiento mientras vivía en el extranjero. Su segundo libro, *Historias de mujeres grandes y chiquitas*, trata la compleja naturaleza de la sexualidad humana y cómo ésta afecta todos los aspectos de nuestra vida. Rivera-Valdés supo de Burgos por primera vez en los círculos literarios e intelectuales de Puerto Rico. Entre las obras de Burgos que causaron un impacto en ella por su franqueza, valentía y determinación, estaban sus poemas feministas y personales "A Julia de Burgos" y "Yo misma fui mi ruta".[67] Rivera-Valdés se considera a sí misma parte de la generación de escritoras feministas de color publicadas en *Esta puente, mi espalda*, a pesar de que no colaboró en la antología. Anzaldúa y Mendieta, cuya pieza *Body Tracks* (1974) aparece en la portada de la primera edición en inglés de *Esta puente,* son parte de esta tradición, y lo que más impresionó a Rivera-Valdés fue que hubiera "una libertad en ellas tan grande".[68] En "Ana en cuatro tiempos", incluido en *Historias de mujeres grandes y chiquitas*,[69] rinde homenaje a Mendieta, que murió en 1985 tras caer desde el piso 34 en su departamento de Manhattan. Su esposo fue sometido a juicio por asesinato y declarado inocente. Las circunstancias que rodearon su muerte y su manera de enfocarse en el cuerpo femenino conmovieron profundamente a Rivera-Valdés, que había conocido a Mendieta personalmente.[70] En el cuento, Rivera-Valdés imagina las experiencias de vida en La Habana y en Iowa que condujeron a la joven Ana primero a descubrir su vocación como artista y más tarde a su muerte en Manhattan. Rivera-Valdés ofrece una nueva perspectiva sobre la intensidad e impulso de mujeres artistas como Burgos, Kahlo y Mendieta: "Por carecer de una forma capaz de contener el dolor, la intensidad de su sufrimiento no conoció límites. En vida, su cuerpo hubiera respondido a una agitación del alma como ésta con un dolor de cabeza, úlceras en el estómago o presión arterial alta. En vida, la desolación hubiera podido alojarse en algún órgano". Dado que el espíritu de Ana considera su propia muerte, se siente segura de que en su nuevo estado "existirá sólo un recuerdo, y seguramente no será el de su entierro". Su espíritu escapa volando y Rivera-Valdés sugiere que su memoria habitará "en la intensidad que reside sólo en lo eterno".[71]

Rosario Ferré, una escritora puertorriqueña que ha vivido tanto en la isla como fuera de ella, publicó la colección de ensayos *Sitio a eros* (1977), que describió como un tributo a Woolf, Plath y Burgos, mujeres que considera "santas" porque "supieron, a pesar de sus muertes trágicas, trascender la mortalidad de sus cuerpos gracias a la pasión de su imaginación".[72] Estos cuentos, como los llama Ferré, ofrecen consejos para sus jóvenes lectoras que se enfrentarán al mundo como mujeres. En "Carta a Julia de Burgos", Ferré provee un breve resumen biográfico de la vida de la poeta, contrastándola con su obra y haciendo énfasis en las contradicciones. En conflicto con el legado de Burgos, Ferré le reclama a la poeta lo que considera como decisiones amorosas insensatas (es decir, amar a hombres débiles que eran indignos de ella) y la juzga por no vivir según los estándares establecidos por ella misma en poemas como "A Julia de Burgos" y "Yo misma fui mi ruta", volviéndose sumisa ante Juan Isidro Jimenes Grullón y otros hombres. Ferré se pregunta si la vida de Burgos fue realmente la "expresión de una mujer que luchó por sus derechos".[73]

Finalmente, la escritora concilia las discrepancias y contradicciones que observa en la vida y obra de Burgos teniendo en cuenta la época en la que la poeta vivió, llegando a la conclusión de que es importante juzgarla en retrospectiva ya que, dadas las circunstancias a las que se enfrentó, su vida no pudo haber sido de otro modo. Ferré cierra su carta a Burgos señalando que si sus decisiones facilitaron el desarrollo de su oficio como artista, entonces deben haber sido las adecuadas.

> Lejos de recriminarte tu servidumbre ante el amor, Julia, si te sirvió para crear, tengo que admirarte por ello; lejos de recriminarte tu sometimiento a seres incomparablemente inferiores a ti y de quienes tú forjabas una imagen totalmente irreal y enloquecida, si te sirvió para crear, tengo que admirarte por ello. Porque tú lograste superar la situación opresiva de la mujer, su humillación de siglos. Y al ver que no podías cambiarla, utilizaste esa situación, la empleaste, a pesar de que se te desgarraban las entretelas del alma, para ser lo que en verdad fuiste: ni mujer ni hombre, sino simple y sencillamente, poeta.[74]

En esta carta, Ferré recuerda a Burgos, cuestiona su influencia, queda en paz con sus presuntas faltas e imagina un futuro más esperanzador no sólo para ella sino también para todas las mujeres por venir. Burgos se convierte en una antepasada literaria importante y contribuye a establecer una genealogía de mujeres intelectuales puertorriqueñas.

Ferré vuelve al tema de las mujeres que optan por una vida dedicada a la escritura en su novela *La casa de la laguna* (1996). Isabel, una rica ama de casa en Puerto Rico, se siente poderosa al escribir una novela en la que hace un recuento de sus experiencias. Su matrimonio se deteriora a medida que la protagonista adquiere confianza en sí misma. Su fuerza recién adquirida le da valor para dejar a su esposo, Quintín, y huir de la cultura patriarcal de la isla en busca de libertad.

El análisis feminista siempre ha valorado el acto de recordar las historias de las mujeres como medida correctiva, pero Chandra Mohanty nos recuerda que hacerlas visibles y reescribir su historia "lleva a la formación de una conciencia e identidad propia politizada".[75] Esteves, que a menudo es llamada la madrina de la poesía nuyorican, señala que el despertar político de las mujeres puerto-rriqueñas en Nueva York está directamente vinculado a la influencia de dos de ellas: Julia de Burgos y Lolita Lebrón.[76] Las escritoras puertorriqueñas en Nueva York recuerdan haber conocido por primera vez la obra de Burgos a través de *The Puerto Rican Poets* (1972), la antología de Ivan Silén y Alfredo Mantilla. Esta antología, que toma poemas principalmente de *Poema en veinte surcos* ("A Julia de Burgos", "Río Grande de Loíza", "Desde el puente de Martín Peña") y *El mar y tú* ("Poema para mi muerte"), hizo accesible a Burgos para los escri-tores nuyorican en inglés. A medida que éstos intentaban entender su historia e identidad, Burgos se convirtió en una influencia importante al ejemplificar temas sociales, políticos y feministas. Cada año, un grupo de escritoras, entre ellas Susana Cabañas, Esteves y Mariposa, se reunían en un café en Nueva York para leer a Burgos y hacer un performance de sus poemas, actividad que les ayudó a politizarlos.[77] Según Pierre Nora, las minorías étnicas, familias y grupos en proceso de descolonización interior han "poseído reservas de memoria, pero carecido casi por completo de capital histórico". En la ausencia de historia, las personas deben recordar "proteger los elementos de la identidad; cuando la memoria deja de estar en todas partes, no estará en ninguna a menos de que alguien tome la responsabilidad de recapturarla a través de medios individua-les".[78] Las personas logran esto, en parte, al hacer un sitio para la memoria y al tener la voluntad de recordar.

El trabajo de Esteves explora su identidad bicultural y las sensaciones de desapego de su herencia cultural como mujer de ascendencia puertorriqueña y dominicana viviendo en Nueva York. La habilidad de Burgos para entretejer ideales políticos, el territorio y el amor en su poesía influyeron en Esteves: "Burgos taught me how to pull all of those things together. She helped me to understand that (Burgos me enseñó a conjugar todas estas cosas. Me ayudó a entenderlo)".[79] La voz poética en "It Is Raining Today" (Hoy está lloviendo), de Esteves, recuerda la historia violenta del Caribe y Puerto Rico como parte de un intento por alcanzar un entendimiento más profundo de su legado. En el poema, si la lluvia es su historia, su conocimiento no es más que neblina. Desea recuperar su pasado: "Give me back my rituals / Give me back truth / Return the remnants of my identity/ Bathe me in self-discovered knowledge (Devuélvanme mis rituales / Devuélvanme la verdad / Devuélvanme lo que queda de mi identidad / Báñenme en conocimiento autodescubierto)".[80] La poeta entiende que conocer su historia, su pasado y sus tradiciones es crítico para el sentido de identidad y autoestima de los puertorriqueños. Joseph Roach señala que "en ausencia de ancestros directos de suficiente prestigio, el concepto general de memoria colectiva organizado por la raza ha servido para establecer un sentido de legado ilusorio y artificial".[81]

> La lluvia contains our history.
> In the space of each tear Cacique valleys and hills
> Taíno, Arawak, Carib, Ife, Congo, Angola, Mesa
> Mandinko, Dahome, Amer, African priests tribes
> Of the past
> Murdered ancestors
> Today, voices in the mist.
>
> Where is our history?[82]
>
> (La lluvia contiene nuestra historia
> En el espacio de cada lágrima valles y colinas caciques
> taíno, arahuaco, caribe, Ife, Congo, Angola, Mesa
> Mandinko, Dahome, Amer, sacerdotes de tribus africanas
> del pasado
> ancestros asesinados
> Hoy, voces en la niebla.
>
> ¿Dónde está nuestra historia?)

De acuerdo con Nora, en ausencia de historia, hay memoria que echa raíces "en lo concreto, en los espacios, los gestos, las imágenes y los objetos".[83] Esteves recuerda haberse conmovido la primera vez que escuchó la historia de la vida y muerte de Burgos, y sintió que la experiencia como inmigrante de la poeta resonaba en las historias de su madre y de muchos otros. Le inspiró la lucha de Burgos por sobrevivir y ganarse la vida enfrentando humillaciones constantes. Su poema "A Julia y a mí", publicado en *Yerba Buena* (1980), está dedicado a Burgos, si bien Esteves señala que también tenía en mente a Titi Julia al escribirlo. Al igual que en la obra de Ferré, la que habla en el poema de Esteves parece estar involucrada en un diálogo con Burgos, entrando en conflicto y finalmente rechazando partes de su legado. Esteves cuestiona a Burgos por ceder a la tristeza, la desesperanza y el aislamiento que sintió en Nueva York: "You let the dragon slay you / You let life cut your sorrow from wrinkles young / You let the wine mellow your hatred (Dejaste que el dragón te asesinara / dejaste que la vida terminara de tajo con tu joven pena / dejaste que el vino madurara tu odio)". La poeta señala que los jóvenes necesitan modelos positivos a seguir que los ayuden a superar los desafíos de la metrópolis. Recordar a Burgos le permite preservar la historia de sus ancestros, rechazando partes de ella, al tiempo que imagina y reinventa su propio futuro. Mientras que "Julia" anestesió su dolor con alcohol, la voz poética encontró maneras alternativas de confrontarlo:

> A ti Julia, ya será tarde
> pero a mí no
> ¡yo vivo!
> y grito si me duele la vida
> y canto con la gente
> y bailo con mis hijas
> no soy lágrimas de ser
> soy el río
> la mariposa y culebra
> my fist is my soul
> it cuts into the blood of dragons
> and marks time with the beat of
> an afrocuban drum.[84]

> (A ti Julia, ya será tarde
> pero a mí no
> ¡yo vivo!
> y grito si me duele la vida
> y canto con la gente
> y bailo con mis hijas
> no soy lágrimas de ser
> soy el río
> la mariposa y culebra
> mi puño es mi alma
> atraviesa la sangre de dragones
> y marca el ritmo del tiempo
> con un tambor afrocubano.)

En este poema, retoma sus raíces y tradiciones africanas para sostenerse. Ella es la vida, la naturaleza, el río, la delicada mariposa y la culebra. La voz sugiere caminos alternativos al de la desesperanza y la adicción, encontrando consuelo y dicha en la familia, la cultura y la comunidad: tradiciones que le ayudarán a sostenerse a través de su vida. Este poema es un ejemplo de la manera en que los discursos de la diáspora y las experiencias de desplazamiento implican la recuperación de "modelos no occidentales, o no solamente occidentales, para una vida cosmopolita, transnacionalidades no alineadas en lucha interna y contra Estados nación, tecnologías globales y recursos del mercado para una coexistencia en tensión".[85]

Si bien los sitios de la memoria pueden ser concretos, como monumentos y aniversarios, también pueden ser nociones intelectualmente elaboradas como generaciones, linaje y recuerdos locales. "Who I Am" (Quien soy), de Esteves, es un poema de autodefinición en el que la autora define su posición política al establecer una genealogía intelectual. Este texto de identidad arranca con una voz que declara ser "a child of Lolita [Lebrón], Julia and Clemente [Soto Vélez] (hija de Lolita [Lebrón], Julia y Clemente [Soto Vélez])" y confía en que la futura generación de escritores como La Bruja (Caridad De La Luz) y Mariposa mantendrán vivo el linaje. La voz define una comunidad de mujeres que le dan fuerza y la sostienen: "Adoro mis hermanas luchadoras, / curanderas, maestras, comadres, / cocineras, consejeras, / amigas fuertes siempre a mi lado".[86] Esteves hace referencia a la poesía más icónica de Burgos al afirmar que "escoge su propio camino" al tiempo que hereda y extiende el legado de aquellos escritores que la precedieron. Además, se alinea políticamente con Burgos, Soto Vélez, Lebrón y los Young Lords en la década de los setenta; marchó hasta las Naciones Unidas por Puerto Rico y a Filadelfia por la libertad de Mumia Abu Jamal. A través del acto de recordar, afirma su genealogía intelectual y define su posición política.

Preservar las historias de sus ancestros les permite a las escritoras puertorriqueñas de la diáspora recrear el pasado e imaginar un futuro más esperanzador. Les permite además romper el silencio histórico que ha caracterizado su lugar como mujeres en la sociedad, ofreciéndoles al mismo tiempo las posibilidades infinitas de la autoinvención.[87] La escritora, artista e historiadora Aurora Levins Morales nació en Puerto Rico de una madre puertorriqueña y un padre judío. Creció en la isla y en 1970 se mudó a Berkeley, California, y más recientemente a Cambridge, Massachusetts. Figura importante del feminismo latinx y del tercer mundo, contribuyó a la antología *Esta puente, mi espalda* y es autora de varios libros, como *Medicine Stories: History, Culture and the Politics of Integrity* (*Cuentos curativos: Historia, cultura y políticas de integridad*) (1999) y *Kindling: Writings on the Body* (*Encender: Escribir en el cuerpo*) (2013). Levins Morales se describe a sí misma como "activista, sanadora, revolucionaria. Cuento historias con poderes medicinales. Los herbolarios que buscan plantas salvajes para hacer medicinas le llaman recolección. Yo recolecto los detalles del mundo, de la historia y de la vida de las personas y los concentro a través del arte para transformar la conciencia, para cambiar la manera en que pensamos en nosotros mismos, en los demás y en el mundo".[88] Su libro *Remedios: Stories of Earth and Iron from the History of Puertorriqueñas* (*Remedios: Cuentos de tierra y hierro en la historia de mujeres puertorriqueñas*) (2001) es un recuento poderoso de la historia de las mujeres puertorriqueñas escrita en una mezcla innovadora de prosa y verso, en primera y tercera persona. Tomando elementos tanto de la memoria como de la historia, *Remedios* empieza en África y termina en Nueva York en 1954, el año del nacimiento de la autora. Levins Morales recurre a las vidas de mujeres africanas, indígenas, españolas y judías, mujeres que fueron robadas y vendidas, y las mujeres comunes y corrientes que mantuvieron unidas a las comunidades. Entre las mujeres sobresalientes del libro se incluye a Burgos, Francisca Brignoni, Ida B. Wells y Lola Rodríguez de Tío. Levins Morales entreteje su propia historia en la narrativa. Al escribir sobre Burgos, Plath y Sylvia Rexach, Levins Morales reflexiona sobre el mortífero culto a la domesticidad de mediados del siglo XX:

> Los literatos escriben sobre la tristeza y los suicidios de estas mujeres como si fuera el logro poético más grande de sus vidas, una celebración gloriosa de su sufrimiento inevitable, un éxito al que todas las mujeres deberían aspirar en vida. Hurgan en su lírica buscando evidencia de que estaban más allá de toda salvación.
>
> Sus huellas dactilares están por todos lados, pero yo proclamo que estas mujeres no murieron por su propia mano, que sus dedos estaban en cautiverio, que otros prepararon su muerte. Que cayeron en una década brutal, asesinadas en las guerras de género, incapaces de imaginar que podían encontrar consuelo en la rabia femenina colectiva si tan sólo hubieran esperado cinco o seis años más, que no estaban solas, que la canción hubiera podido terminar de otro modo.[89]

Al recordar, escribir y repasar la historia, *Remedios* demuestra que la literatura es un antídoto poderoso contra la amnesia histórica. Como señala Nora, "Toda gran revisión histórica" —incluyendo la de Levins Morales— "ha buscado ampliar las bases de la memoria colectiva".[90]

La reconocida dramaturga nuyorican Carmen Rivera nació en el Bronx y se unió al departamento de dramaturgia de la compañía Puerto Rican Traveling Theater (Teatro itinerante puertorriqueño).[91] Algunas de sus obras más conocidas son *La Lupe: My Life, My Destiny* (*La Lupe: Mi vida y mi destino*) y *Celia: The Life and Music of Celia Cruz* (*Celia: La vida y música de Celia Cruz*), un multipremiado musical, montado fuera de los circuitos de Broadway y escrito en colaboración con Cándido Tirado, que se enfoca en las vidas de intérpretes cubanas icónicas que emigraron a Nueva York. Su obra *Julia de Burgos: Child of Water / Julia de Burgos: Criatura del agua* la produjo por primera vez el Puerto Rican Traveling Theater el 12 de mayo de 1999. La trama se basa libremente en la vida de Burgos y, de manera surrealista, está estructurada alrededor de su poema "A Julia de Burgos", donde las dos partes del ser entran en duelo una con la otra. El alma (o el ser de la poeta) aparece como un personaje separado que ha sido abandonado por Burgos. La obra sugiere que, en su intento por encontrar el amor fuera de sí misma, ella perdió de vista su alma. Uno de los momentos destacados de la obra consiste en un intenso intercambio en el que Pablo Neruda le dice a la apasionada Julia: "Art should come from love, not hate (El arte debe venir del amor, no del odio)". Cuando ella le pregunta qué puede hacer si está rodeada de ira, Neruda responde: "Feel it, transform it and release it (Siéntela, transfórmala y libérala)".[92] El enfrentamiento entre Julia y la Mujer/Alma es el hilo conductor de la obra, mientras Julia sobrelleva el reto de cómo ser mujer y artista. Julia le dice a la Mujer/Alma: "Es una maldición, este deseo de escribir".[93] En la escena final, tras rechazar a los hombres que la han maltratado, Julia es libre para reconciliarse con la Mujer/Alma. La obra sugiere que tanto Burgos como Rivera se reconocen a sí mismas a través del arte y la escritura. Finalmente, Julia despierta en el escenario, desorientada, y pregunta qué hace el público ahí. Al enterarse de que la obra es un tributo a su vida y legado, ella responde: "¡No me recuerden!". La Mujer/Alma, que ahora es también la dramaturga, dice: "Siéntete libre".[94] A través del proceso de poseer a Julia y revivir su historia, Rivera se convierte en una representante suya, que entiende finalmente que la búsqueda de libertad de la poeta es su legado más duradero.

La escritora dominicana Chiqui Vicioso muestra cómo la influencia de Burgos fue más allá de la comunidad puertorriqueña y se convirtió en una manera en la que mujeres de diferentes orígenes se unieron para formar una conciencia política común. En abril de 1967, Vicioso se mudó a Nueva York en busca de un camino hacia la libertad, según cuenta en su ensayo autobiográfico "Discovering Myself: Un Testimonio" (Descubriéndome a mí misma: Un testimonio).[95] En Nueva York, trabajó en varias fábricas mientras estudiaba inglés y se convirtió en uno de los ocho estudiantes dominicanos admitidos en Brooklyn College cuando la Universidad de la Ciudad de Nueva York abrió sus puertas a más estudiantes de color. Ahí, "dado que sólo éramos ocho y era muy difícil sobrevivir en una atmósfera tan racista, nos reunimos con otros estudiantes de grupos minoritarios —principalmente puertorriqueños, negros y otras personas del Caribe— para formar una Alianza del Tercer Mundo".[96] Así descubrió su identidad negra, caribeña y latinoamericana.

Vicioso recuerda a Burgos como su salvación en un momento en el que no tenía voluntad de vivir. De hecho, las entrevistas de Vicioso con Juan Bosch y Jimenes Grullón son contribuciones de gran valor al estudio de Burgos y su legado, dado que son las únicas enfocadas en ella y su trabajo. A medida que Vicioso se involucraba en el movimiento por la justicia social y los derechos civiles en Nueva York, crecía la sensación de que existía un conflicto de lealtad con el movimiento feminista blanco. Sentía que colaborar con ellas era una traición a los hombres de su mismo origen étnico y racial. En su tierra natal, ella hubiera sido considerada un fracaso: "I would have been frustrated, unhappy in a marriage, or divorced several times over because I would not have understood that within me was a woman who needed to express her own truths, articulate her own words. That, in Santo Domingo, would have been imposible (Hubiera estado frustrada, en un matrimonio infeliz o divorciada múltiples veces porque no hubiera podido entender que dentro de mí había una mujer que necesitaba expresar sus propias verdades, articular sus propias palabras. Eso, en Santo Domingo, hubiera sido imposible)".[97]

Vicioso publicó un hermoso libro, *Julia de Burgos: la nuestra* (1987), con grabados en madera del artista Belkis Ramírez, que hace honor a Julia en prosa y poesía. Revive el momento en que escuchó sobre Burgos por primera vez en 1977, cuando iba caminando con un amigo por aquella esquina infame de El Barrio, un sitio de la memoria que Vicioso inmortalizó en un poema.[98] Escribe explícitamente sobre los múltiples vínculos de Burgos con República Dominicana y menciona que hoy en día pocos dominicanos, al menos en círculos literarios, la conocen.[99] Según Vicioso, "To pay homage to [Burgos] in the Dominican Republic, the land she so loved but could never visit, and to make known her contributions to the struggle for our own true independence is not only a moral obligation but another way to proffer our love (Rendirle homenaje a Burgos en República Dominicana, la tierra que tanto amó pero que nunca pudo visitar, y dar a conocer sus contribuciones a la lucha de nuestra verdadera independencia, no es sólo una obligación moral sino otra manera de ofrecerle nuestro amor)".[100] La identificación de Vicioso con Burgos creció a medida que se enteró de cómo su "consciousness of the United States' role in Puerto Rico (conciencia del papel de Estados Unidos en Puerto Rico)" se amplió cuando entró en contacto con otros antillanos en Puerto Rico, Nueva York y Cuba, todos ellos "exiles from the same tyranny (exiliados de la misma tiranía)".[101] Para Vicioso, recordar a Julia es una manera de explorar las múltiples manifestaciones del colonialismo y la ocupación estadounidense así como el "common destiny as Caribbean countries and the unbreakable bonds (destino común como naciones del Caribe y los vínculos indestructibles)" que unen a las dos islas.[102]

El profesor y dramaturgo cubano Oscar Montero ha vivido en Nueva York durante varios años. Como profesor de literatura y cultura latinoamericana, Montero notó que muchos de sus estudiantes, en particular latinas en busca de modelos a seguir, conectaban intensamente con los poemas más conocidos de Burgos como "Yo misma fui mi ruta" y "A Julia de Burgos". Por lo tanto, usar este material en sus clases se convirtió en una introducción exitosa a la poesía: sus poemas líricos —particularmente los versos que exploran los temas feministas de la autonomía y la ruptura con los roles socialmente aceptables— resonaban en las estudiantes latinas de primera generación. Este enfoque pedagógico impulsó la creación de su primera obra inédita, *Las rutas de Julia de Burgos* (2011), que sigue de cerca las rutas migratorias de la poeta. La obra ofrece un retrato biográfico de Burgos en tres escenas, tomando elementos de su correspondencia, así como de la poesía, colocando su obra en su contexto histórico y social, y haciéndola más accesible para el público en general. La obra abre con su muerte, luego hace un *flashback* a Puerto Rico, donde Burgos y su hermana hablan apasionadamente sobre el movimiento nacionalista, sobre su madre y sobre los círculos intelectuales de los que ambas formaban parte. La escena revela lo central que este tipo de relación —el vínculo feminista entre hermanas— fue para el desarrollo de Burgos como escritora y como intelectual. Las escenas siguientes son un recuento de las experiencias con Jimenes Grullón en La Habana y sus últimos años en Nueva York.

Al final de la obra, los personajes leen al unísono el poema "Yo misma fui mi ruta", sugiriendo que Burgos fue una mujer que siguió su propio camino. La Julia de Burgos de Montero es una mujer y escritora puertorriqueña poco convencional de la década de 1930. Al ofrecer este complejo panorama, Montero sugiere que, si bien la inmigración de la poeta a Estados Unidos no fue enteramente exitosa, ella, como otras mujeres puertorriqueñas que llegaron a Nueva York, no puede ser contenida en las narrativas de tragedia y victimismo.

Expresiones *diasporriqueñas*, identidades redefinidas

Los artistas de performance y poesía llevan a nuevos niveles la poética de la presencia y la autenticidad. Los *slams* y performances de poesía "desmantelan las asociaciones hereditarias de la lírica con la privacidad, al conceptualizar la poesía como un sitio de conversación", haciendo énfasis en el pluralismo y el diálogo.[103] Las interpretaciones orales tienen el poder de construir comunidad e inspirar el cambio social. Son teatrales, populistas y se caracterizan por la disidencia política y la subversión; son antipretenciosas y anticorporativas, están enraizadas en el sentido de lo real, de lo auténtico y de la verdad. Si bien la poesía escrita echa mano de tropos, dicción, sintaxis y puntuación para evocar la presencia del poeta, la poesía en performance usa el gesto, el tono y la sincronización para "transmitir duelo, ira y otras emociones fuertes", haciendo que las palabras se sientan más auténticas al tiempo que juega con un "entendimiento contemporáneo de la poesía como una expresión profundamente personal del conflicto interno".[104] Los temas y los asuntos de los poemas —a menudo la raza, las expectativas familiares sobre el género y la discriminación— hacen que la atención se concentre en el cuerpo hablante y con frecuencia insisten en la encarnación de las palabras.[105] Según Kathleen Crown, "Al enfocarse en la persona del poeta que toma el escenario, la poesía en voz alta parece exaltar, por momentos, la autoridad de la presencia del cuerpo del poeta y el aura esotérica del cuerpo hablante del poema anterior a cualquier tecnología de reproducción".[106] Las generaciones más recientes de poetas de performance que viven en Nueva York invocan a Julia de Burgos desde el escenario como una manera de reclamar su puertorriqueñidad, su negritud y su presencia.

En Estados Unidos, negritud/afro-latinidad/latinx a menudo son considerados conceptos distintos y mutuamente excluyentes. Se puede ser afro-descendiente o latinx, pero no ambos. En la década de los noventa, el término afrolatino ganó popularidad para describir a aquellos de ascendencia afro cuyos orígenes estaban en Latinoamérica o en el Caribe hispanohablante. Viéndolo así, negritud y latinidad no son conceptos mutuamente excluyentes, y el concepto mismo de latino es inadecuado para describir este legado. Juan Flores señala, en la introducción a *The Afro-Latin@ Reader* que "en su búsqueda de un sentido completo y apropiado de identidad social, l@s afro-latin@s son jalados en tres direcciones al mismo tiempo". Describe esta "triple red de afiliaciones" como una "triple conciencia", partiendo de *Las almas del pueblo negro* (1903), de W. E. B. Du Bois. Los afro-latinxs están conscientes todo el tiempo de esta identidad triple: latinx, negro y estadounidense, "tres almas, tres pensamientos, tres esfuerzos no reconciliados; tres ideales que se enfrentan en un cuerpo de piel oscura cuya obstinada fuerza impide, por sí misma, que se rompa en pedazos".[107]

Las complejas relaciones entre negritud, latinidad y género están ejemplificadas en el poema de Mariposa "Poem for My Grifa-Rican Sistah".[108] Mariposa (María Teresa Fernández) es parte de una generación más joven de escritores nuyorican. Ella ha reconocido la importancia de Burgos como una influencia literaria, influencia que es también evidente en las múltiples referencias que hace a Burgos en su obra. El título del poema evoca una identidad afrolatina al tiempo que remite a "Ay, ay, ay de la grifa negra" (1938), de Burgos. *Grifa* se refiere a una mujer de ascendencia afro con el cabello grueso; *Rican* señala una identidad puertorriqueña; y *Sistah*, con su ortografía fonética, remite a una identidad afroamericana. El poema gira en torno a las presiones externas por suprimir la negritud a través del alaciado de cabello, un ritual común entre las mujeres de ascendencia afro con cabello rizado. En un mundo donde la belleza femenina está asociada con los mechones largos y suaves característicos del cabello europeo, las mujeres de ascendencia afro se sienten presionadas a incurrir en prácticas para aproximarse a estas imágenes de belleza: "Pinches y ribbons / to hold back and tie / oppressing baby naps / Never to be free (Pinches y listones / para detener y amarrar / oprimiendo pequeños rizos suaves / que nunca serán libres)". La presión de adaptarse a estas imágenes aparece en el acto íntimo en que una madre peina a su hija, sugiriendo cómo los oprimidos internalizan el racismo y la mentalidad colonizada y los transmiten a la siguiente generación: "It hurts to be beautiful, 'ta te quieta. / My mother tells me (La belleza duele, 'ta te quieta. / Me dice mi madre)". En África, el ritual de trenzar el cabello de las mujeres es una actividad comunitaria de vinculación que, en este poema, ha sido subvertida hasta implicar alienación cultural, psíquica y personal. En este caso, la madre envía el poderoso mensaje de que el cabello de su hija necesita ser arreglado.

> Chemical relaxers to melt away the shame
> until new growth reminds us
> that it is time once again
> for the ritual and the fear of
> scalp burns and hair loss
> and the welcoming
> of broken ends
> and broken
> promises.

> (Relajantes químicos para derretir la vergüenza
> hasta que el crecimiento nuevo nos recuerda
> que otra vez es momento
> del ritual y del miedo de
> la quemazón en el cuero cabelludo y la caída del cabello
> de darle la bienvenida
> a las puntas quebradas
> y a las promesas
> rotas.)

La última estrofa sugiere que la libertad sólo vendrá con la autoaceptación, a través de la afirmación de la negritud y no de su supresión.

El poema más emblemático de Mariposa, "Ode to the Diasporican", se usa comúnmente como referencia para expresar la identidad puertorriqueña en Nueva York. Al escribir en inglés y en español, Mariposa reclama la herencia puertorriqueña que aprendió en las calles de la ciudad. Su estilo de verso libre contiene un lenguaje intenso, una pasión y una imaginación que se parecen a la de Burgos. El poema abre con las características físicas no asimilables de la voz poética que marcan sus diferencias en la sociedad estadounidense. Tiene la piel oscura, el cabello rizado y un apego a un lugar distinto, Puerto Rico. Al interpretar el poema, Mariposa se toca con frecuencia el cabello y pone las manos al frente cuando sus características físicas son mencionadas, llamando la atención del público hacia su cuerpo. El poema empieza y termina con estrofas en español. Contrasta el paisaje urbano de Nueva York con el paisaje de Puerto Rico, haciendo referencia a "Río Grande de Loíza", de Burgos.

> Some people say that I'm not the real thing
> Boricua, that is
> cause I wasn't born
> on the enchanted island

cause I was born on the mainland
north of Spanish Harlem
cause I was born in the Bronx
some people think that I'm not bonafide
cause my playground was a concrete jungle
cause my Río Grande de Loíza was the Bronx River
cause my Fajardo was City Island
my Luquillo Orchard Beach
and summer nights were filled with city noises
instead of coquis
and Puerto Rico
was just some paradise
that we only saw in pictures.

What does it mean to live in between
What does it take to realize
that being Boricua
is a state of mind
a state of heart
a state of soul. [109]

(Algunos dicen que no soy auténtica
es decir, boricua
porque no nací
en la isla encantada
porque nací en tierra firme
al norte de Spanish Harlem
porque nací en el Bronx
algunos piensan que no soy genuina
porque mi campo de juegos fue una jungla de concreto
porque mi Río Grande de Loíza fue el río Bronx
porque mi Fajardo fue City Island
mi Luquillo Orchard Beach
y las noches de verano estaban llenas de ruidos urbanos
en vez de coquís
y Puerto Rico
era apenas un paraíso
que conocíamos en fotografías.

Qué significa vivir a la entremedio
Qué se necesita para entender
que ser boricua

es un estado mental
un estado del corazón
un estado del alma.)

La tercera estrofa pone sobre la mesa el ambiguo estatus político de la isla y la identidad bicultural de aquellos que viven fuera de ella. Un juego de palabras sugiere que la identidad colectiva de Puerto Rico está definida por las características de la diáspora: una historia de dispersión, los recuerdos de la tierra natal y la alienación que se vive en el país de llegada. Como una nación sin Estado, Puerto Rico es un estado mental. El poema de Mariposa rechaza la idea de que el deseo de volver define a menudo a la diáspora. La conexión con ese otro lugar, otra parte, está clara en su trabajo. Pero su poema articula cómo se ha apropiado de Nueva York afirmando su existencia y su deseo de permanecer ahí.

Los temas de autodeterminación y de rechazo hacia las narrativas de victimización abundan en la obra de los escritores nuyorican desde la década de los setenta hasta el día de hoy. "Boricua Butterfly", de Mariposa, desafía la narrativa de la inmigración como tragedia al afirmar la identidad cultural y la elección de vivir de manera distinta.

I am the
Meta-morpho-sized
The reborn
The living phoenix
Rising up out of the ashes
With my conquered people
Not the lost Puerto Rican soul in search of identity
Not the tragic Nuyorican in search of the land of the palm tree
Not fragmented but whole
Not colonized
But free. [110]

(Soy
la meta-morfo-seada
la renacida
la fénix viviente
que se levanta de sus cenizas
con mi pueblo conquistado
no el alma perdida puertorriqueña en busca de identidad
no la trágica nuyorican en busca de la tierra de la palma
no fragmentada sino entera
no colonizada
sino libre.)

Aquí, Mariposa rechaza la narrativa de la migración como tragedia al reclamar para sí una identidad capaz de recrearse y transformarse como el ave fénix y la mariposa. Si Burgos encontró libertad en un tono confesional similar, Mariposa reclama liberación a través de la poesía de la autodefinición. El trabajo de la artista de performance La Bruja también recuerda a Julia como una manera de conectar con el pasado e imaginar un mejor futuro, más allá de la aniquilación y el silencio. Un poema para Burgos —inédito y sin título— que La Bruja presentó en Nueva York, termina con una exclamación: "Hart Island couldn't keep her spirit silenced / today we scream her name . . . Julia! (La isla Hart no pudo silenciar su espíritu / hoy gritamos su nombre... ¡Julia!)".[111] Según Wheeler, los poemas *slam* a menudo invitan a la audiencia a identificarse con las víctimas porque "paradójicamente puede ser placentero identificarse con una víctima (en contraposición a ser una víctima)".[112] El poema a menudo es interpretado con una pequeña banda tocando los tambores de fondo. El cuerpo danzante de la poeta y de los músicos entran en contraste directo con las nociones de opresión y tragedia. El poema de La Bruja rechaza la victimización en presencia del cuerpo que habla, grita y afirma la vida en el escenario.

El poeta y performer nuyorican Bonafide Rojas protesta ante la gentrificación de El Barrio en su poema "Remember Their Names". Para hacerlo, invoca a Burgos y Pedro Pietri como parte de la historia y mitología de un vecindario amenazado con ser borrado.

> you can feel it change on 116th st.
> la marqueta is staring down its road
> and sees the faces bleaching with the gentrification
>
> 1st ave is being tidal waved with bullseyes
> on the corner children hold signs that say libertad
> but you understand it as something that has to be freed
> or liberated, so you introduce a slow invasion
> instead of self preservation
>
> salsa isn't as loud as it used to be in the streets
> the congas are quiet, the bombas have been defused
> but there is still a resistance running in the streets
>
> we are looking for pedro pietri to give us our passports
> so we can detach ourselves from ourselves
> if you don't recognize our birth certificates then we don't
> recognize your citizenship
> we wander through the streets of our memory
> looking for julia de burgos in the concrete of our tongue
>
> where is el barrio?[113]

(puedes sentir el cambio en la calle 116
la marqueta mira calle abajo
y encuentra rostros blanqueados con la gentrificación

la primera avenida se inunda de blancos
en la esquina los niños sostienen letreros que dicen libertad
pero lo entiendes como algo que debe ser liberado
o soltado, así que pones en marcha una invasión lenta
en vez de autopreservación

en las calles la salsa no suena tan alto como solía hacerlo
las congas son silenciosas, las bombas han sido desactivadas
pero todavía hay resistencia en las calles

estamos buscando a pedro pietri para que nos dé nuestros pasaportes
para poder desprendernos de nosotros mismos
si ustedes no reconocen nuestros certificados de nacimiento
entonces nosotros no
reconocemos su ciudadanía
nos perdemos en las calles de nuestra memoria
buscando a julia de burgos en el concreto de nuestra lengua

¿dónde está el barrio?)

En un intenso y rápido estilo de *slam*, el poeta continúa enumerando una serie de nombres de 62 figuras históricas importantes que lucharon de maneras diferentes por la liberación y la preservación cultural de Puerto Rico. El poema busca tender un puente entre la isla y la diáspora al nombrar figuras históricas de ambos lugares.

Los escritores de la diáspora dan legitimidad y atención a una manera diferente de ser puertorriqueño y estadounidense, una manera concebida fuera de la experiencia de la migración, que nace en centros urbanos y deja lugar a expresiones tanto en inglés como en español. Estas expresiones son visibles en la escritura de la segunda y tercera generación que son parte de un contexto latinx interétnico, como es el caso de Emanuel Xavier. "Americano", que forma parte de su libro de 2002 del mismo nombre, ofrece un agudo ejemplo de un entendimiento distinto de lo que significa ser estadounidense. De orígenes ecuatorianos y puertorriqueños, la voz poética se mira al espejo intentando entender qué lo hace estadounidense. Sus características físicas marcan la diferencia. Ve rastros de África en los orishas reflejados en el espejo; cuando el poema es interpretado, el público es su reflejo, viendo lo que él ve. El poema, que se presenta a menudo con una banda completa, lamenta la presión por asimilar la experiencia de los latinxs: "I see my mother trying to be more like Marilyn Monroe than

Julia de Burgos / I see myself trying to be more like James Dean than Federico García Lorca (Veo a mi madre queriendo ser más como Marilyn Monroe que como Julia de Burgos / Me veo a mí mismo queriendo ser más como James Dean que como Federico García Lorca)".[114] El impulso de asimilación lleva a muchos latinxs a darle la espalda a su herencia y legado cultural para emular a los íconos norteamericanos de feminidad y masculinidad. El poeta sugiere que la cultura latinx está tejida estrechamente en la estadounidense, pero los ideales de democracia han sido corrompidos por la codicia. El individualismo egoísta ha distorsionado la visión de la democracia y los intereses corporativos están por encima de los del pueblo.

> Jose, can you see...
> I pledge allegiance
> To this country 'tis of me
> Land of dreams and opportunity
> Land of proud detergent names and commercialism
> Land of corporations
>
> If I can win gold medals at the Olympics
> Sign my life away to die for the United States
> No Small-town hick is gonna tell me I ain't an American
> Because I can spic in two languages
> Coño carajo y fuck you
>
> This is my country too
> Where those who do not believe in freedom and diversity
> Are the ones who need to get the hell out.[115]
>
> (José, puedes ver...
> Juro lealtad
> a este país mío
> tierra de sueños y oportunidad
> tierra de nombres pomposos de detergentes y comercialismo
> tierra de corporaciones
>
> Si puedo ganar medallas de oro en las Olimpiadas
> dar mi vida por Estados Unidos
> ningún pueblerino va a decirme que no soy estadounidense
> porque puedo hablar en dos idiomas
> coño carajo y jódete
>
> Este también es mi país
> donde aquellos que no creen en la libertad y la diversidad
> son los que deben largarse.)

En el ambiente político actual, donde los latinxs son vistos como extranjeros y ajenos a la clase política, Xavier revierte el guión. Afirma que los que deben marcharse son aquellos de mente cerrada que no pueden imaginarse un Estados Unidos diferente. Aquellos que sienten la presencia latinx, el español y el oscurecimiento de la piel como una amenaza: ellos son los que están destruyendo al país. Xavier termina señalando que esas creencias son antidemocráticas y poco estadounidenses y necesitan ser eliminadas.

Empecé este capítulo preguntando qué significa que los escritores puertorriqueños, caribeños y latinxs que viven en Nueva York invoquen, recuerden y reinventen a Julia de Burgos. Las escritoras queer y feministas la identifican como figura del sexilio. A medida que buscan establecer una genealogía intelectual de las mujeres, se encuentran cara a cara con el legado de Burgos, conservando algunas partes y rechazando otras mientras imaginan vidas diferentes para ellas y para sus hijas. A través de su arte, encuentran maneras de reconciliarse con ese legado. Los artistas de performance conectan con Burgos como una poeta de la presencia y la autenticidad, rechazando la impersonalidad moderna a través de la interpretación oral, la pasión y la rebeldía. Todos estos escritores usan el recuerdo de Burgos para mediar su relación con la historia en el proceso de inventar nuevas identidades, nuevos lenguajes y nuevas maneras de pensar.

Lámina 1. *Homenaje a Julia de Burgos*, de Lorenzo Homar, 1969. Reproducción autorizada por Susan Homar Damm y Laura Homar Damm.

Lámina 2. *Corazones y flores para Julia*, de Juan Sánchez, 1994. Copyright: Guariken Arts Inc.

Lámina 3. *El pensamiento de Julia*, de Belkis Ramírez, 1991. Copyright: Belkis Ramírez. Reproducida con autorización.

Lámina 4. *Despierta*, de Yasmín Hernández, 2005. De la serie *Soul Rebels*. www.yasminhernandez .com. Reproducida con permiso.

Sería un obrero
Picando la
caña
Sudando
el jornal
Abrazos
arriba
Los puños
en alto

Quitándole
al mundo
mi parte
de pan

Lámina 5. *Julia de Burgos*, de Yasmín Hernández, 2006. De la serie *Soul Rebels*. www .yasminhernandez .com. Reproducida con autorización.

Lámina 6. *Carpeta, Julia*, de Yasmín Hernández, 2007. De la serie *Archivos subversivos*. www.yasmin
hernandez.com. Reproducida con permiso.

Lámina 7. *A Julia de Burgos*, de Andrea Arroyo, 2009. Copyright: Andrea Arroyo 2009.

Lámina 8. *Recordando a Julia / Remembering Julia*, de Manny Vega, 2006. Foto de Francisco Molina Reyes II.

Lámina 9. *Soldaderas*, de Yasmín Hernández, 2011. Foto de Francisco Molina Reyes II.

5

RECORDAR A JULIA DE BURGOS
ícono cultural, comunidad, pertenencia

Según Pierre Nora, los lugares de la memoria —archivos, museos, obras de arte, monumentos, aniversarios, rituales— son creados, fundamentalmente, "para detener el tiempo, para bloquear al olvido, para establecer un estado de las cosas, para inmortalizar a la muerte, para materializar lo inmaterial". Sin la voluntad de recordar, la historia borraría rápidamente los recuerdos. La cultura de masas y los medios dejan de lado la memoria a cambio de una serie interminable de eventos de actualidad. Los lugares de la memoria son un intento de capturar un máximo de significado en la menor cantidad de signos posible; existen por su "capacidad de metamorfosis, un reciclaje infinito de su significado y una proliferación impredecible de sus ramificaciones". Los lugares de la memoria contribuyen a mediar una relación con el pasado que se forma a partir de "un juego sutil entre su intratabilidad y su desaparición". Buscamos entender lo que somos a partir de lo que hemos dejado de ser.[1] En el acto de recordar a Julia de Burgos, los artistas visuales están menos preocupados por encontrar a la "verdadera" Julia que por crear lugares de la memoria que sean al mismo tiempo colectivos e individuales, mediando nuestra relación con el pasado, el presente y el futuro.

Dos momentos históricos en específico han sido tierra fértil para leer a Burgos como figura histórica, escritora e ícono cultural. Primero, como parte del movimiento por los derechos civiles de la década de 1960, las mujeres de color buscaron corregir las omisiones de escritores, artistas e intelectuales en los archivos históricos y el canon literario. Las escritoras latinas rescataron a Burgos y lucharon para que fuera reconocida como parte de la historia literaria. Segundo, durante la "explosión latina" de la década de los noventa, marcada por el número del 12 de julio de 1999 de la revista *Newsweek*, en el que la nota de portada se titulaba "Latino U.S.A.", los mercadólogos corporativos clasificaron a los latinos como una categoría de consumo. Al mismo tiempo, el sentimiento antiinmigrante y la ansiedad generalizada sobre la frontera México-Estados Unidos se impusieron en el país.

La década de los noventa fue testigo de la iconización cultural y comercial de Frida Kahlo y Eva Duarte Perón, dos mujeres latinoamericanas que murieron trágicamente siendo jóvenes. Selena Quintanilla, una joven superestrella latina de Texas, fue asesinada en 1995 y se volvió un ídolo en Estados Unidos. En su libro sobre Selena, Deborah Paredez señala que la década de los noventa, a pesar de las diferentes maneras en que la comunidad cobró importancia, todos los sectores culturales y comerciales evocaron el símbolo de la latina muerta que "frecuentemente era aprovechado por un amplio rango de comunidades para reclamar o disputar la fuerza política, cultural o económica de la latinidad".[2] Frida, Evita, Selena y Julia han sido recordadas e inmortalizadas en obras, performances, música, biografías, películas, murales, pinturas, cuentos y novelas, entre otros géneros. Hollywood hizo películas sobre las tres primeras, que no necesitaron apellido: Madonna interpretó a *Evita* (1996), Jennifer López a *Selena* (1997) y Salma Hayek a *Frida* (2002). Sin embargo, Burgos no ha logrado el mismo nivel de éxito comercial y visibilidad. En parte, este fenómeno es resultado del hecho de que Kahlo, como artista visual, y Selena, como estrella del pop, no cuentan exclusivamente con el lenguaje para comunicar su arte. Burgos, en cambio, fue una poeta que escribió principalmente en español, un medio y un lenguaje que fueron obstáculos para el éxito en los Estados Unidos. La poesía no se presta al consumo del mercado capitalista como otras formas de arte. Además, el estatus colonial y continua dependencia política y económica de Puerto Rico ensombrecen la producción cultural de la isla en Estados Unidos, mientras que la afiliación de Puerto Rico con ese gigante cultural lleva a su omisión en discusiones sobre el Caribe y América Latina.

Los íconos requieren un conocimiento cultural compartido y actúan como significantes de la aspiración colectiva. Si bien los íconos a menudo se despliegan al servicio de la nación, los puertorriqueños reclaman la figura de Burgos tanto en Puerto Rico como en Nueva York. En lugar de simbolizar un determinado significado fijo, Burgos absorbe una gama de significados contradictorios, como suelen hacer los símbolos. Como tal, Burgos es un ícono fronterizo, que habita la zona de contacto, ese tercer espacio entre Puerto Rico y Estados Unidos.[3] Las tensiones de género, idioma, raza y nación se negocian, se disputan y se median a través de su figura y a través de interpretaciones de su vida y obra. Este libro abre con la muerte de Burgos en el anonimato en una calle de East Harlem y el momento en que su cuerpo es exhumado y repatriado, porque es el momento en que se crea el mito de Burgos. Una de las principales razones por las que Burgos como figura suscita veneración y seguidores comprometidos con su huella, con la perdurabilidad de su obra y legado, es precisamente por lo borrosa, turbia y ambigua que es su imagen, por la creencia de que en cualquier momento podría desaparecer. El deseo de rescatarla para la memoria colectiva tiene sus raíces en el anonimato de su muerte y su entierro en Potter's Field: queremos salvarla, darle un nombre y reconstruir su nebuloso retrato.

Los íconos son recordados y remodelados por cada generación. Joseph Roach señala que la muerte ofrece a las comunidades marginadas la oportunidad de afirmar su "existencia semiautónoma pero sumergida discretamente dentro o en contra de los rituales obligatorios de la ficción mejor promovida llamada cultura dominante".[4] A medida que Burgos emergió como un ícono específico de la cultura latinx de Nueva York, recordarla se convirtió en uno de los circuitos de la memoria que trazan las rutas migratorias de las redes cosmopolitas de los latinxs en la ciudad. Este capítulo traza la ruta de la iconografía de Burgos, elaborando un mapa de las trayectorias migratorias y la circulación de su influencia desde Nueva York hasta Puerto Rico y República Dominicana, ofreciendo una perspectiva de la producción cultural latinx en Nueva York, que junto con otras ciudades se ha visto afectada por las políticas económicas neoliberales que exigen que la cultura tome distancia de las historias y los vecindarios.[5] El capítulo se enfoca en la iconografía de Burgos en East Harlem, donde la poeta forma parte de la mitología local.

Lorenzo Homar y las artes gráficas en Puerto Rico

Más que otras técnicas de las artes plásticas, el grabado ha dado forma a adorables figuras e íconos típicamente puertorriqueños.[6] En Puerto Rico, el movimiento de grabado empezó en 1950 y marcó el tono del realismo social que caracteriza a este tipo de obras, si bien otras corrientes —como el expresionismo abstracto, el surrealismo y el neodadaísmo— han sido visibles desde 1960 en adelante. En las primeras etapas del grabado puertorriqueño, la comunicación y expresividad fueron favorecidas por encima de consideraciones estéticas. La naturaleza de esta forma artística le brindó un estatus privilegiado en la isla, ya que los grabados son fácilmente reproducidos y transportados. Esta técnica estableció de manera inequívoca el rol que tiene el arte a la hora de representar una imagen diferenciada de Puerto Rico.

Lorenzo Homar ha recibido el crédito por haber iniciado la tradición del grabado puertorriqueño. Nació en San Juan en 1913 de padres que habían migrado desde Mallorca y fue criado en un hogar de clase media en Santurce y Puerta de Tierra. Su padre era propietario de un pequeño local de renta de videos. En 1928, dificultades financieras llevaron a la familia a emigrar a Nueva York. Homar no volvió a San Juan hasta 1950, cuando obtuvo un empleo en la División de Educación de la Comunidad. Su obra está claramente influenciada por sus experiencias tanto en Puerto Rico como en Nueva York, en ella son palpables el arte, la pintura, las artes gráficas, el vodevil y el jazz neoyorkinos de las décadas de los treinta y cuarenta. Durante sus años en la ciudad visitó cines, museos y teatros y conoció a artistas y arquitectos. Con un inglés fluido, conversaba cómodamente en ambos idiomas. Trabajaba en la prestigiosa marca Cartier diseñando relojes, collares y prendedores. Tras volver de sus años de servicio militar en el frente del Pacífico durante la Segunda Guerra Mundial, participó en la Liga de Estudiantes de Arte de la ciudad y estudió en el Museo de Brooklyn, donde conoció a Rufino Tamayo, Arthur Osver y Max Beckman. Homar quedó impresionado con las artes gráficas y los posters que vio en la ciudad y en el metro, en especial la obra estilo Bauhaus de Carl Binder. Para él, las calles de Nueva York eran un gran museo.[7] Sus vínculos con artistas y escritores puertorriqueños que vivían en la ciudad, entre ellos René Marqués y José Luis González, facilitaron la transición de Homar al mundo del arte puertorriqueño cuando volvió a la isla.

Homar se familiarizó de nuevo con la vida en Puerto Rico dibujando a su gente, sus paisajes, su geografía cultural y sus objetos. Como consecuencia de su experiencia artística, jugó un papel central en el taller de artes gráficas de la División de Educación de la Comunidad, donde trabajó hasta 1957. Durante los siguientes 16 años, colaboró en el taller del Instituto de Cultura Puertorriqueña. Muchos artistas, incluyendo a Homar, experimentaron una sensación conflictiva en torno a las instituciones culturales nacionales que surgieron hacia mediados de siglo. Según Arcadio Díaz Quiñones,

> Por un lado, deseaban tener cierta autonomía ante los poderes políticos y económicos para crear una visión estética auténtica de la nación. Por el otro, querían integrar la alta cultura —el teatro, los museos, el ballet, los conciertos— a la cultura popular, haciéndolos coincidir con los proyectos culturales del gobierno de la época.[8]

La División de Educación de la Comunidad lanzó el proyecto *Libros para el pueblo* en colaboración con el Centro de Arte Puertorriqueño. Se trató de un proyecto pedagógico estatal enfocado en la clase trabajadora en el que artistas gráficos y escritores colaboraron en la creación de libros ilustrados destinados a la alfabetización. Los ejemplares, de bajo costo, se centraban en temas de salud, educación física e historia. Los artistas gráficos de Puerto Rico encontraron una manera de crear memoria cultural en la isla. En sus grabados, Homar explora las tradiciones polifónicas que influyen en su obra, creando una historia visual fragmentaria de Puerto Rico. Quizá su pieza más célebre sea *Portafolio de plenas*, creado en colaboración con Rafael Tufiño en 1954. Los grabados incorporan la cultura popular a las artes visuales para celebrar la plena, una forma musical afropuertorriqueña.

Conocido como el más literario de los artistas gráficos de Puerto Rico,[9] Homar canonizó las palabras e imágenes de íconos como Pedro Albizu Campos, Luis Palés Matos, René Marqués y Juan Ramón Jiménez. De acuerdo con Díaz Quiñones, el trabajo de Homar tiene la habilidad de "seleccionar fragmentos y conferirles un aura que fije su valor y belleza".[10] Ilustró los *Spiks* de Pedro Juan Soto, así como parte de la obra de Luis Lloréns Torres, tradición que transmitió a sus estudiantes. Uno de ellos, José R. Alicea, canonizó el "Río Grande de Loíza", de Burgos.[11]

En 1969, cuando trabajaba en el Instituto de Cultura Puertorriqueña, Homar creó *Homenaje a Julia de Burgos* (ver lámina 1). La imagen está compuesta de tonos azules y verdes junto con la característica caligrafía en bloques de figuras geométricas. Es interesante que haya decidido no utilizar la caligrafía de ornato más femenina que aparecía en su retrato de Albizu Campos, así como en muchas otras de sus piezas. Inscrita en su grabado está la segunda estrofa del poema "Rompeolas", de Julia de Burgos:

> No quiero que toque el mar
> La orilla acá de mi tierra...
> Se me acabaron los sueños,
> Locos de sombra en la arena.[12]

Una imagen del rostro de Burgos emerge detrás de las letras, parcialmente oscurecida por los ojos huecos que devuelven la mirada al espectador. *Homenaje a Julia de Burgos* tiene las características de una lápida. Las palabras inscritas en la imagen sugieren un epitafio, un género de poesía lírica que, según Barbara Johnson, tiene dos funciones, "proteger al cadáver de la profanación y monumentalizar el recuerdo del difunto".[13] William Wordsworth, maestro de la lírica, escribió un ensayo en el que señala que el género del epitafio logra cumplir su función al animar a los muertos y representarlos como hablantes desde ultratumba.[14] En el epitafio, estrategias retóricas como la prosopopeya son empleadas para animar a los muertos y desdibujar las fronteras entre la vida y la muerte. En el homenaje visual de Homar a Burgos, la poeta parece estar hablando desde ultratumba. Su nombre y rostro están inscritos en la esquina inferior derecha de la pintura, haciendo eco visual de una firma. La tumba que habla revierte el proceso hacia la muerte. Sin embargo, la imagen habla sólo de la muerte, como un recordatorio de que la vida es breve.

Wordsworth subraya el vínculo entre los epitafios y el desarrollo de la escritura:

> Queda claro que un epitafio presupone la existencia de un Monumento en el que éste debe ser inscrito. Casi todas las naciones han deseado que signos externos

marquen los sitios donde yacen sus Muertos. Entre algunas Tribus primitivas que no contaban con escritura, esto era logrado principalmente mediante rocas colocadas cerca de los sepulcros o Montículos de tierra encima de ellos... tan pronto como las Naciones pudieron usar las letras, Epitafios fueron escritos sobre estos Monumentos.[15]

Homenaje a Julia de Burgos funciona como un monumento para una poeta de importancia nacional que originalmente fue enterrada en una tumba sin marcar. En una lápida, como en esta imagen, sobresale el nombre propio del difunto. Para darle voz a los muertos, el epitafio necesita lograr lo mismo que toda poesía lírica: darle al lector acceso a la voz viva de la poeta sin importar cuántos años lleve muerta. Ésta es la inmortalidad de la literatura y de la palabra escrita: una temporalidad que no depende de la mortalidad. El lugar privilegiado que ocupa el texto en este homenaje nos recuerda que éste es capaz de hablarnos y que, a través de la poesía, Burgos sigue comunicándose con aquellos dispuestos a leer.

Juan Sánchez: la reconstrucción de la identidad puertorriqueña en la diáspora

Juan Sánchez nació en Brooklyn en 1954, de padres puertorriqueños. Es profesor de arte en Hunter College, Nueva York, y ha sido profesor visitante en la Universidad de Cornell. Estudió Artes Plásticas en Cooper Union y tiene una maestría de la Escuela de Arte Mason Gross, Universidad de Rutgers. Sánchez ha encontrado inspiración en los movimientos políticos y sociales de la década de los sesenta y setenta, incluyendo el Partido de los Young Lords: "Mi obra deriva de una deficiencia y necesidad que mi propia comunidad ha mostrado de acompañar un movimiento, de aumentar los niveles de conciencia y de adoptar un nivel de autoempoderamiento que le permita a la gente cambiar las condiciones que los reprimen y oprimen".[16] También fue alumno del colectivo de artistas Taller Boricua y de Hans Haacke y Leon Golub. Como artista y curador, Sánchez explora el activismo político y la identidad cultural con la enseñanza y la politización como metas principales. En sus pinturas y grabados combina fotografías, objetos encontrados y poesía, conjurando el entorno urbano y los espacios íntimos de Latinoamérica con altares portátiles e iconografía religiosa. Una de sus piezas, *Rican/Structions*, toma elementos del lenguaje del arte para sanar a la comunidad puertorriqueña y tomar conciencia de una historia que ha sido pasada por alto durante mucho tiempo.[17]

Sánchez recuerda sus primeros encuentros con el racismo como puertorriqueño negro nacido y criado en Brooklyn. En el vecindario, la gente le preguntaba con frecuencia si en verdad era de Puerto Rico. Su experiencia, compartida con muchos otros compatriotas de piel negra, suscita preguntas interesantes sobre lo que significa ser puertorriqueño desde una perspectiva racial. Tras hacer una investigación sobre la historia de la isla, Sánchez concluyó que los puertorriqueños deben ser capaces de definirse a sí mismos para progresar y considera que las fronteras físicas, así como los límites raciales, lingüísticos y políticos les impiden vincularse. Lo que busca es un entendimiento más unido, complejo y rico de las personas que componen al pueblo puertorriqueño: "Nosotros formamos parte de él. También formamos parte de la historia estadounidense y de la historia latinoamericana. Estamos vinculados a la diápora africana y a la lucha indígena. Así de ricos somos. Así de poderosos".[18]

Sánchez cree que la polarización al interior de la comunidad lleva a la fragmentación y que el legado de Burgos está atrapado en la red de estas posiciones encontradas, por lo que su historia no ha sido contada con la complejidad que amerita. Su ser político, su involucramiento con el Partido Nacionalista y el movimiento de Independencia, su afiliación con el Partido Comunista de América a través de *Pueblos Hispanos* y su decisión de dejar la isla con un intelectual dominicano desafían de muchas maneras la visión de la isla. Su escritura complica y expande las nociones tradicionales de la literatura estadounidense. El arte de Sánchez invita al espectador a ver la historia puertorriqueña y a sus personajes como parte importante de la historia estadounidense. Siente que las historias de Albizu Campos y Burgos deberían entretejerse con las estadounidenses de maneras más tangibles.

> Las malas experiencias sufridas durante la colonia nos hacen, de un modo u otro, parte de la historia estadounidense. Desde el momento en que invadieron la isla e impusieron la ciudadanía, junto con todo lo que ha pasado desde entonces, nos hacen parte de esa historia. Lo que quiero decir, y que es muy importante, es que la literatura de Julia de Burgos y de todos los que escribieron antes y después de ella es parte de la literatura estadounidense. Punto.[19]

Sánchez describe sus encuentros con la obra de Burgos como parte de una historia de amor. Alma, su ahora esposa, le mostró la poesía de Burgos antes de casarse. Alma nació en Brooklyn de padres puertorriqueños, pero a diferencia de Juan Sánchez ella volvió a la isla cuando tenía 5 años y ahí asistió a la escuela (obtuvo una licenciatura en la Universidad de Puerto Rico). Permaneció en Puerto Rico hasta que tuvo poco más de treinta. Sánchez se sintió intrigado cuando Alma le mostró la obra de Burgos, y en 1982 hizo la primera pieza en la que aparece la poeta, *Para Julia de Burgos,* un collage de técnica mixta con óleo, acrílico y foto sobre lienzo que tiene una foto de ella al centro, rodeada de su poesía. Poco después, un estudio invitó a Sánchez a hacer un grabado de edición limitada de Burgos, *Corazones y flores para Julia* (1994; ver lámina 2), que incluye litografía,

linograbado, impresión láser y collage. Sánchez terminó el grabado con un marco
de hoja de oro en forma de corazón alrededor de la fotografía de la poeta. El
texto que rodea a la imagen es la última estrofa de "A Julia de Burgos".

Las imágenes de Sánchez y sus características infantiles y adorables contribuyen a la iconografía de Burgos. "Imposible no maravillarse con ella", dice,
y este sentido del asombro se refleja en su obra. Describe a Burgos como
"extremadamente universal" y de "mentalidad progresista". Si bien encuentra
evidencia de esto en su poesía, se pregunta si la obra que él creó hace veinte
o treinta años no contribuye al estereotipo de Burgos. Las fotografías que usó
para ambos collages la muestran con el pelo bien peinado hacia atrás y con un
vestido floral. En el de 1982, la foto está enmarcada en color rosa, mientras
que en el de 1994 está rodeada de corazones y flores y tiene un símbolo de
Atabey, diosa taína de la creación y la fertilidad, en la esquina izquierda del
marco interior. Las imágenes que la rodean sugieren feminidad de manera
celebratoria. Ahora, Sánchez cuestiona si esta imagen e iconografía evocan a
la Julia de Burgos socialmente aceptable que ella misma criticó ferozmente en
"A Julia de Burgos".[20] ¿O acaso el collage representa a la poeta de gran fuerza
interior que luchó por obtener justicia social? Quizá ninguna de las dos Julias
está presente en estas obras, pero lo cierto es que subrayan la distancia entre la
imagen sonriente de una mujer en una fotografía y sus palabras, invitándonos
a explorar las contradicciones que esto implica.

Fotografía, mujeres artistas y Julia de Burgos

Algunas fotografías de estudio de Julia de Burgos de las décadas de 1930 y 1940
han circulado ampliamente entre el público, pero usualmente no especifican
cuándo y por quién fueron tomadas. Los complicados asuntos de raza, género y
clase están implicados en la manera en que Burgos es recordada en estas fotos
que enfatizan su feminidad. La imagen más popular es una fotografía en blanco
y negro tomada entre 1938 y 1940, en la que parece imitar a *El pensador* de
Rodin, con la cabeza inclinada y la barbilla descansando en una de sus manos,
la mirada pensativa y algo sumisa (ver figura 4, p. 51).[21] Esta imagen retrata,
ciertamente, a una mujer sometida. Podría decirse incluso que luce recatada,
puesto que sus ojos no miran a la cámara. Su cabello está bien peinado y reco-
gido con firmeza hacia atrás. Lleva puesto un cuello de tortuga y casi nada de
joyería. Su cuerpo no es visible. La fotografía es simple, en ella sus largos dedos
se acomodan en forma de abanico, delicadamente, enmarcando su rostro. Su
cabello y ropa oscura dan la impresión de una piel más blanca. Recortada para
mostrar solamente su rostro, la foto fue usada en el cartel que marca el bulevar
Julia de Burgos, en la calle E. 106, cerca de la avenida Lexington.

Si bien muchos lectores han encontrado en "Ay, ay, ay de la grifa negra" evidencia de la negritud de Burgos, su identidad racial ha sido debatida públicamente. Su tono de piel ha sido representado como blanco, como consta en una estampa postal emitida por el Servicio Postal Estadounidense en 2010, y como negro, como puede verse en *Recordando a Julia*, el mural hecho por Manny Vega en East Harlem en 2006. Por estar en formato en blanco y negro, las fotografías que se conservan de ella hacen difícil determinar su color de piel con exactitud. En 1967, en un tributo que se hizo a su vida y obra en Caravan House, Nueva York, su contemporáneo Clemente Soto Vélez la describió como "una bella muchacha de rostro acanelado por el sol de Puerto Rico".[22] Fotografías del padre de Burgos muestran a un hombre de piel clara y rasgos europeos, pero no se conserva ninguna de su madre. Algunos familiares suyos en Puerto Rico la han descrito como trigueña, un término que denota piel morena, mientras que otros en Brooklyn han dicho que era negra, subrayando la diferencia de su identidad racial en la isla y en Estados Unidos. Tanto miembros de la familia como estudiosos de su vida y obra coinciden en que Julia de Burgos era de ascendencia africana.[23]

Sin embargo, su historia ha sido sistemáticamente blanqueada, esterilizada y despolitizada, con el ejemplo reciente de la estampa postal, que muestra a una Burgos de piel muy blanca frente al río Loíza. Los prejuicios y racismo que experimentó como mujer trabajadora de color han sido dejados de lado, privilegiando una explicación que atribuye muchos de sus problemas a un patrón de comportamiento autodestructivo. Algunas mujeres artistas que han vivido en Nueva York o conocido a Burgos a través de las redes cosmopolitas de la ciudad han desafiado este blanqueamiento con nuevas e ingeniosas representaciones visuales que se contraponen a la narrativa de inmigración y tragedia. Su trabajo sugiere que Burgos, como muchas otras mujeres latinas que emigraron a Nueva York, es demasiado compleja y multifacética como para ser contenida en las narrativas de feminidad, tragedia y victimización. Estas artistas se han involucrado con la imagen de Burgos de maneras más atractivas, ejemplificando la idea de los sitios interlatinxs de producción cultural que Frances Aparicio define como "aquellos donde se encuentran uno o más latinos de varios orígenes nacionales para construirse unos a otros y compartir sus culturas". El concepto de latinidad a menudo ha sido definido como homogeneizante hacia la blanquitud, al mismo tiempo que borra las especificidades históricas y culturales que componen la identidad panétnica. Estas maneras de identificarse permiten que el conocimiento de las mujeres latinas "represente discursos alternativos", desafiando los silencios que existen sobre los varios orígenes nacionales en busca de una ideología análoga y descolonizadora que sea al mismo tiempo (post)colonial y antipatriarcal.[24]

El arte de la liberación de Yasmín Hernández

Yasmín Hernández es una artista de ascendencia puertorriqueña nacida en Brooklyn, cuyo trabajo está basado en la lucha por la liberación personal, espiritual y política. Hernández estudió en LaGuardia High School of the Arts, una escuela secundaria especializada en artes en Manhattan, y luego obtuvo una licenciatura en pintura de la Universidad de Cornell, donde estudió con Juan Sánchez. Dedicó su tesis a reconfigurar íconos de la historia estadounidense junto con héroes de la historia puertorriqueña que a menudo pasan desapercibidos o incluso son vilipendiados, como Pedro Albizu Campos y Lolita Lebrón. Por ejemplo, reemplazó la imagen de Abraham Lincoln que aparece en la moneda estadounidense de un centavo con la de Albizu Campos y retituló el grabado de Paul Revere, *The Bloody Massacre in King Street, March 5, 1770*, como *La masacre de Ponce, 21 de marzo, 1937*. Durante el tiempo que pasó en Ithaca, le pareció que sus colegas tenían una actitud hostil hacia el arte que estaba haciendo y encontró un sentido de validación al trabajar con Sánchez, un artista y profesor establecido que llevaba más de una década trabajando con las figuras de los íconos estadounidenses. Desde su graduación, Hernández ha seguido explorando temas relacionados con el arte y la liberación, como artista y como educadora. Ha colaborado en iniciativas educativas comunitarias en el Studio Museum de Harlem y en El Museo del Barrio, así como en el Taller Puertorriqueño de Philadelphia. Su obra explora las dimensiones espirituales, personales y políticas de la libertad y la manera en que se relacionan. Enfocada en imágenes boricuas y deteniéndose en historias clandestinas y comunidades marginadas, ha retratado como guerreros y seres sagrados a varias figuras importantes que habían sido olvidadas. Su obra contiene múltiples referencias a los orishas y deidades de la tradición yoruba, importantes símbolos de resistencia ante la aniquilación de la diáspora africana, y su uso de la caligrafía y el texto deja clara la influencia de grabadistas puertorriqueños del siglo XX como Homar y Rafael Tufiño.[25]

Soul Rebels, el proyecto de Hernández que se estrenó en El Museo del Barrio en 2005, es un tributo a músicos y poetas comprometidos con la justicia social y cuyo trabajo busca crear conciencia sobre la injusticia. La serie contiene imágenes de los poetas nuyorican Tato Laviera, Pedro Pietri y Piri Thomas, entre otros. Algunos de los músicos incluidos son Andrés Jiménez, Eddie Palmieri, Bob Marley, Ricanstruction y Public Enemy, combinación que establece vínculos políticos e ideológicos entre jazz, hip-hop, reggae y punk. La única mujer incluida en la serie (y la única que aparece en dos de las pinturas) es Julia de Burgos. *Despierta* (2005; ver lámina 4) es brillante y colorida, mientras que *Julia de Burgos* (2006; ver lámina 5) está en yute de tonos marrón. Si bien los retratos se parecen a Burgos, los espectadores podrían no reconocerla de inmediato, ya que la presentan como una guerrera y una revolucionaria, desafiando las fotografías montadas e hiperfemeninas de las décadas de los treinta y cuarenta y subrayando su posición política feminista, anticolonial y antiimperialista.

Inspirada por la poesía de la liberación de Burgos, Hernández tomó como base para *Despierta* una fotografía en la que la poeta aparece sentada a orillas de un río no identificado que evoca su "Río Grande de Loíza". El río avanza atropelladamente a sus espaldas, lleva puesto un vestido blanco y tiene las manos suavemente dobladas en su regazo. Es una de las pocas fotografías en las que su cabello está suelto sobre sus hombros. Está sentada de lado, mirando a la cámara. La foto evoca el eterno femenino y la idea de la poeta virginal sentada en la naturaleza con su amante, el río, ocultando las violentas imágenes que el poema evoca y la historia de colonización que la poeta recuerda en él. Esta imagen en particular resultó atractiva para Hernández por la importancia que el agua tiene en la poesía de Burgos: "Me propuse pintar a la Julia que ella misma había criticado [en sus poemas], y realmente siento que cuando las piezas estuvieron terminadas, había logrado retratar a la autora de 'A Julia de Burgos'".

Figura 9. Julia de Burgos junto a un río, ca. 1936–39. Colección general, Archivos de la Diáspora Puertorriqueña, Centro de Estudios Puertorriqueños, Hunter College, CUNY.

Frustrada por el hecho de que las imágenes que se conservan de Burgos no representen a la persona que ella imaginaba ser, Hernández se da a la tarea de representar a la poeta tal y como le hubiera gustado ser representada.[26]

Despierta muestra a Burgos vistiendo pantalones, con los puños apretados y sosteniendo un machete en una mano. Está parada a la orilla de un río, con las piernas separadas, los pies en el agua y los brazos a los lados, como preparada para la batalla. Luce robusta y resiliente. Se eleva, extendiéndose más allá de la línea del horizonte, con el sol naciente detrás de ella. Sobre su abdomen hay una cita de su poema "23 de septiembre": "Vivo en el gran desfile de todos los patriotas / que murieron de ira y de ira despiertan".[27] El título del poema hace referencia al Grito de Lares de 1868, un levantamiento contra el gobierno colonial español. Además de "23 de septiembre", la pintura hace referencia a otros quince poemas de Burgos y cada aspecto visual está dictado por uno de ellos.[28] La pieza canaliza su poesía más política, antiimperialista y socialista. Además de las imágenes relacionadas con el agua, los azules y amarillos brillantes son referencias yoruba a los orishas Yemayá y Oshun. Los puños apretados de Burgos invocan "Somos puños cerrados". El machete es una referencia al obrero en "Pentacromia". Hernández incluye imágenes de Filiberto Ojeda, Albizu Campos, Clemente Soto Vélez y Juan Antonio Corretjer, situando a Burgos entre algunos de los nacionalistas mejor conocidos de la lucha por la independencia puertorriqueña. De acuerdo con Hernández, "A Julia de Burgos" brinda

esa especie de sentido psicótico que ella tenía para dividirse en dos personas, y sus fotos muestran una y otra vez a la persona que ella misma está criticando, así que sentí que, dado que iba a pintarla, ¿por qué no hacerlo en la manera en que le hubiera gustado verse? No pensé en pintarla como un hombre porque hoy en día no es necesario ser un hombre para tener todas esas características con las cuales ella quería ser vista.[29]

Hernández pintó a Burgos como una campesina, con la caña de azúcar y el campo de fondo. La artista cree que, en la poesía de Burgos, el trabajador es el símbolo más poderoso del libertador. En esta pintura, Burgos se convierte en un ancestro.

La segunda pintura de Burgos que Hernández hizo fue para una instalación en la que participaron varios artistas latinxs y que formó parte de la celebración bienal del Museo de Puerto Rico. La exhibición mostraba el trabajo de tres artistas de ascendencia puertorriqueña nacidos en Estados Unidos. Según Hernández, a pesar de que nada los identificaba como tales, "nuestro trabajo era notoriamente puertorriqueño", declaración que deja entrever la complicada relación entre la diáspora y la isla, así como el deseado vínculo con un legado que podría ayudar a reparar la ruptura histórica sobre la que escribe Arcadio Díaz Quiñones en *La memoria rota*.[30] Separada de su historia, está obligada a recordar. Díaz Quiñones sostiene que recordar algo y tenerlo presente rompe el silencio que rodea a la clase trabajadora puertorriqueña, a los afropuertorriqueños y a aquellos que viven en la diáspora.[31] Las representaciones que Hernández hace de Burgos como una jíbara contribuyen a restaurar la relación dañada entre los miembros de la clase trabajadora que dejaron la isla y la historia de su país. Hernández, como Burgos, desafía la tendencia de la élite de la isla a internalizar la mentalidad colonial al perpetuar elisiones y silencios.

La instalación consistió en una imagen de Burgos y Andrés Jiménez en una esquina, cara a cara. Las figuras pintadas sobre yute traen a la mente imágenes de pobreza al evocar los costales que se usaban para recolectar frijoles y otros productos del campo. Hojas de palma y de plátano, conchas y arena fueron colocadas en el espacio entre las dos imágenes. Al inaugurarse la exhibición las hojas eran verdes, pero fueron cambiando a color marrón con el tiempo, a medida que se secaban (como la tierra), tomando el color de las pinturas. Las conchas fueron recolectadas en Carolina, municipio natal de Burgos. Hernández subvierte la imagen del jíbaro para hacer un comentario sobre el abuso y la explotación de la tierra puertorriqueña e incorpora caligrafía ornamentada, al estilo de Homar y Tufiño, en una estrofa del poema "Pentacromia", de Burgos, inscrito en la parte superior de la pintura.

> Hoy, quiero ser hombre. Sería un obrero
> picando la caña, sudando el jornal;
> a brazos arriba, los puños en alto,
> quitándole al mundo mi parte de pan.[32]

Crear estas imágenes modernas de Burgos le permite a Hernández identificarse con los aspectos más tradicionales de la cultura puertorriqueña al tiempo que construye una imagen diferente de la feminidad.

En 2007, Hernández creó la serie *Archivos subversivos* para honrar la historia suprimida del radicalismo y subversión puertorriqueños. La serie ilustra la práctica de instituciones gubernamentales estadounidenses como el FBI, que buscaron aplastar el movimiento de independencia puertorriqueña y otros movimientos de izquierda en Estados Unidos. Hernández empezó el proyecto tras recibir una invitación a mostrar su trabajo en el Centro de Estudios Puertorriqueños de Hunter College. Quería exhibir parte de la colección con la que contaba el Centro, por lo que usó sus recursos, así como documentos de su biblioteca personal, para crear la serie. La descripción del proyecto incluye un extracto de un memorándum del FBI (1960):

> Con el fin de evaluar el calibre del liderazgo del movimiento independentista en Puerto Rico, particularmente en lo que se relaciona con nuestros esfuerzos por irrupumir en sus actividades y poner en peligro su efectividad, debemos determinar

sus capacidades reales de influencia y liderazgo y preguntarnos por qué el intenso deseo por la independencia, qué esperan ganar de ella y si cuentan con apoyo de otros líderes y miembros del partido. Debemos contar con información acerca de sus debilidades, moral, antecedentes penales, cónyuges, hijos, vida familiar, formación educativa y actividades personales, además de sus actividades independentistas.

Archivos subversivos celebra a los intelectuales, artistas, ciudadanos y todos los que trabajan para exponer la injusticia social y luchar contra ella, desafiando el *status quo*. Las cualidades estéticas de la colección derivan de los archivos. Hernández usa tonos amarillos, ocres y sepias en pinturas con forma de posters de papel manila. Algunas de las imágenes dan la impresión de estar gastadas, sugiriendo la larga vida que han tenido las prácticas de vigilancia. Otras están parcialmente quemadas o dañadas, evocando los intentos que se han hecho por destruir los documentos y cualquier registro de abuso hacia personas inocentes. Hernández usó la tipografía *Courier*, a la usanza de los documentos escritos a máquina durante el macartismo.

La colección *Archivos subversivos* incluye una pintura de Burgos y presenta "Es nuestra la hora", un poema que, a manera de poderosa declaración antiimperialista, llama a la clase trabajadora a tomar las armas para unirse en contra del imperialismo y colonialismo estadounidenses en Puerto Rico. La imagen de Hernández, *Carpeta, Julia* (2007; ver lámina 6), incluye a un grupo de trabajadores con machetes y puños apretados. Versos de éste y otros poemas, incluyendo "Somos puños cerrados", "23 de septiembre" y "Puerto Rico está en ti", se encuentran intercalados en la imagen. Burgos escribió "Puerto Rico está en ti" en Nueva York, y hace referencia a la campaña política de Luis Muñoz Marín a favor de que la isla tuviera un estatus de Estado Libre Asociado. Burgos argumenta que los puertorriqueños deberían seguir luchando por su independencia y rechazar limosnas de Estados Unidos que los conducirán simplemente a "Puerto Rico 'estado asociado y ridículo'".[33] La imagen de Hernández traza las convicciones políticas de Burgos tal y como están documentadas en sus actividades y su escritura. La obra contrasta de manera muy efectiva las palabras de la poeta con los retratos populares que enfatizan su feminidad. La palabra *subversiva* está escrita transversalmente sobre la pintura, como un recordatorio de los retos que Burgos enfrentó. Las pinturas de Jesús Colón y de Filiberto Ojeda hechas por Hernández para los *Archivos subversivos* también hacen referencia a Burgos, restaurando su lugar entre importantes elementos subversivos de la independencia puertorriqueña y el movimiento comunista, tanto en la isla como en Nueva York.

El pensamiento de Julia—*Belkis Ramírez*

La artista Belkis Ramírez nació en República Dominicana y es una de las pocas mujeres que gozan de cierta fama en el ámbito de las artes visuales de dicho país. Su obra consiste, principalmente, en instalaciones, si bien también se ha especializado en artes gráficas y grabado. Ramírez, arquitecta, se graduó de la Universidad Autónoma de Santo Domingo. Su trabajo explora temas políticos, el papel de las mujeres en América Latina, el turismo sexual y problemas relacionados con la explotación y la destrucción del medio ambiente. Su trabajo ha sido exhibido en España, Francia, Nueva York y Miami, así como en el Caribe y América Latina.

En 1987, Belkis Ramírez ilustró el libro de Chiqui Vicioso, *Julia de Burgos, la nuestra,* que explora los vínculos de Burgos con República Dominicana. Según Vicioso, los dominicanos reclaman a Burgos como suya porque escribió la poesía más poderosa contra Trujillo que se haya publicado hasta la fecha. El interés de Vicioso, junto con la publicación de las entrevistas a Juan Bosch y Juan Jimenes Grullón, hizo que el legado de Burgos viajara a través del centro metropolitano de Nueva York hasta República Dominicana. Tras hacer las ilustraciones para el libro de Vicioso, Ramírez desarrolló un interés propio en la poeta: en 1991 creó un grabado en madera titulado *El pensamiento de Julia* (ver lámina 3), que desafió la imagen popular que se tenía de Burgos, recatada y pensativa. La imagen replica su rostro con los ojos cerrados, pero su cabello vuela hacia arriba llenando el cuadro entero, fuerte, dominante y convincente. La imagen se enfoca en el pensamiento de Julia, retratándola como una intelectual y desafiando los mitos reduccionistas de amor y victimización. Burgos es tan grandiosa que se desborda de la imagen.

Ver este grabado en la casa de Vicioso en República Dominicana motivó a la escritora Julia Álvarez a leer a la poeta. Nacida en Nueva York, Álvarez de inmediato conectó con la obra como "una imagen precisa de mi propia cabeza e imaginación". La idea "de que podemos cargar con tanto en nuestra cabeza sin que eso signifique que estamos 'locas' me dio consuelo". Compró el molde de madera de Ramírez y una copia del grabado, y la imagen aparece ahora en la página principal de su sitio web.[34] *El pensamiento de Julia* versa sobre los diferentes grupos caribeños y latinxs que desafían la balcanización de las islas a través de la diáspora. Estos vínculos enfatizan las experiencias históricas compartidas como sujetos coloniales, así como las nuevas expresiones opositoras de liberación.

Altares para las mujeres—Andrea Arroyo

Andrea Arroyo nació en México y se mudó a Nueva York a principios de la década de los ochenta, cuando tenía veinte años, al recibir una beca para estudiar las técnicas de danza contemporánea de Merce Cunningham. Fue bailarina profesional durante cinco años, antes de dedicarse a las artes visuales. Aunque siempre le había gustado dibujar, en un inicio no pensó que ésa fuera su vocación. De niña, vio a su madre trabajar con cerámica e hizo pequeños objetos con sus propias manos. En Nueva York, compró algunos materiales y creó una docena de esculturas basadas en personas que veía todos los días: mujeres sin techo, bailarines de *break dance* en Central Park y gente en el metro. Las galerías pronto empezaron a interesarse en mostrar su trabajo y no tardó en pasar de la escultura a la pintura, construyendo una carrera enfocada en las mujeres. Su proyecto *Flor de vida* celebra la vida de mujeres históricas y mitológicas de varias tradiciones culturales: aztecas, mayas, egipcias, griegas, asiáticas e indias. La influencia de la danza y el movimiento es evidente en su obra: las figuras parecen deslizarse y girar sobre el lienzo. Los colores brillantes y atrevidos recuerdan al espectador el arrojo que tuvieron estas mujeres en vida y transmiten un sentido de celebración y homenaje. Las imágenes sugieren vínculos entre las contribuciones de las figuras históricas y las experiencias de mujeres contemporáneas. Ante la pregunta de qué la inspira, Arroyo responde sin dudarlo:

> Las mujeres. Eso es lo primero. Cada mujer tiene una historia. Todas enfrentamos retos. Me inspiran las mujeres de la historia y de la mitología y sus increíbles historias, pero también las mujeres contemporáneas. Las mujeres migrantes, las madres y las hijas y las hermanas y las artistas y las mujeres en general. Realmente me inspiran. Creo que todas tienen algo de especial, que todas las mujeres somos guerreras, tenemos que serlo.[35]

Su proyecto más reciente, *Flor de tierra*, conmemora las vidas de las mujeres, en su mayoría inmigrantes e indígenas, que viajan hasta la fronteriza Ciudad Juárez a buscar trabajo. En los últimos veinte años, un estimado de 400 de ellas han sido asesinadas y muchas más están desaparecidas. Las mujeres asesinadas han sido mutiladas, torturadas y violadas. El Estado ha ejercido una política de indiferencia ante la violencia: nadie ha sido declarado culpable y las mujeres a menudo son culpadas de su propia desgracia. Los dibujos, simples siluetas en blanco sobre papel negro, recuerdan la manera en que la tiza blanca delinea los cadáveres en la escena de un crimen. Al terminar, cada mujer tiene un dibujo que refleja su personalidad, cualidades y características propias, enfatizando su humanidad en lugar de su muerte trágica. Arroyo explica: "Mi idea es que muchas de estas víctimas pudieron haber sido la siguiente Frida Kahlo, Marie Curie, cualquier increíble visionaria; sus vidas se cortaron de tajo y sus circunstancias simplemente no les permitieron explorar sus posibilidades. No vivieron el tiempo suficiente para que pudiéramos saberlo. Espero sugerir, a través de este paralelismo, las maneras en que la vida de cada mujer es igualmente valiosa".[36]

En 2009, El Museo del Barrio comisionó a Arroyo para crear dos altares para su celebración del Día de Muertos que incorporaran video, presentaciones y actividades para las familias. No fue una sorpresa para nadie que la artista dedicara ambos a mujeres: uno a Mercedes Sosa, la gran cantante argentina conocida como "La voz de Latinoamérica", que había muerto en octubre de ese año. El segundo altar estaba dedicado a Burgos y llevaba por título, simplemente, "A Julia de Burgos" (ver lámina 7). Arroyo había conocido a la poeta a través de las redes culturales de latinxs en Nueva York. En *Beautiful Necessity: The Art and Meaning of Women's Altars* (*Hermosa necesidad: El arte y significado de los altares hechos por mujeres*), Kay Turner define el altar como "un lugar entre el reino humano y el divino, un umbral cargado de intercambio".[37] Arroyo quedó fascinada con la historia de Burgos y los relatos de desamor y fatalidad que la rodeaban. Fue así que continuó investigando la vida de la poeta y se percató de la naturaleza anecdótica de los recuentos y el enfoque en los aspectos difíciles de su vida personal; por ejemplo, sus amoríos y su alcoholismo. Arroyo explica:

> El hecho de que murió de manera trágica en El Barrio es a menudo lo que la gente recuerda de Julia, por eso quise honrarla y presentarla como una persona más completa. Es lo mismo que suele suceder con las mujeres asesinadas en Ciudad Juárez. Así que intento presentarlas de un modo distinto, enfocándome en la persona completa en vez de permitir que esa tragedia particular las defina.[38]

El altar era brillante y lleno de color, al más puro estilo mexicano. Estaba adornado con flores, calaveras y con la poesía de Burgos, que colgaba en papeles al frente de la instalación. Al centro había un retrato enmarcado de la poeta encima de una bandera puertorriqueña. Este enfoque en Puerto Rico en un altar tradicional mexicano creado para el luto público reúne hermosa y poderosamente la historia de dicho país y la de las partes de México que han sido incorporadas a Estados Unidos, algunos de cuyos territorios se han vuelto peligrosas vías para el tráfico de personas, drogas y otras actividades criminales. El Barrio, que limita con el Upper East Side, ha tenido una afluencia de mexicanos y se ha visto afectado por un rápido proceso de gentrificación. El altar de Arroyo, anclado en la comunidad, conecta estas dos culturas y tradiciones y ofrece a los espectadores la oportunidad de rendirle colectivamente luto a Burgos y a las muchas latinas que no han logrado encontrar un camino seguro hacia el siglo XXI a través de la frontera entre México y Estados Unidos y más allá. Como ejemplo de identificación interlatinx, el altar de Arroyo crea comunidades de resistencia entre latinas que comparten luchas contra el sexismo, el racismo y las estructuras de explotación. Arroyo defiende la vida de las mujeres pobres de color que han sido borradas de la historia y subraya las historias de raza, colonialismo y capitalismo que se intersecan en las zonas fronterizas.

Para las artistas latinas, recordar a Julia de Burgos se ha convertido en una herramienta de autopreservación, recuperación de la historia, afirmación cultural y luto público. A través de su trabajo se valida el poder y la resiliencia de las comunidades vivas.[39] En un contexto político, estas artistas toman la historia, poesía y muerte de Burgos como sitios simbólicos desde los cuales reclamar los derechos estadounidenses de ciudadanía para todas las latinxs.

El Barrio, corredor cultural de East Harlem

La "explosión latina" de la década de los noventa coincidió con el centenario de la guerra hispano-estadounidense y con los cien años de dominación estadounidense en Puerto Rico. Cuando la fascinación por latinas muertas como Evita, Frida y Selena surgió a lo largo y ancho de la nación, Julia se convirtió en el ícono del Nueva York latinx.[40] A medida que los principales medios proclamaban a los latinxs como los "nuevos estadounidenses", reconociendo que constituían un mercado comercial significativo, los artistas puertorriqueños de East Harlem hacían arte denunciando el colonialismo, la supresión y el desplazamiento forzado.[41] Muchos consideraron la década de los noventa un momento simbólico. Los artistas buscaron la manera de desafiar la gentrificación, asegurar su lugar en El Barrio y construir comunidad. Se pintaron murales por todo el vecindario en apoyo a la independencia de Puerto Rico y afirmando la identidad puertorriqueña.[42] El Taller Boricua, dirigido por artistas —especialmente su director ejecutivo, Fernando Salicrup, y su cofundador y director artístico Marcos Dimas— fueron fundamentales para el establecimiento del Corredor Cultural de East Harlem, imaginando el Centro Cultural Latino Julia de Burgos (en el número 1680 de la avenida Lexington) como el centro del corredor. Recordar a Burgos de manera pública y colectiva reveló los miedos y ansiedades de la comunidad, al tiempo que permitió a sus miembros sopesar su progreso y luchar por un futuro mejor.

Antes del establecimiento del Taller Boricua, muchos artistas puertorriqueños pertenecían a la Coalición de Trabajadores de Arte, que durante la década de los sesenta protestó por la exclusión del arte negro y puertorriqueño de las galerías y museos del centro de la ciudad. Dimas, uno de los fundadores de Taller Boricua, recuerda haberse manifestado junto con la coalición frente al Museo de la Ciudad de Nueva York, presionando a sus autoridades a contratar una persona que sirviera de enlace comunitario para trabajar con los artistas locales. Si bien Dimas vivía en el Bronx, su involucramiento con la Coalición de Trabajadores de Arte y las nuevas iniciativas comunitarias en el Museo de la Ciudad de Nueva York lo llevaron a pasar cada vez más tiempo en East Harlem, donde pronto surgió un grupo de artistas decidido a enfocarse en crear sus propias instituciones culturales. Su actitud, según recuerda Dimas, era: "Dejemos de intentar abrir estas puertas. Creemos en su lugar nuestras propias organizaciones e instituciones culturales. Concentremos nuestros esfuerzos en el Centro Cultural Julia de Burgos".[43]

El Museo del Barrio fue uno de los primeros centros culturales comunitarios que la Coalición de Trabajadores de Arte ayudó a establecer en la comunidad. Raphael Montañez Ortiz, artista vanguardista, se convirtió en su director. Algunos de los primeros miembros de su consejo consultivo —Dimas, Adrian García, Armando Soto y Martín Fluvio— consideraron su propio trabajo como una forma de servicio público. En 1970, se organizaron formalmente bajo el nombre de Taller Boricua y obtuvieron su propio espacio de trabajo en la avenida Madison entre las calles E. 110 y 111. Las oficinas del Partido de los Young Lords se encontraba justo cruzando la calle, convirtiendo a la cuadra en lo que Dimas llamó una "cuadra revolucionaria".[44] Muchos miembros del Taller Boricua protestaron, junto con el Partido de los Young Lords, en busca de mejores condiciones de vivienda y trabajo y mayores oportunidades educativas para los puertorriqueños. A mediados de la década de los setenta, tras varios cambios de localización, el Taller se aseguró un espacio en el edificio Heckscher, en el número 1230 de la Quinta Avenida (ahora El Museo del Barrio).[45] Anthony Drexel Duke, fundador de la escuela Boys Harbor, se acercó al Taller para proponerle que compartieran un edificio con ellos y otros programas de arte y organizaciones comunitarias. A mediados de la década de los ochenta, el Taller Boricua se mudó temporalmente a un edificio cercano a la avenida Madison antes de adquirir su propio edificio en la esquina de la calle E. 106 y la avenida Lexington, que hoy en día se usa como espacio para albergar a artistas. Una vieja escuela en ruinas frente al edificio llamó pronto la atención de los miembros del Taller, que empezaron a explorar la posibilidad de utilizarla. Llevaba más de diez años abandonada y se había convertido en una monstruosidad. La ciudad entró en pláticas sobre convertirla en una clínica para atender a enfermos de VIH/sida o en un refugio para personas desamparadas, pero el Taller Boricua quería utilizarlo para reconstruir la comunidad. En marzo de 1998, tras más de una década de esfuerzos, se convirtió en el Centro Cultural Latino Julia de Burgos. Hoy en día, los vecinos que asisten a eventos recuerdan haber estudiado en aquel edificio cuando eran niños, en las décadas de los cincuenta y sesenta.[46] Estos vínculos históricos hacen del edificio un sitio de la memoria.

Salicrup y Dimas, las fuerzas impulsoras detrás de la creación del Julia, como llaman los vecinos al centro cultural, eligieron ponerle el nombre de la poeta por su prominencia y por haber vivido y muerto en la comunidad. En palabras de Salicrup: "Ella fue una inspiración para muchos de los artistas. Nos inspiraron sus creencias y su modo de escribir poesía. Por eso escogimos el nombre de Julia, considerando que fue parte de esta comunidad durante mucho tiempo".[47] Manifestaciones en las que se mostraban carteles con la imagen de Burgos se llevaron a cabo frente al edificio abandonado, buscando obtener apoyo para la iniciativa. La historia de Burgos sirvió como recordatorio de la necesidad de solidaridad y anclas positivas para la comunidad. Se convirtió en un receptáculo de los sueños, aspiraciones y ansiedades de la gente, mediando entre su pasado y su futuro.

El Julia no sólo es hoy el hogar del Taller Boricua, también ha servido como espacio de presentación para una variedad de grupos culturales, entre ellos Los Pleneros de la 21 y Míriam Colón y el Puerto Rican Traveling Theater. Como base cultural, ha traído danza, teatro, artes visuales, poesía y otros eventos al vecindario, consolidando la identidad del área. Salicrup cree que el Julia y el Corredor Cultural East Harlem han ayudado a preservar la historia de El Barrio: "Es nuestro pequeño rincón. Como Chinatown, como Little Italy, como la zona histórica de Harlem, existimos aquí, en esta área en particular". El Julia ofreció una manera para que "la gente reconociera nuestra cultura y nuestras habilidades culturales y para que nosotros pudiéramos finalmente concentrarnos en obtener vivienda digna y muchas otras cosas que necesitamos como comunidad".[48] Finalmente, como centro cultural, el Julia podría atraer restaurantes y otros negocios. La idea del Corredor Cultural East Harlem fue ganando notoriedad, y políticos locales se unieron a los esfuerzos. El 27 de octubre de 2006, el mosaico de Manny Vega en honor a Burgos fue inaugurado en la calle E. 106, cerca de la avenida Lexington, y el tramo de dicha calle que va de la Quinta a la Primera avenida adquirió el nombre de bulevar Julia de Burgos. El mosaico está en buena compañía: la comunidad lo ha rodeado de una gran cantidad de arte público, incluyendo el mural *The Spirit of East Harlem*, de Hank Prussing y Vega, y los mosaicos de la línea de metro que corre por la avenida Lexington, de Vega y Nitza Tufiño.

Nacido al sur del Bronx, Vega retoma elementos de varias tradiciones artísticas antiguas en su obra, junto con elementos del Nueva York contemporáneo, de Puerto Rico y de la iconografía afrobrasileña de la religión Candomblé. El trabajo de Vega, autodidacta, ha sido conocido durante mucho tiempo por preservar las tradiciones culturales y espirituales de la diáspora africana en América del Sur. Se encontró con su primer mosaico en el Bronx, una escena de peces tropicales que adornaba un edificio estilo art decó en el Grand Concourse al norte de la calle 165. En preparatoria, gravitó hacia las artes y pasó tiempo haciendo grabados y dibujos. En 1974, tras terminar el bachillerato, iba caminando por la calle E. 104, cerca de avenida Lexington, cuando vio a Hank Prussing trabajando en el mural *The Spirit of East Harlem*. Vega recuerda: "Vi varias veces a este tipo pintando la pared hasta que un día decidí gritarle: '¡Oye, blanquito! ¡Dame trabajo!' Y lo hizo. Me contrató. De él, y de esa experiencia, aprendí a apreciar el arte público, así empezó mi trayectoria como muralista". En 1998, Vega pasó tres meses restaurando *The Spirit of East Harlem* con una técnica parecida a la pintura al fresco.[49] El mural presenta, en gran escala, la

Figura 10. Bulevar Julia de Burgos. Foto de Francisco Molina Reyes II.

generosidad y dignidad de los miembros de la comunidad y se ha convertido en un espacio de diálogo, evocando los recuerdos y la tradición oral del vecindario. Es una fuente de amor, esperanza y orgullo.

A finales de la década de los setenta, Vega se unió al Taller Boricua. En su opinión, los miembros del colectivo constituyen la escuela de arte de East Harlem y "los historiadores lo entenderán con el tiempo". Entre las piezas que ha creado en la comunidad están el mosaico de la estación de metro de la calle E. 110, comisionado por la Autoridad de Tránsito de la Ciudad de Nueva York. Sus imágenes de baile y tambores expresan las creencias religiosas afrocaribeñas, convirtiendo a Vega en el primer artista en plasmar las deidades yoruba en mosaico. La obra de Vega contribuye a preservar las tradiciones culturales y espirituales de África, Brasil y el Caribe. También en la calle 110, ha creado una serie de cuatro páneles de mosaico inspirados en Diego Rivera, David Alfaro Siqueiros, Pablo Picasso y Thomas Hart Benton.[50]

Hope Community Inc. contactó inicialmente a Vega con la idea de crear un mural de Burgos. Él sentía que el vecindario necesitaba algo grandioso, significativo, impresionante: una fuente de orgullo que promoviera al mismo tiempo un sentido de comunidad. También sentía que Burgos merecía algo majestuoso:

> ¿Qué hacemos con Julia? ¿Qué hacemos con su espíritu? Quiero decir, tomando en cuenta su trágica vida y cómo fue descubierta en las calles y murió y luego fue enterrada en la fosa común; años después, la gente sigue pensando en hacer algo para ella, pero al final nunca se logra. Algunos días, cuando me encontraba trabajando sólo, mi alma veía a Julia caminando por ahí, asomándose, abriendo la puerta para decir, "Manny, gracias". Literalmente. Porque alguien estaba, de hecho, honrándola.[51]

Hope Community Inc. no contaba con los fondos necesarios para crear el mural de mosaico del tamaño de una pared entera como Vega tenía en mente, así que él se dio a la tarea de reunir el dinero, llamando a sus amigos del vecindario para que lo ayudaran y usando su reputación como artista para ganar visibilidad. Triunfó en menos de dos meses, con donaciones que incluyeron diez mil dólares de JPMorgan Chase, cinco mil del congresista de Harlem Charles Rangel y otros cinco mil de donaciones y contribuciones personales. Hope Community Inc. proporcionó el escaparate de una tienda para ser usado como estudio, y Vega diseñó, creó e instaló el mosaico *Remembering Julia* (Recordando a Julia) (2006; ver lámina 8).

Los miembros de la comunidad miraban cómo el mural avanzaba a través de la ventana del lugar, donde Vega trabajaba siete días a la semana en un estudio abierto a donde los paseantes podían entrar y ayudar a acomodar los mosaicos; otros recitaban poesía o llevaban flores y vino. Los viernes por la noche, con la música de fondo, Vega, sus ayudantes y cualquier persona que pasara por allí, se movían al son de compases brasileños, ritmos afrocubanos y timbales puertorriqueños. Según Vega, logró "crear un espacio artístico completamente nuevo. Una miniresistencia. Y la comunidad estaba encantada".[52] Vega seleccionó fragmentos de cinco poemas que sentía que representaban ciertos capítulos de la vida de Burgos y los colocó en la pared del estudio, invitando a la gente a comentarlos y a conversar sobre cuál resonaba con su propia experiencia. Más de la mitad de los que participaron escogieron un fragmento de "Mi alma", de *Poema en veinte surcos* (ver p. 38 de este libro). Si bien no es uno de los poemas mejor conocidos de Burgos, sus palabras resonaron en una comunidad familiarizada con el exilio, la inmigración y la diáspora.

La imagen de Burgos que Vega escogió para el mural proviene de una fotografía poco conocida que el artista interpretó a su modo: "A propósito la hice más mulata, porque así era ella, ¿sabes? Hermosa, alta, elegante". Le dio a la imagen un toque fuerte y penetrante, plasmándola como una mujer poderosa. La esquina superior derecha de la imagen incluye una figura de Atabey, la diosa taína de la fertilidad, como un recordatorio del poder creativo de las mujeres. El pitirre (un colibrí que protege agresivamente su territorio de los intrusos, incluyendo aves más grandes y mamíferos) a la izquierda de Burgos es el símbolo del movimiento de independencia de Puerto Rico, y el jardín que está en la base de la imagen sugiere el amor de la poeta por la naturaleza y todo aquello que ha florecido y crecido a partir de su memoria. El edificio a la izquierda alude a la ciudad de Nueva York. Un caracol escondido en la imagen es un recordatorio personal de Vega sobre el trabajo metódico y meticuloso que implica crear un mosaico.

Vega involucró a los habitantes de la zona en la colocación de los mosaicos, dice, "para que años después, cuando la gente pase caminando junto al mural con sus amigos, hijos y vecinos, pueda decir, 'Mira, estos son los mosaicos que yo coloqué'... Muchos podrán decirlo, y ése es el motivo por el que ésta es la pieza más exitosa de arte público que he hecho. No la más grande, pero sí la

más exitosa".[53] Ciertamente, el mural ha sido un gran éxito. La gente coloca
flores y velas en la calle frente a él o se detiene a tomar fotografías. Más que
un mural, Vega ha creado un espacio de performance y de actividades para la
comunidad. Cada 17 de febrero, en el cumpleaños de Burgos, un grupo de
personas se reúne ahí a leer y recitar poesía, y los paseantes se detienen para
conocer a la mujer cuyo rostro está plasmado en la cultura de El Barrio. Entre
los participantes prominentes de esta conmemoración están Vega, la escritora
y artista puertorriqueña Nicolasa Mohr, Melissa Mark Viverito, miembro del
ayuntamiento, y numerosos poetas como Sery Colón y Mariposa.

En 2011 se inauguró *Soldaderas*, el mural de Yasmín Hernández, en el que
aparecen tanto Julia como Frida (ver lámina 9). Con el apoyo de Art for Change,
Hope Community Inc. y El Barrio Arts Cluster, la idea de Hernández se hizo
realidad. Localizado en el jardín comunitario Modesto Flores, en la avenida
Lexington entre las calles 104 y 105, el mural es un lugar de la memoria que
rinde tributo a las historias compartidas de mexicanos y puertorriqueños que
viven en East Harlem. La composición está inspirada en *Las dos Fridas*, la
pintura de Kahlo (1939) en la que aparecen dos imágenes suyas sentadas una

Figura 11. La Bruja
(Caridad De La
Luz) frente al mural
*Remembering Julia
/ Recordando a Julia*
durante la procesión
para la revelación del
mural *Soldaderas*, el 6 de
julio de 2011. Foto de la
autora.

junto a la otra, tomadas de la mano. En el mural, Frida y Julia se toman de las manos frente a las banderas de México y Puerto Rico. El mural fue inaugurado el 6 de julio, en el aniversario del nacimiento Kahlo y de la muerte de Burgos, incorporando a la conversación a otros grupos latinxs y explorando momentos de convergencia y divergencia en la formación de las subjetividades latinxs, feministas y (post)coloniales.

La ceremonia de inauguración fue un evento hermoso que se llevó a cabo en una tarde calurosa y que duró hasta el anochecer. Los pleneros, tocando los tambores y variaciones de música popular afropuertorriqueña, pusieron a bailar al creciente público mientras un vendedor ofrecía tamales hechos en casa.[54] El evento arrancó con una bendición del grupo de danza azteca Kalpulli Huehuetlahtolli, que interpretó una danza tradicional frente al mural. La ocasión creó un espacio para rituales tradicionales que se han vuelto poco comunes en el mundo moderno. El baile fue una manera en que la comunidad pudo "recuperar posesión de sí misma en el espíritu de sus ancestros, poseer sus recuerdos y sus comunidades". Bailaron para resistir su "reducción al estatus de mercancía" y para restaurar "una herencia que algunas personas preferirían ver quemarse viva".[55] Poetas e invitados avanzaron en una procesión a la luz de las velas desde el jardín Modesto Flores, pasando por el Centro Cultural Latino Julia de Burgos y el mural *Remembering Julia*, hasta el punto de la Quinta avenida donde Burgos colapsó. Ahí se sostuvo una vigilia que permitió a la comunidad estar en duelo por su pasado y afirmar su renovación.

Nora señala que los sitios de la memoria pueden ser dominantes o dominados. Los dominantes son espectaculares y generalmente son impuestos por alguna autoridad nacional o interés establecido, "cuentan con la frialdad y la solemnidad de las ceremonias oficiales". En contraste, los dominados son "lugares de refugio, santuarios de devoción espontánea y peregrinaje silencioso donde se encuentra el corazón vivo de la memoria".[56] Podemos pensar en la estampilla postal de Julia lanzada en 2010 como este tipo de gesto espectacular y dominante, mientras que el centro cultural, los murales, los jardines comunitarios, el baile y las calles de El Barrio son lugares de la memoria habitados en los que la gente encuentra refugio, vive y construye nuevos recuerdos. Los recuerdos locales se convierten en espacios para escribir historias que la narrativa oficial ignora. Las prácticas de la vida cotidiana definen y promueven alternativas a esta visión. Las historias sociales de personas marginales y olvidadas dependen del regreso de estos contrarecuerdos. Sesenta años después del día en que Julia de Burgos fue hallada inconsciente en una esquina de El Barrio, la poeta forma parte del paisaje urbano y la mitología cultural del vecindario.

CONCLUSIÓN
Crear latinidad

En el verano de 2004, viajé desde California, donde vivía en ese momento, a la ciudad de Nueva York para comenzar una investigación sobre lo que luego se convertiría en este libro. Antes de mi viaje, había estado conectada virtualmente con Jack Agüeros (1934–2014), un activista de la comunidad puertorriqueña de Nueva York, poeta, escritor y traductor y ex director de El Museo del Barrio. Agüeros había sido autor de cuatro colecciones de poesía, pero mi verdadero interés en conocerlo durante mi viaje de investigación de verano se debió a sus traducciones de la poesía de Burgos que publicó en *Canción de la verdad sencilla: los poemas completos de Julia de Burgos*, la única edición bilingüe de sus obras completas.[1] Acordamos reunirnos para hablar de esta antología, de la traducción y de su fascinación por Burgos en su barrio Chelsea en la cafetería Taza de Oro. Charlamos durante aproximadamente una hora, y antes de que tuviera la oportunidad de hacerle alguna de las preguntas que había preparado cuidadosamente, de repente puso fin a la conversación preguntándome a qué hora regresaría por la mañana. Había planeado pasar el resto de mi viaje de investigación en Nueva York en la biblioteca y los archivos del Centro de Estudios Puertorriqueños.[2] No había planeado dedicarle más tiempo.

En una gran muestra de generosidad, Agüeros puso a mi disposición cajas de papeles, cartas, artículos de periódicos y volantes para los eventos de Burgos que había recopilado a lo largo de los años.[3] Él abrió un espacio para que yo trabajara en su sala mientras él trabajaba en su oficina. Todas las mañanas recogía dos cortaditos en el café de la esquina, uno para él y otro para mí, antes de subir a su apartamento. Durante las pausas del trabajo charlábamos sobre los materiales que había estado leyendo, o las cartas de Burgos que estaba en proceso de traducir y preparándose para publicar, o el expediente del FBI sobre Burgos que le había costado años obtener. Fue un regalo inesperado; compartió décadas de su trabajo conmigo. Antes de regresar a casa, hice copias de las cartas, el archivo del FBI y otros documentos relevantes para llevarme a California. Varios años

más tarde, cuando me mudé a la ciudad de Nueva York para comenzar a enseñar
en la City University of New York, supe que a Agüeros le habían diagnosticado
la enfermedad de Alzheimer poco antes de conocerlo ese verano. Su decisión
de entregar toda una vida de trabajo a una extraña ahora tenía más sentido para
mí. En 2009, cuando asistí a un evento para recaudar dinero para sus gastos
médicos, me volví a presentar a él y le agradecí su generosidad intelectual ese
verano. No me reconoció ni recordó cómo había facilitado el desarrollo de este
libro, pero me agradeció por recordarlo. Las huellas de Burgos que Agüeros
había recopilado y organizado meticulosamente hicieron más profundo mi interés por el mito, el simbolismo, la identificación y el ícono de Burgos para los
puertorriqueños residentes en Nueva York que luego se convertiría en el foco
de este libro. La fascinación de Agüeros por el ícono a su vez despertó en mí
una curiosidad por comprender la producción de vidas posteriores, de otras
vidas de la poeta que circulan entre los escritores y artistas nuyorican.

El epígrafe de este libro, "La voz de una época está en las palabras de sus
poetas", está tomado de *Panoramas* de Víctor Hernández Cruz, que exploran
las dislocaciones lingüísticas y culturales de los escritores y su obra. Hernández
Cruz argumenta que, si bien los libros de historia narran una serie de eventos,
las palabras de los poetas capturan la experiencia de la vida a través de un evento
personal y público. Señala también que los poetas latinoamericanos que son
poco convencionales y se sienten aislados y fuera de lugar en sus países de origen
consideran emigrar, quizá primero del campo hacia los centros urbanos y luego
a un centro metropolitano en otro país. Como ejemplos propone a José Martí,
Rubén Darío y César Vallejo, y escribe que los recorridos de los poetas latinoamericanos tienen continuidad en los de poetas latinxs. Los lectores, asegura,
notarán que el "viaje de sus familias es análogo al movimiento de los poetas y
sus poemas", y considera que "la historia está depositada en un poeta".[4] Podría
ser más atinado decir que la historia está depositada en todas las vidas, pero los
poetas, escritores y artistas visuales expresan su experiencia de una manera que
permite a los lectores reflejarse en ella, ya que cuentan con el don de vincular
su pasión privada a su visión social y de entender históricamente la cronología
de sus vidas privadas.

Uno de los propósitos de este libro ha sido leer la vida, poesía, prosa y muerte
de Julia de Burgos desde una perspectiva académica, contribuyendo a la complejidad y contradicciones de la persona que fue y de cómo es recordada. Con
su maestría con las palabras, las imágenes y las metáforas, Burgos dio expresión
a los momentos políticos más significativos de su época y los vinculó con su vida.
Desafió la deshumanización provocada por la modernidad a principios del siglo
XX, enfocándose en la autenticidad y el culto a la personalidad. De este modo,
permitió que otros se identificaran con su trabajo y se construyeran a sí mismos
a través del proceso de identificación y diferenciación.

Los artistas recuerdan, reinventan y reimaginan a Burgos en su obra para reclamarla como parte de una historia puertorriqueña de resistencia que con frecuencia ha sido reprimida para servir intereses coloniales. El poeta nuyorican Martín Espada reflexiona sobre este tema en "The Lover of a Subversive Is Also a Subversive (La amante de un subversivo es también una subversiva)", un ensayo que enfatiza el legado de resistencia al colonialismo tanto español como estadounidense en la isla: "La memoria colectiva de dichos eventos, reprimida en el interés del poder colonial, debe ser perpetuada a fuerza de la palabra, de la canción y de la poesía", dado que la discusión directa sobre estos eventos se suprime rápidamente.[5] Escritores, artistas, poetas y músicos deben cargar el legado omitido de los recuentos oficiales. Durante la primera mitad del siglo XX, incluso el género totalizante de la novela a menudo fue utilizado para narrar la historia oficial de la isla. Escribe Espada: "Los poetas de Puerto Rico a menudo han articulado la visión de independencia, creando una alternativa a la historia oficial que los ocupantes propagan por todos lados"; los poetas también han "enseñado a la siguiente generación el arte de la resistencia, de modo que hasta los poetas que viven en Estados Unidos y escriben en inglés siguen clamando por la independencia de la isla",[6] contribuyendo a crear un puente entre los puertorriqueños en la isla y la comunidad puertorriqueña en Estados Unidos. En *Resistance Literature* (*Literatura de la resistencia*), Barbara Harlow argumenta que hay dos tipos de escritura, la de la opresión y la de la lucha por la liberación. La literatura de la resistencia busca transformar las relaciones de poder desde el entendimiento de que la resistencia cultural es tan valiosa como la armada, una "actividad política y politizada" que "inmediata y directamente se ve involucrada en la lucha contra formas dominantes o ascendentes de producción cultural".[7] Burgos expresa resistencia en su alianza con los miembros más vulnerables y marginados de la sociedad, permitiendo que todos, no sólo artistas e intelectuales, se identifiquen con ella.

El poema que mejor captura el poder del legado de Espada es "Face on the Envelope (El rostro en el sobre)" incluido en el libro *A Republic of Poetry* (La república de la poesía).[8] El libro, dedicado a Rubén Darío, trata sobre el poder de la poesía: los poemas contenidos en él están dedicados a Pablo Neruda, Robert Creeley y Julia de Burgos. Espada cree que la poesía es práctica porque humaniza y contribuye a restaurar un sentido de dignidad entre los miembros más despojados e invisibles de la sociedad. En palabras del poeta, "La poesía les ayuda a conservar su dignidad y su sentido de respeto por sí mismos. Los prepara para defenderse en el mundo".[9] Dedicado a Burgos, "Face on the Envelope (Rostro en el sobre)" cuenta la historia de un hombre puertorriqueño que es encarcelado en Hartford, Connecticut. Leer la poesía de Burgos lo lleva a dibujar una imagen de ella en un sobre y se lo envía a Espada, que previamente ha visitado la prisión para leer sus poemas.[10]

Espada sugiere que aquellos que han sido más despojados son los que pueden devolverle dignidad al nombre de Burgos, ya que ella escribió para ellos.
El poema empieza con las habladurías que han rodeado la vida y el recuerdo
de Burgos:

> Julia was tall, so tall, the whispers said,
> the undertakers amputated her legs at the knee
> to squeeze her body into the city coffin
> for burial at Potter's Field.
>
> Dying on the street in East Harlem:
> She had no discharge papers
> from Goldwater Memorial Hospital,
> no letters from Puerto Rico, no poems.
> Without her name, three words
> like three pennies stolen from her purse
> while she slept off the last bottle of rum,
> Julia's coffin sailed to a harbor
> where the dead stand in the rain
> patient as forgotten umbrellas.
>
> All her poems flowed river-blue, river-brown, river-red.
> Her Río Grande de Loíza was a fallen blue piece of sky;
> her river was bloody stripe whenever the torrent
> burst and the hills would vomit mud.
>
> A monument rose at the cemetery in her hometown.
> There were parks and schools. She was memorized.
> Yet only the nameless, names plucked as their faces
> turned away in labor or sleep, could return Julia's name to her
> with the grace of a beggar offering back a stranger's wallet.
>
> Years later, a nameless man from Puerto Rico,
> jailed in a city called Hartford, would read her poem
> about the great river of Loíza till the river gushed
> through the faucet in his cell and sprayed his neck.
> Slowly, every night, as fluorescent light grew weary
> and threatened to quit, he would paint Julia's face
> on an envelope: her hair of black, her lips red,
> her eyelids so delicate they almost trembled. Finally,
> meticulous as a thief, he inscribed the words: *Julia de Burgos*.
>
> He could never keep such a treasure under his pillow,
> so he slipped a letter into the envelope

and mailed it all away, flying through the dark
to find my astonished hands. [11]

(Julia era alta, tan alta, decían los murmullos,
que los sepultureros le amputaron las piernas por la rodilla
con tal de meter su cuerpo en el ataúd citadino
del entierro en Potter's Field.

Muriendo en una calle de East Harlem:
sin sus papeles de haber sido dada de alta
del hospital Goldwater Memorial,
sin cartas de Puerto Rico, sin poemas.
Sin su nombre, sólo tres palabras
como tres centavos robados de su cartera
mientras se dormía la última botella de ron;
el ataúd de Julia navegó a un puerto
donde los muertos se quedan de pie bajo la lluvia
pacientes como paraguas olvidados.

Todos sus poemas fluían azul de río, café de río, rojo de río.
Su Río Grande de Loíza era un pedazo azul de cielo caído;
su río era una franja ensangrentada siempre que el torrente
estallaba y los montes vomitaban lodo.

Un monumento se levantó en el cementerio de su pueblo.
Hubo parques y escuelas. Se le recordó.
Pero sólo los desconocidos, los nombres arrancados mientras sus rostros
se apartaban de trabajo o de sueño, podían devolverle su nombre a Julia
con la gracia de un vagabundo regresando la billetera de un extraño.

Años más tarde un desconocido de Puerto Rico,
encarcelado en una ciudad llamada Hartford, leía su poema
acerca del gran río de Loíza hasta que el río se desbordó
por la llave de la cañería en su celda y roció su cuello.
Lentamente, cada noche, mientras la luz fluorescente se cansaba
y amenazaba con irse, él pintaba el rostro de Julia
en un sobre: su pelo en ondas negras, sus labios rojos,
sus cejas tan delicadas que casi temblaban. Finalmente,
meticuloso como un ladrón, inscribió las palabras: *Julia de Burgos*.

Nunca habría podido guardar tal tesoro bajo la almohada
así que deslizó una carta en el sobre
y lo envió lejos, volando por lo oscuro
a encontrar mis sorprendidas manos.)

Espada ha descrito la poesía como una herramienta política porque permite al poeta hablar "en nombre de aquellos que no tienen la oportunidad de ser escuchados. No es que no tengan voz propia. Simplemente, no pueden usarla".[12] Este poema enfatiza la manera en que Burgos habló en nombre de aquellos que no eran escuchados y que son quienes ahora luchan en su nombre y continúan su tradición.[13] Al enviar el dibujo de Burgos a Espada, el prisionero no sólo promueve su legado desde su celda en Hartford, sino que también hace un gesto hacia la rehabilitación en un esfuerzo por comunicarse con la sociedad fuera de las paredes de la prisión.

Estados Unidos está empezando a reconocer el legado cultural de los latinos, la minoría más numerosa y de más rápido crecimiento del país, al tiempo que inventa nuevas formas de criminalizar a los inmigrantes de piel morena. Este libro subraya el papel que la producción estética ha jugado al definir la pertenencia política y social en la obra de una migrante latina de principios del siglo XX. En tiempos en que los medios principales siguen racializando a los latinxs hacia la blanquitud y vaciando el concepto de *latinidad* de sus posibilidades políticas, muchos poetas, escritores, activistas, músicos, artistas y dramaturgos hacen un llamamiento a la memoria y el legado de Julia de Burgos para afirmar la resiliencia de las comunidades, reforzar su sentido de pertenencia e imaginar nuevas posibilidades.

En un momento en el que las formas políticas actuales parecen agotadas, artistas, escritores y académicos se dirigen a Burgos. Como se mencionó anteriormente, existen algunos paralelismos que pueden establecerse entre los dos momentos históricos, como la crisis económica y la crisis migratoria, por ejemplo. Sin embargo, Burgos vivió un momento en el que creía que había opciones, que había que elegir. En muchos sentidos, Burgos fue una mujer adelantada a su tiempo, pero en otros aspectos fue una mujer de su tiempo. Creía en la revolución, en la autodeterminación, en la independencia. El turno de Burgos en este momento actual no es necesariamente abogar por la independencia de Puerto Rico. Con cada año que pasa, el movimiento de estadidad crece en Puerto Rico. La devoción por la huella de Burgos, por recuperar su imagen, no gira en torno a una inversión en la soberanía de Puerto Rico. La dedicación por reconstruir el archivo de Burgos, el compromiso por restaurar su imagen y preservar su impronta para que no desapareciera —para que ella no desapareciera— habla de la importancia que se confería al recuerdo de Julia de Burgos y el significado de su legado para la memoria colectiva de los puertorriqueños en la diáspora plasmada en su ícono. El giro hacia este ícono es una llamada a la imaginación radical de Burgos, a sus visiones de libertad que podían soñar con un mundo más justo, más humano y más libre.

NOTAS

Introducción

1. Ver *La prensa*, 2, 7 de agosto de 1953; *El mundo*, 4 de agosto de 1953.

2. Ver Gelpí, "Nomadic Subject"; López Jiménez, "Julia de Burgos: los textos comunicantes".

3. Ver Gelpí, "Nomadic Subject"; Gelpí, *Literatura y paternalismo*; Beauchamp, "Literatura de la crisis".

4. Ver Gelpí, *Literatura y paternalismo*.

5. Para un análisis del tema de la caminata en Burgos, ver López Jiménez, "Julia de Burgos: los textos comunicantes"; Montero, *Rutas de Julia de Burgos*. Ver también Montero, "Prosa neoyorquina".

6. Ver Findlay, *Imposing Decency*. Findlay señala que, a principios del siglo XX, las mujeres de clase media y alta se incorporaban a la vida pública intentando regular y controlar las prácticas de cohabitación de las mujeres de clase trabajadora, a menudo de ascendencia africana, a través del más estable arreglo social de matrimonio. De esta forma, las mujeres más ricas servían como base de las estructuras patriarcales de la isla.

7. Gelpí, "Nomadic Subject".

8. Deleuze y Guattari, *Thousand Plateaus*, 382, 380.

9. Braidotti, *Nomadic Subjects*, 58.

10. Ibíd., 27.

11. Said, *Representations*, 43.

12. Rodríguez Pagán, Julia, xx–xxi. A menos que se indique lo contrario, todas las traducciones son de la autora.

13. Ibíd., xxi.

14. González, José Emilio, "Julia de Burgos: Intensa siempreviva", 24.

15. No es difícil establecer paralelismos entre Burgos y su contemporánea Frida Kahlo, pintora mexicana que también se convirtió en una figura de culto en la década de los noventa. Kahlo contribuyó a su propio mito al cambiar su fecha de nacimiento de 1907 a 1910 para hacerla coincidir con el inicio de la Revolución Mexicana.

16. Sobre las diferentes etapas de la literatura puertorriqueña en Estados Unidos, ver Flores, *Divided Borders*, 142–53. Sobre la historia de la migración, ver Sánchez Korrol, *From Colonia to Community*; Lorrin Thomas, *Puerto Rican Citizen*.

17. Flores señala que estas canciones populares eran centrales en la vida cultural de la comunidad puertorriqueña en Nueva York y deben ser reconocidas como "parte integral de la producción 'literaria' de la gente" (*Divided Borders*, 147).

18. Ibíd., 169.

19. Para más sobre *La carreta*, ver ibíd., 168–69.

20. Sandra María Esteves, entrevista con la autora, 19 de diciembre de 2010.

21. Varios investigadores han mencionado que la poesía final de Burgos, en inglés, presagia a la poesía de la diáspora puertorriqueña escrita en Nueva York. Ver Márquez, *Puerto Rican Poetry*, 218–19; Luis, *Dance Between Two Cultures*; Barradas, Rodríguez y Marín, *Herejes y mitificadores*; Gelpí, "Nomadic Subject".

22. Ver Flores, *Divided Borders*; Gelpí, *Literatura y paternalismo*.

23. Said, *Representations*, 64.

24. Ibíd., 63.

25. Roach, *Cities of the Dead*, 4.

26. Ibíd., 39.

27. Para una genealogía parcial de los usos de *latinidad*, ver Aparicio, "Jennifer", 91–92.

28. Rodríguez Pagán, *Julia*, 93–96; Falú, "Raza, género, y clase social"; Rodríguez-Castro, "Silencio", 26. Sobre la educación, las boletas de calificaciones y la graduación de Julia de Burgos, ver Rodríguez Pagán, *Julia*, 35–79; sobre su trabajo en la Emergency Relief Administration, ver 85–159; para más poemas de juventud, incluyendo algunos fragmentos, ver 87–155. Ver también Matos Rodríguez y Delgado, *Puerto Rican Women's History*. Desde su primer matrimonio hasta 1938, a Burgos se le conoció como Julia Burgos de Rodríguez. En ese punto, en vez de regresar a su nombre de soltera, Julia Constanza Burgos García, decidió cambiarlo por Julia de Burgos. Sin embargo, por simplicidad, me refiero a ella como Julia de Burgos desde el principio. El estatus canónico de "Río Grande de Loíza" en la isla es resultado, en parte, de los grabados que José R. Alicea ejecutó para ilustrar el poema como parte de una campaña de alfabetización.

29. Ver Roy-Féquière, *Women, Creole Identity, and Intellectual Life*, 57–58.

30. Ver cartas de Julia de Burgos a Consuelo Burgos, 12 de febrero de 1940 (desde Nueva York) y 9 de septiembre de 1940 (desde La Habana). Jack Agüeros amablemente me proporcionó copias de varias cartas de Burgos en su posesión.

31. Recibió, sin embargo, un doctorado honoris causa del Departamento de Español de la Universidad de Puerto Rico en 1986.

32. Varias fuentes sostienen que Burgos también escribió ensayos mientras estaba en La Habana, pero esos escritos no se han localizado.

33. Los ensayos educacionales no han sido traducidos al inglés pero fueron publicados en Burgos, *Desde la Escuela del Aire*. Del mismo modo, el ensayo de 1936 y el diario no han sido traducidos al inglés pero aparecen publicados cabalmente en Rodríguez Pagán, *Julia*, 131–34, 411–24. Mucha de la prosa de Burgos aparece en *Julia de Burgos:*

periodista en Nueva York, pero ha tenido una distribución limitada y no ha sido traducida al inglés.

34. A falta de certificados de matrimonio y divorcio, no está claro si Burgos seguía casada cuando empezó su relación con Jimenes Grullón. De acuerdo con él, ella estaba separada de Rodríguez Beauchamp antes del inicio de la relación. Jimenes Grullón estaba casado cuando conoció a Burgos. Ver Vicioso, "Rival to the Río Grande de Loíza", 685. Jiménez de Báez, "Julia de Burgos", 22, señala que estaban casados en 1934 con un signo de interrogación y que para 1937 se habían divorciado. Rodríguez Pagán, "Cronología", 163, dice que se casaron en 1934 y se divorciaron en 1937.

35. Ver Findlay, *Imposing Decency*, 10.

36. Vicioso, "Rival to the Río Grande de Loíza", 685.

37. Ver carta publicada en Jiménez de Báez, *Julia*, 45.

38. Rodríguez Pagán, *Julia*, 343–45.

39. Julia de Burgos, expediente del FBI, proporcionado a la autora por Jack Agüeros.

40. Julia de Burgos, "Diario", en Rodríguez Pagán, *Julia*, 418. Burgos describe sus síntomas como congestión del tracto respiratorio superior, moco excesivo, tos con sangre y sangrado nasal. Ella los atribuyó a una caída en la que se golpeó la nariz, pero su descripción es consistente con una forma de neumonía que afecta a los alcohólicos crónicos (ibíd., 411–24).

41. Ibíd., 414.

42. Ibíd.

43. Ibíd., 415.

44. Sandra María Esteves, entrevista con la autora, 19 de diciembre de 2010; Jack Agüeros, entrevista con la autora, 18 de julio de 2004. Esteves también recuerda haber escuchado que sedaron y sometieron a Julia a tratamientos experimentales en el hospital. Rodríguez Pagán, *Julia*, 387, dice que fue parte de un tratamiento experimental a cambio de comida y una cama de hospital.

45. Sobre el segundo matrimonio de Burgos, su enfermedad y sus últimos años en Nueva York, ver Rodríguez Pagán, *Julia*, 368–403; sobre el significado simbólico de su muerte, ver 343–45. Escuché estas historias varias veces mientras entrevistaba a escritores y artistas en Nueva York, aunque las fuentes de la información son poco claras. En la introducción a su edición de la poesía de Burgos, *Song of the Simple Truth*, xxxv, Jack Agüeros reporta que su padre le dijo que tuvieron que amputarle las piernas a Burgos para que cupiera en un ataúd proporcionado por la ciudad. Espada, *Republic*, 34, empieza un poema dedicado a Burgos con esta imagen. Sobre la criminalización de la comunidad puertorriqueña a principios del siglo XX, ver Vega, *Memoirs*; Lorrin Thomas, *Puerto Rican Citizen*, capítulos 1–4.

1. Escribiendo la nación

1. Braidotti, *Nomadic Subjects*, 26.

2. Ver Díaz-Quiñones, "Recordando", 16–35; Beauchamp, "Literatura de la crisis", 294–369; Gelpí, *Literatura y paternalismo*, 1–16.

3. Ver Roy-Féquière, *Women, Creole Identity, and Intellectual Life*; Gelpí, *Literatura y paternalismo*; Beauchamp, "Literatura de la crisis".

4. Ver Unruh, *Latin American Vanguards*, 1–29; Rodríguez Castro, "Silencio y estridencias".

5. Ver Unruh, *Latin American Vanguards*, 19; Hernández Aquino, *Nuestra aventura literaria*, 15.

6. Unruh, *Latin American Vanguards*, 7.

7. Ibíd., 18–19; Rodríguez Castro, "Silencio y estridencias", 17–40.

8. López Jiménez, "Julia de Burgos: el talante vanguardista", 132–34; Diego Padró, "Luis Palés Matos", 22–23.

9. Wheeler, *Voicing American Poetry*, 18.

10. Ibíd., 40.

11. Ibíd., 40–48.

12. Ver Roberto Ramos-Perea, introducción a Burgos, *Desde la Escuela del Aire*, 1–2.

13. Ibíd., 4. Ramos-Perea también señala que lo más probable es que el contrato de Burgos no haya sido renovado como resultado de su intensa actividad política. Sin embargo, los registros que contienen esta información son confidenciales (4–5).

14. Rodríguez Pagán, *Julia*, 136–37.

15. Braidotti, *Nomadic Subjects*, 58.

16. También otros poetas de esta generación promovieron una visión progresista de la identidad puertorriqueña, entre ellos Juan Antonio Corretjer y Clemente Soto Vélez. Ambos pasaron largos periodos en el extranjero, al igual que Burgos.

17. González, José Emilio, "La Poesía de Julia de Burgos: estudio preliminar", en Burgos, *Julia de Burgos: obra poética*, xxxvii. En su introducción a su obra reunida, González señala que, en este poema, "Las palabras dicen justamente lo que Julia siente y piensa. El río es el símbolo del hombre ideal. No es ya solamente el Tú de algo que se contempla o se posee. No es sólo un espectáculo de gran belleza, manantial incansable de vivencias estéticas. Es algo más. Se aúpa a una concepción moral. Es figura de la inocencia del espíritu. La palabra 'pureza' que en el primer verso es tan pura y tan Hermosa, desempeña una función artística de acendramiento esencial de lo bello, pero señala también una intuición ética, normativa. Río humano. Hombre fluminal. Virilmente tierno. Que merece el homenaje de la más decantada femineidad. Ante él se inclina Julia por haber logrado la posesión de su espíritu" (405). González lo considera un poema de amor y un excelente ejemplo de la "erotización de lo natural" (405) de Burgos, un estilo al que vuelve en su segundo libro de poesía, *Canción de la verdad sencilla*. Según González, "Uno de los fundamentos de esta erotización es la creencia en la vida como la energía universal engendradora de seres y de formas" (414).

18. Sobre los escritores treintistas y su uso de géneros totalizadores como reacción a la herida del colonialismo, ver Gelpí, *Literatura y paternalismo*.

19. Unruh, *Latin American Vanguards*, 216.

20. Burgos, *Poema*, 13. A menos que se indique lo contrario, todos los poemas en español de este capítulo aparecen en Burgos, *Poema*; citas subsecuentes aparecen en el texto. Burgos, "Río Grande de Loíza", 667.

21. Ibíd., 668.

22. Zaragoza, *St. James in the Streets*, 5–20.

23. Burgos, "Río Grande de Loíza", 667–68.

24. Gelpí, *Literatura y paternalismo*; Gelpí, "Nomadic subject"; José Luis González, *El país*, 9–44; Beauchamp, "Literatura de la crisis".

25. Gelpí, "Nomadic subject", 38.

26. Ver Gelpí, *Literatura y paternalismo*, 1–16; Kleinig, *Paternalism*, 7; Sommer, *One Master for Another*, 1–49.

27. Braidotti, *Nomadic Subjects*, 42.

28. Dietz, *Economic History*, 139.

29. Ayala y Bernabé, *Puerto Rico*, 95–97.

30. Ibíd.

31. Puerto Rico, Emergency Relief Administration, *Tariff Problems*.

32. Ver Roy-Féquière, *Women, Creole Identity, and Intellectual Life*; Findlay, *Imposing Decency*.

33. López Jiménez, "Julia de Burgos: El talante vanguardista", 133.

34. Burgos, *Song of the Simple Truth*, 404.

35. Ibíd.

36. Ibíd., 406.

37. Si bien este estudio se enfoca en Burgos, otros poetas de la Generación del 30 apoyaron la causa obrera. Juan Antonio Corretjer, por ejemplo, mantuvo ese compromiso durante toda su vida. Ver capítulo 3.

38. Gelpí, "Nomadic Subject", 45. Sobre el movimiento obrero de mujeres en Puerto Rico, ver Valle Ferrer, *Luisa Capetillo*. También ver Capetillo, *Amor y anarquía*; Capetillo, *Nation of Women*.

39. Ver Findlay, *Imposing Decency*; Roy-Féquière, *Women, Creole Identity, and Intellectual Life*.

40. Findlay, *Imposing Decency*, 179.

41. Ibíd., 191.

42. Licia Fiol-Matta, *Queer Mother*.

43. Roy-Féquière, *Women, Creole Identity, and Intellectual Life*, 54, 52.

44. Albizu Campos, *Pedro Albizu Campos*, 91–93.

45. Roy-Féquière, *Women, Creole Identity, and Intellectual Life*, 57.

46. Sobre José Martí como figura temprana de los los estudios culturales americanos y cultura latina en Estados Unidos, ver Belnap y Fernández, *José Martí's "Our America"*.

47. "Canción a los pueblos hispanos de América" e "Himno de sangre a Trujillo" se publicaron por primera vez en *Pueblos Hispanos* en 1944. "Ibero-América resurge ante Bolívar", "Saludo en ti a la nueva mujer americana" y "Canto a la ciudad primada de América" están incluidos en Burgos, *Song of the Simple Truth*, 422–27, 410–11, 496–99.

48. Minuta de la reunión del Frente Unido Femenino, 15 de agosto de 1936, San Juan, en Rodríguez Pagán, *Julia*, 125.

49. Ibíd., 125–26.

50. Sin embargo, dos años más tarde, "Ay, ay, ay de la grifa negra", de Burgos, reconoció la herencia africana de Puerto Rico y el legado de la esclavitud como componentes culturales fundamentales.

51. Julia de Burgos, "La mujer ante el dolor de la patria", en Rodríguez Pagán, *Julia*, 131–34.

52. Ver Moreno, *Family Matters*, 133–35; Pérez y González, *Puerto Ricans*, 19.

53. Burgos, "Mujer ante el dolor".

54. Roy-Féquière, *Women, Creole Identity, and Intellectual Life*, 68.

55. Para un debate posterior, ver ibíd., capítulos 1–3.

56. En su momento, el libro generó mucho debate sobre la presencia africana en la isla. Ver Blanco, "Refutación y glosa"; Arce, "Poemas negros", originalmente publicado en *El Mundo* en 1934. Ver también Graciany Miranda Archilla, "La broma de una poesía prieta en Puerto Rico", *Alma Latina*, febrero de 1933.

57. Márquez, *Puerto Rican Poetry*, 223–24.

58. Unruh, *Latin American Vanguards*, 130; en general, ver 125–69.

59. Vázquez Arce, "Tuntún de Pasa y Grifería", 87.

60. La plena es una forma musical afropuertorriqueña que se desarrolló en la isla y que a menudo se ve como un símbolo de la auténtica cultura puertorriqueña.

61. Ver Roy-Féquière, *Women, Creole Identity, and Intellectual Life*, especialmente los capítulos 4, 5 y 7.

62. Márquez, *Puerto Rican Poetry*, 223–24.

63. Ver Coulthard, *Race and Colour*; Roy-Féquière, *Women, Creole Identity, and Intellectual Life*.

64. Márquez, *Puerto Rican Poetry*, 224.

65. En *Imposing Decency*, capítulos 5 y 6, Findlay señala la manera en que las normas y prácticas sexuales racializadas fueron centrales para la construcción del orden político y social en Puerto Rico a principios del siglo XX.

66. Unruh, *Latin American Vanguards*, 131.

67. Márquez, *Puerto Rican Poetry*, 222–23.

68. Ibíd.

69. Ver Wheeler, *Voicing American Poetry*, 2–15; Bernstein, introducción.

70. Unruh, *Latin American Vanguards*, 207–62.

71. Said, *Representations*, 53.

72. Ibíd., 62.

2. Nadie es profeta en su tierra

1. Julia de Burgos, *Cartas a Consuelo*, 11.

2. Para un análisis de la narrativa de la migración puertorriqueña como tragedia en la literatura, ver Flores, *Divided Borders*, 142–53. Ver también Duany, *Puerto Rican Nation*.

3. Ver la discusión de Gelpí acerca del escritor gay Manuel Ramos Otero y la influencia de Burgos en su escritura en *Literatura y paternalismo*, 120–54; La Fountain-Stokes, "De sexilio(s) y diaspora(s)"; La Fountain-Stokes, "Entre boleros"; La Fountain-Stokes, "Queer Diasporas". Ver también La Fountain-Stokes, *Queer Ricans*.

4. Guzmán, "'Pa' la Escuelita", 227. Ver también Guzmán, *Gay Hegemony*.

5. Ver La Fountain-Stokes, *Queer Ricans*; Guzmán, *Gay Hegemony*; Guzmán, "'Pa' la Escuelita".

6. Ver la introducción de Julio Ramos a Capetillo, *Amor y anarquía*. El libro abre con una fotografía de Capetillo vestida con traje de hombre.

7. Capetillo, *Mi opinión*, 30.

8. Capetillo, *Nation of Women*, x-xii.

9. Sánchez González, *Boricua Literature*, 23.

10. Hay un conjunto creciente de literatura sobre sexualidad y género como factores que dieron forma a la inmigración caribeña. Para algunos términos clave ver Guzmán, *Gay Hegemony*; La Fountain-Stokes, *Queer Ricans*; Martínez-San Miguel, "Female Sexiles?"

11. Martínez-San Miguel, "Female Sexiles?", 814-5.

12. Emelí Vélez de Vando, entrevista de Nélida Pérez, Archivos de la Diáspora Puertorriqueña, Centro de Estudios Puertorriqueños, Hunter College, CUNY.

13. Ver Gelpí, "Nomadic Subject".

14. Ver Gelpí, *Literatura y paternalismo*; Sandlin, "Manuel Ramos Otero's Queer Metafictional Resurrection"; Sandlin, "Julia de Burgos as a Cultural Icon"; La Fountain-Stokes, *Queer Ricans*.

15. Vicioso, "Rival to the Río Grande de Loíza", 685-86.

16. Gelpí, "Nomadic Subject", 37.

17. Ver Luis Lloréns Torres, "Cinco poetisas de América", *Puerto Rico Ilustrado*, 13 de noviembre de 1937, 14-15, 62.

18. Burgos, *Canción*, 32. Citas subsecuentes aparecen en el texto.

19. Octavio Paz define el erotismo como "sexo en acción pero, ya sea porque la desvía o la niega, suspende la finalidad de la función sexual. En la sexualidad, el placer sirve a la procreación; en los rituales eróticos el placer es un fin en sí mismo o tiene fines distintos a la reproducción" (*La llama doble*, 3-4).

20. Ver Ríos Ávila, "Víctima de luz".

21. Braidotti, *Nomadic Subjects*, 29.

22. Vicioso, "Rival to the Río Grande de Loíza", 685.

23. Rodríguez Pagán, *Julia*, 251; información sobre el viaje de Burgos también está disponible en Ancestry.com.

24. Más sobre la escena musical puertorriqueña en Nueva York durante la década de los cuarenta en Glasser, *My Music Is My Flag*.

25. Más sobre la historia de los escritores y artistas latinoamericanos en Nueva York, en Remeseira, *Hispanic New York*; *Translation Review* 81 (número dedicado a Nueva York, Primavera 2011); Sullivan, *Nueva York*.

26. Rodríguez Castro, "Silencio y estridencias", 37.

27. Ver Lorrin Thomas, *Puerto Rican Citizen*; Vega, *Memoirs*; Ayala y Bernabe, *Puerto Rico*, 113-16.

28. La carta completa está publicada en *Revista Mairena* 7.20 (1985): 152-53.

29. Braidotti, *Nomadic Subjects*, 50.

30. Si bien Kahlo y Burgos no parecen haberse conocido, su vida y obra tiene interesantes puntos de convergencia. No soy la única en haber trazado estas conexiones. El 6 de julio de 2010, la artista nuyorriqueña Yasmín Hernández presentó un mural en East Harlem que mantiene la estructura de *Las dos Fridas*, pero sustituye a una de las Fridas con Burgos (ver capítulo 5).

31. Ver Rodríguez Pagán, "Cronología", 163–7.

32. Programa, Archivo Pura Belpré, Archivos de la Diáspora Puertorriqueña, Centro de Estudios Puertorriqueños, Hunter College, CUNY.

33. Más sobre Belpré en Sánchez González, *Boricua Literature*, 71–101; Belpré, *Stories I Read*.

34. Ver Sánchez Korrol, *From Colonia to Community*; Sánchez Korrol y Hernández, *Pioneros II*. Ver también Flores, "Puerto Rican Literature", 142–53.

35. Un estudio más detallado de las redes intelectuales y culturales puertorriqueñas y latinas en Nueva York previas a la década de los sesenta sería una contribución importante a la literatura académica. Los documentos en el Archivo Pura Belpré y Emelí Vélez de Vando en los Archivos de la Diáspora Puertorriqueña demuestran la participación de Burgos en actividades comunitarias. Además de llevar a cabo lecturas de poesía, recitó sus poemas en varios eventos.

36. La carta completa está publicada en *Revista Mairena* 7.20 (1985): 149–51.

37. García Peña, "Más Que Cenizas", 42; Kury, *Juan Bosch*, 35–45.

38. Bosch, que fue exiliado de República Dominicana de 1938 a 1962, fue el fundador de dos de los tres partidos políticos dominantes: el Partido de la Revolución Dominicana y el Partido de la Liberación Dominicana. Fue el primer presidente electo democráticamente de República Dominicana, con un mandato que duró de febrero a septiembre de 1963, cuando un golpe de estado lo mandó de nuevo al exilio, donde permaneció hasta 1970.

39. García Peña, "Más Que Cenizas", 40.

40. Vicioso, "Entrevista", 696–97. En esta entrevista, Bosch dice que Jimenes Grullón y Burgos vivieron con él y con su esposa en su casa de La Habana: "Ella no sólo fue una poeta excepcional, también fue una mujer excepcional, lo sé porque vivió en la misma casa que yo, y no era una casa grande" (685).

41. David Dunlap, "Raul Roa of Cuba Dies at 75; Foreign Minister for 17 Years", *New York Times*, 8 de julio de 1982.

42. Vicioso, "Interview", 697.

43. Ibíd.

44. López Jiménez, *Julia de Burgos*, 15–76.

45. *Puerto Rico Ilustrado*, 3 de agosto de 1940, 38.

46. Said, "Reflections", 174.

47. La Fountain-Stokes, *Queer Ricans*, xxi.

48. Ver Rodríguez Pagán, *Julia*.

49. López-Baralt, "Julia de Burgos", 17–23.

50. Unruh, *Latin American Vanguards*, 211.

51. Ibíd., 216.

52. Deleuze y Guattari, *Thousand Plateaus*, 380–81.

53. Burgos, *Mar y tú*, 28. Citas subsecuentes aparecen en el texto.

54. Umpierre, "Metapoetic Code", 88, 89.

55. Pedreira, *Insularismo*, 16.

56. Braidotti, *Nomadic Subjects*, 25.

57. Márquez, *Puerto Rican Poetry*, 225.

58. Martínez-San Miguel, "Female Sexiles?", 826.

3. "MÁS ALLÁ DEL MAR"

1. Duany, *Blurred Borders*, 83–93; Lorrin Thomas, *Puerto Rican Citizen*, 133–65.

2. Duany, *Blurred Borders*, 83.

3. Silva, *Ambassadors of Culture*; Lazo, *Writing to Cuba*.

4. Lomas, *Translating Empire*, 35–37.

5. Para más información sobre hispanismo en Moraña, ver "Introducción".

6. Faber, "La hora ha llegado", 89.

7. En *Ambassadors of Culture*, Gruesz argumenta que la prensa en español en Estados Unidos estableció conexiones transnacionales desde la década de 1850. De acuerdo a Gruesz, Rafael Pombo, poeta, diplomático y editor colombiano que vivió en el exilio en Nueva York desde ese momento hasta principios de la década de 1870, fue uno de los primeros en identificar Nueva York como un lugar central donde los exiliados hispanohablantes podían reunirse y en proponer el uso de la ciudad como un espacio para compartir y transmitir ideas sobre países, noticias, culturas, preocupaciones y "raza" en Latinoamérica.

8. Kanellos y Martell, *Hispanic Periodicals*, 54.

9. Ver Vera-Rojas, "Polémicas, Feministas, Puertorriqueñas, y Desconocidas".

10. Gruesz señala que la mayoría de los escritores hispanohablantes del siglo XIX compartían un "possessive investment in whiteness" (una manera de beneficiarse de las políticas identitarias) y no estaban en sintonía con las diferencias de raza, clase y género que los separaban de sus contemporáneos (*Ambassadors of Culture*, 208). Más tarde, José Martí proporcionó los componentes faltantes de la conciencia racial en forma de una crítica al imperialismo económico de un modo en que los escritores y cronistas que lo precedieron no lo habían hecho (192).

11. Lorrin Thomas, *Puerto Rican Citizen*, 92–132, advierte que hubo un cambio en la manera en que los miembros de la comunidad puertorriqueña exigieron sus derechos como ciudadanos en la década de 1920 y para 1940 ya enmarcaban su lucha en el contexto de los derechos humanos.

12. Kanellos y Martell, *Hispanic Periodicals*, 50–57.

13. Sánchez Korrol, "Forgotten Migrant", 175.

14. Kanellos y Martell, *Hispanic Periodicals*, 58–59.

15. *Pueblos Hispanos* está en microfilm en la sucursal de la calle 42 de la Biblioteca Pública de Nueva York.

16. Rodríguez-Fraticelli, "Pedro Albizu Campos".

17. Para más información sobre la fundación de *Pueblos Hispanos*, ver ibíd. Para información sobre la relación entre Consuelo Lee Tapia y Juan Antonio Corretjer, ver Kanellos, Dworkin y Méndez; y Balestra, *Herencia*, 28, 442, 592.

18. Para información biográfica, ver Acosta-Belén, "Consuelo Lee Tapia"; Kanellos, Dworkin y Méndez; Balestra, *Herencia*, 442. Para información sobre *Pueblos Hispanos*, ver Rodríguez-Fraticelli, "Pedro Albizu Campos".

19. Ayala y Bernabe, *Puerto Rico*, 148–53.

20. Burgos, *Julia de Burgos: Periodista en Nueva York*, 21.

21. Memmi, *Colonizer*, 127.

22. Ibíd., 128.

23. Ibíd.

24. Kanellos, "Recovering and Re-Constructing".

25. Ver Montero, "Prosa neoyorquina".

26. Más sobre Marcantonio en Lorrin Thomas, *Puerto Rican Citizen*, 8–10.

27. Lorrin Thomas señala que hubo un cambio en el lenguaje de los puertorriqueños políticamente activos en Nueva York de pedir ciudadanía igualitaria a una demanda por derechos humanos porque "los lenguajes del reconocimiento y los derechos humanos eran más elásticos y amplios, y porque describían con mayor precisión las conexiones en aumento entre los movimientos que buscaban justicia a nivel mundial" (ibíd., 14).

28. Burgos usa el problemático concepto de *mestizaje* propagado por el intelectual y estadista mexicano José Vasconcelos en *La raza cósmica* (1927). Si bien algunos observadores entendieron el término como una afirmación de las raíces indígenas y africanas de Latinoamérica, otros, incluyendo a Juan Isidro Jimenes Grullón, promovieron la mezcla racial como una manera de volver a la raza más blanca, particularmente en el Caribe, en donde hay una gran población de personas de ascendencia africana (ver Jimenes Grullón, *Luchemos por nuestra América*). De hecho, Vasconcelos escribió el prefacio del libro de Jimenes Grullón.

29. Flores, *Divided Borders*, 184–85.

30. Pogrebin, "Josephine Premice". Para una biografía de Premice escrita por su hija, ver Fales-Hill, *Always Wear Joy*.

31. Ver Flores, *Divided Borders*, 182–95; Boyce Davies, *Left of Karl Marx*.

32. Schrecker, *Age of McCarthyism*, 11. Más sobre la era del Macartismo en Schrecker, *Many Are the Crimes*. Más sobre la supresión del nacionalismo puertorriqueño durante la década de 1940 en Ayala y Bernabe, *Puerto Rico*, 165–71.

33. Las entregas de Burgos para *Pueblos Hispanos* y sus colaboraciones con Corretjer y Colón, conocidos miembros del partido, hubieran sido suficientes para que la mantuvieran vigilada. El FBI observaba de cerca sus actividades, con vecinos y trabajadores del servicio postal que fungían como informantes y reportaban el tipo de correspondencia que recibía, así como información como que ella y su segundo esposo, Armando Marín, tenían un libro de Karl Marx en su mesa de sala (archivo del FBI de Julia de Burgos, provisto al autor por Jack Agüeros).

4. Legados múltiples

1. Ver Morales, *Palante*; Enck-Wanzer, *Young Lords*.

2. Más sobre convenciones poéticas en transformación en Wheeler, *Voicing American Poetry*; Bernstein, introducción; Middleton, "Contemporary Poetry Reading". Más sobre el Movimiento del Arte Negro en Lorenzo Thomas, "Neon Griot".

3. Prominentes académicas y académicos de Puerto Rico como Edna Acosta-Belén, Arcadio Díaz Quiñones, Juan Flores y Efraín Barradas han propuesto argumentos a

favor de expandir el canon y considerar a la literatura de la diáspora como parte de la tradición literaria puertorriqueña.

4. Ver Cruz-Malavé, "Toward an Art", 139.

5. Ver Quintero Rivera, *Conflictos de clase*; Moreno, *Family Matters*; Torres, "Gran familia puertorriqueña".

6. Moreno, *Family Matters*, 13.

7. Luis, *Dance between Two Cultures*; Márquez, *Puerto Rican Poetry*.

8. Gelpí, *Literatura y paternalismo*; Cruz-Malavé, "Toward an Art"; Moreno, *Family Matters*.

9. Flores, *Divided Borders*, 150–51.

10. Wheeler, *Voicing American Poetry*, 131.

11. Más al respecto en Rubin, *Songs of Ourselves*.

12. Wheeler, *Voicing American Poetry*, 13.

13. Algarín, "Nuyorican Literature", 1352, 1351.

14. Ibíd., 1353.

15. Ver Flores, "Nueva York—Diaspora City", 47.

16. Aparicio, "(Re)constructing Latinidad", 44.

17. Martínez-San Miguel, *Caribe Two-Ways*, 38.

18. Moreno, *Family Matters*, 11.

19. Ver Oboler, *Ethnic Labels*, 3–6. *Latino* fue sustituido por *hispano* para incluir a personas de ascendencia latinoamericana cuyas familias han estado en Estados Unidos por varias generaciones y que no hablan español, así como personas de ascendencia africana, indígena y brasileña sin vínculos con España.

20. Ver Arlene Dávila, *Latino Spin*.

21. Aparicio, "Jennifer as Selena", 103.

22. Ver Moreno, *Family Matters*; Torres, "Gran familia puertorriqueña"; Torres y Whitten, *Blackness*; Santiago-Díaz, *Escritura afropuertorriqueña*; Rivero, *Tuning Out Blackness*; Flores, *Diaspora Strikes Back*; Aparicio, *Listening to Salsa*; Duany, *Puerto Rican Nation*.

23. Algunos estudios sobre los espacios interlatinxs son: Kugel, "Latino Culture Wars"; Negrón-Muntaner, "Jennifer's Butt"; Paredez, "Remembering Selena"; Vargas, "Bidi Bidi Bom Bom"; Rúa, "Colao Subjectivities".

24. Edwards, "Uses of Diaspora", 52–53.

25. Clifford, *Routes*, 244, 277.

26. Ibíd., 251.

27. Ver Guzmán, "'Pa' La Escuelita"; La Fountain-Stokes, "De sexilio(s) y diaspora(s)"; La Fountain-Stokes, "Entre boleros"; La Fountain-Stokes, "Queer Diasporas"; La Fountain-Stokes, *Queer Ricans*; Negrón-Muntaner, *Brincando el Charco*.

28. La Fountain-Stokes, *Queer Ricans*, xvii.

29. Ver ibíd. Más sobre Otero y Umpierre en Sandlin, "Julia de Burgos as a Cultural Icon".

30. Ver Gelpí, *Literatura y paternalismo*, 148–54.

31. Cohen, "Punks, Bulldaggers, and Welfare Queens", 25.

32. La Fountain-Stokes, *Queer Ricans*, 20.

33. Si bien no se ha escrito mucho sobre las instituciones literarias y culturales puertorriqueñas en Nueva York durante esta época, muchas de ellas estaban enfocadas en lo hispánico y eran operadas por miembros de la Generación del 30 que habían emigrado a Nueva York en 1940. Promovieron durante años una agenda hispánica y elitista.

34. Sandlin, "Manuel Ramos Otero's Queer Metafictional Resurrection", 323.

35. Ramos Otero, *Cuento*, 105. Citas posteriores a Ramos Otero, *Cuento*, aparecen en el texto.

36. Ver Lladó-Ortega, "Community in Transit".

37. Wheeler, *Voicing American Poetry*, 15.

38. La Fountain-Stokes, *Queer Ricans*, 24.

39. Costa, "Entrevista", 59.

40. La Fountain-Stokes, *Queer Ricans*, 20.

41. Gelpí, *Literatura y paternalismo*, 149.

42. Ver La Fountain-Stokes, *Queer Ricans*, 19–63, 64–82; Sandlin, "Julia de Burgos as a Cultural Icon".

43. Luz María Umpierre, entrevista hecha por la autora, 20 de marzo de 2011.

44. Martínez, "Interview".

45. Ibíd.; Martínez, "Luz María Umpierre"; Umpierre, "Manifesto".

46. Martínez, *Lesbian Voices*, 168, se refiere al libro como un manifiesto del lesbianismo; La Fountain-Stokes, *Queer Ricans*, 64–65, 68–75.

47. *This Bridge Called My Back* se publicó en 1981. La traducción al español lleva el título *Esta Puente, mi espalda: Voces de mujeres tercermundistas en los Estados Unidos*. Aunque la traducción al español debería ser "Este puente, mi espalda".

48. La Fountain-Stokes, *Queer Ricans*, 64–65.

49. Umpierre, *Margarita Poems*, 1. (I needed to say, to speak, "lo que nunca pasó por mis labios," that which I had not uttered, and which was being used as a tool in my oppression by others, murmured behind closed doors, brought up as an issue to deny me my rights by those enemies who read my poetry too well. What I needed to verbalize is the fact that I am, among many other things, a Lesbian.)

50. Ibíd., 1–2. (And as you read these you may ask yourself: Who is Julia? Julia is our greatest woman poet in Puerto Rico, Julia is a teacher, Julia is an idol, Julia is a friend. But Julia is, most of all, Margarita. We are all Margaritas and have a Julia within".)

51. Más sobre *The Margarita Poems* en La Fountain-Stokes, *Queer Ricans*, 75–92; Martínez, *Lesbian Voices*, 167–96.

52. Cohen, "Punks, Bulldaggers, and Welfare Queens", 28.

53. Umpierre, *Margarita Poems*, 16. Citas posteriores a Umpierre, *The Margarita Poems*, aparecen en el texto.

54. Sylvia Plath, "Lady Lazarus", en *Ariel*, 14–17.

55. Cohen, "Punks, Bulldaggers, and Welfare Queens", 23.

56. Luz María Umpierre, entrevista hecha por la autora, 20 de marzo de 2011.

57. Martínez, "Luz María Umpierre", 7.

58. Wheeler, *Voicing American Poetry*, 27.

59. Martínez, "Luz María Umpierre", 8. Sobre el lenguaje como herramienta de dominación masculina, ver Spender, *Man Made Language*.

60. Martínez, "Luz María Umpierre", 8.

61. Wheeler, *Voicing American Poetry*, 32.

62. Cohen, "Punks, Bulldaggers, and Welfare Queens", 24.

63. Acosta-Belén y Bose, "U.S. Latina and Latin American Feminisms", 1114.

64. Acosta-Belén, "Beyond Island Boundaries", 986–87.

65. Gabriela Mistral viene a la mente de inmediato. Ver Licia Fiol-Matta, *Queer Mother*.

66. Burgos, *El mar y tú*, 92.

67. Sonia Rivera-Valdés, entrevista hecha por la autora, 10 de marzo de 2011.

68. Ibíd.

69. Rivera-Valdés, *Historias de mujeres grandes y chiquitas*, 13–84.

70. Más sobre la vida y muerte de Mendieta en O'Hagan, "Ana Mendieta"; más sobre las impresiones de Rivera-Valdés sobre Mendieta en Sonia Rivera-Valdés, entrevista hecha por la autora, 10 de marzo de 2011.

71. Rivera-Valdés, *Stories*, 79, 85, 86.

72. Ferré, *Sitio a eros*, 7.

73. Ibíd., 148.

74. Ibíd., 151.

75. Mohanty, *Feminism without Borders*, 78.

76. Esteves, "Feminist Viewpoint", 171.

77. Sandra María Esteves, entrevista hecha por la autora, 19 de diciembre de 2010; Susana Cabañas, entrevista hecha por la autora, 6 de marzo de 2011.

78. Nora, "Between Memory and History", 7, 16.

79. Sandra María Esteves, entrevista hecha por la autora, 19 de diciembre de 2010.

80. Sandra María Esteves, "It Is Raining Today", en *Tropical Rain*, 5.

81. Roach, *Cities of the Dead*, 259.

82. Esteves, "It Is Raining Today", 5.

83. Nora, "Between Memory and History", 9.

84. Esteves, *Yerba Buena*, 50–51.

85. Clifford, *Routes*, 177.

86. Sandra María Esteves, "Who I Am" (http://www.sandraesteves.com/poetrybooks links/newselectedpoems.html). Poema corregido y enviado por email a la autora el 21 de agosto de 2014.

87. Ver Kevane y Heredia, *Latina Self-Portraits*, 1–18.

88. Aurora Levins Morales, "About Me" (http://www.auroralevinsmorales.com /about-me.html).

89. Levins Morales, *Remedios*, 203; más sobre la domesticidad durante la década de los cincuenta de manera amplia en 200–203.

90. Nora, "Between Memory and History", 9.

91. Ver Jason Ramírez, "Carmen Rivera".

92. Carmen Rivera, *Julia de Burgos*, 37, 38.

93. Ibíd., 77.

94. Ibíd., 69.

95. Existen varias versiones de este ensayo. La cita es de la versión publicada en *Afro-Latin@ Reader*, ed. Jiménez Román y Flores, 262–65.

96. Ibíd., 263.

97. Ibíd., 264.

98. Vicioso, *Julia de Burgos*, [4].

99. Ibíd., [6], [20], [26].

100. Vicioso, "Julia de Burgos", 683.

101. Ibíd., 678.

102. Ibíd., 683.

103. Wheeler, *Voicing American Poetry*, 15.

104. Ibíd., 150.

105. Ibíd., 151.

106. Crown, "Sonic Revolutionaries", 216.

107. Juan Flores, introducción de *Afro-Latin@ Reader*, ed. Jiménez Román y Flores, 14, 15.

108. Existen distintas versiones de ese poema. La cita es de la versión incluida en ibíd., 280–81.

109. Fernández, "Ode to the Diasporican", 2424.

110. Fernández, "Boricua Butterfly", 2423.

111. Caridad De La Luz a la autora, 25 de octubre de 2013.

112. Wheeler, *Voicing American Poetry*, 159.

113. Bonafide Rojas a la autora, 20 de marzo de 2011.

114. Xavier, *Americano*, 54.

115. Ibíd., 54–55.

5. Recordar a Julia de Burgos

1. Nora, "Between Memory and History", 19, 17, 18.

2. Paredez, *Selenidad*, 9.

3. Para ver más sobre íconos de la frontera, ver Robert McKee Irwin, "Joaquín Murrieta and Lola Casanova: Shapeshifting Icons of the Contact Zone", en Niebylski y O'Connor, *Latin American Icons*, 61–72.

4. Roach, *Cities of the Dead*, 60.

5. Ver Arlene Dávila, *Culture Works*.

6. Ver Torres Martinó, "Arte puertorriqueño".

7. Ver Arcadio Díaz Quiñones, "Imágenes de Lorenzo Homar: entre Nueva York y San Juan", in *Arte de Bregar*, 124–75.

8. Ibíd., 129; traducción de la autora.

9. Ibíd.

10. Ibíd, 158.

11. Ver Ortiz Rodríguez, "Memory Ricanstruction".

12. Burgos, *El mar y tú*, 31.

13. Johnson, *Persons and Things*, 11.

14. Wordsworth, *Poetry and Prose*, 601–18.

15. Ibíd, 605.

16. "Juan Sánchez", 83–84.

17. Ibíd.; Juan Sánchez, entrevista hecha por la autora, 17 de junio de 2010.

18. Juan Sánchez, entrevista hecha por la autora, 17 de junio de 2010.

19. Ibíd.

20. Ibíd.

21. La fecha aproximada de la foto está determinada por el hecho de que en ella se muestra una copia de su primer poemario, *Poema en veinte surcos* (1938), y se usó en un volante que promovía una lectura de poesía en mayo de 1940.

22. "Tributo a Julia de Burgos en Caravan House", Archivo Clemente Soto Vélez, caja 10, fólder 6, serie IV, Archivos de la Diáspora Puertorriqueña, Centro de Estudios Puertorriqueños, Hunter College, CUNY.

23. Ver La Fountain-Stokes, *Queer Ricans*, donde se refiere a ella como mulata. Ver también la introducción a Lair, *De la herida a la gloria*.

24. Aparicio, "Jennifer as Selena", 93. Ver también Pérez, *Decolonial Imaginary*.

25. Más sobre el trabajo de Hernández, en su sitio web (www.yasminhernandez.com).

26. Yasmín Hernández, entrevista hecha por la autora, 17 de marzo de 2010.

27. Burgos, "Song of the Simple Truth", 400.

28. Los poemas son "Amaneceres", "Responso de ocho partidos", "A Julia de Burgos", "Oración", "Anunciación", "Hora santa, ya no es canción", "Domingo de Ramos", "Una canción a Albizu Campos", "Puerto Rico está en ti", "Despierta", "Somos puños cerrados", "Es nuestra la hora", "Viva la república", "Abajo los asesinos" y "Río Grande de Loíza".

29. Yasmín Hernández, entrevista hecha por la autora, 17 de marzo de 2010.

30. Íbid.

31. Díaz Quiñones, *Memoria rota*, 67–86.

32. Burgos, *Poema*, 25.

33. Julia de Burgos, "Puerto Rico está en ti", en *Canción de la verdad sencilla*, 500 (versión en español); traducción de la autora.

34. Julia Álvarez a la autora, 21 de marzo de 2011; http://www.juliaalvarez.com.

35. Pérez Rosario, "Solidarity across Borders", 94–95.

36. Íbid., 101.

37. Turner, *Beautiful Necessity*, 29.

38. Pérez Rosario, "Solidarity across Borders", 100.

39. Más sobre cómo el mundo del arte desestima a los artistas latinxs por sus vínculos con el espacio y las comunidades, ver Arlene Dávila, *Culture Works*.

40. Ver Paredez, *Selenidad*.

41. Ver Hernández, "Painting Liberation".

42. Ver íbid.

43. Marcos Dimas, entrevista hecha por la autora, 12 de abril de 2011.

44. Íbid.

45. Más sobre El Barrio, la demografía cambiante, la gentrificación y El Museo del Barrio, en Arlene Dávila, *Barrio Dreams*. Sobre el papel del arte y la comunidad, ver Wherry, *Philadelphia Barrio*; Small, *Villa Victoria*.

46. Marcos Dimas, entrevista hecha por la autora, 12 de abril de 2011.

47. Fernando Salicrup, entrevista hecha por la autora, 21 de junio de 2011.

48. Íbid.

49. Manny Vega, entrevista hecha por la autora, 5 de marzo de 2011.

50. Íbid.

51. Íbid.

52. Íbid.

53. Íbid.

54. Más sobre la plena y los pleneros en http://www.folkways.si.edu/explore_folkways/bomba_plena.aspx. Ver también Glasser, *My Music Is My Flag*, 169–90; Flores, *From Bomba to Hip Hop*, 67–69.

55. Roach, *Cities of the Dead*, 211.

56, Nora, "Between Memory and History", 23.

Conclusión

1. Ver Jack Agüeros, *Dominoes and Other Stories from the Puerto Rican* (Willimantic, CT: Curbstone, 1993); *Correspondence between Stonehaulers* (Brooklyn, NY: Hanging Loose, 1991); *Sonnets from the Puerto Rican* (Brooklyn, NY: Hanging Loose, 1996); *Lord, Is This a Psalm?* (Brooklyn, NY: Hanging Loose, 2002); Julia de Burgos, *Song of the Simple Truth: The Complete Poems of Julia de Burgos*, ed. y trad. Jack Agüeros (Willimantic, CT: Curbstone, 1997).

2. Center for Puerto Rican Studies, Hunter College, City University of New York, centropr.hunter.cuny.edu.

3. El archivo de Agüeros lo compró 'Columbia University como parte de la iniciativa de Frances Negrón-Muntaner y el Center for the Study of Ethnicity and Race que recopilan documentos y registros de artistas y activistas latinxs en Nueva York. Ver library.columbia.edu/news/libraries/2012/20120918_jack_agueros.html.

4. Hernández Cruz, *Panoramas*, 123, 125.

5. Espada, "Lover of a Subversive", 14.

6. Íbid., 12.

7. Harlow, *Resistance Literature*, 29.

8. Espada, *Republic of Poetry*, 34–35.

9. Espada, "Bill Moyers Talks with Poet, Martín Espada".

10. Martín Espada, comunicación personal con la autora, 21 de marzo de 2011.

11. Espada, *Republic of Poetry*, 34–35. Espada cambió el quinto verso de ese poema de "Dead" a "Dying". Comunicación de Espada con la autora, 12 de junio de 2014. Traducción de Óscar D. Sarmiento.

12. Espada, "Bill Moyers Talks with Poet, Martín Espada".

13. Ver Espada, "Lover of a Subversive".

BIBLIOGRAFÍA

Acosta-Belén, Edna. "Beyond Island Boundaries: Ethnicity, Gender, and Cultural Revitalization in Nuyorican Literature". *Callaloo* 15.4 (otoño 1992): 979–98.

———. "Consuelo Lee Tapia". *Latinas in United States History: A Historical Encyclopedia*. Editado por Vicki L. Ruiz y Virginia Sánchez Korrol. Bloomington: Indiana University Press, 2006. 282–83.

Acosta-Belén, Edna, y Christine Bose. "U.S. Latina and Latin American Feminisms: Hemispheric Encounters". *Signs* 25.4 (verano 2000): 1113–19.

Albizu Campos, Pedro. *Pedro Albizu Campos: Obras Escogidas, 1923–1936*. Libro 1. Editado por J. Benjamin Torres. San Juan, P.R.: Jelofe, 1975.

Alegría-Ortega, Isa y Palmira Ríos-González, editoras. *Contrapuntos de género y raza en Puerto Rico*. San Juan: Universidad de Puerto Rico, 2005.

Algarín, Miguel. "Nuyorican Literature". *The Norton Anthology of Latino Literature*. Editado por Ilán Stavans, Edna Acosta-Belén, et al. New York: Norton, 2011. 1344–53.

Algarín, Miguel y Bob Holman, editores. *Aloud: Voices from the Nuyorican Poets Cafe*. New York: Holt, 1994.

Algarín, Miguel y Miguel Piñero, editores. *Nuyorican Poetry: An Anthology of Puerto Rican Words and Feelings*. New York: Morrow, 1975.

Anderson, Benedict. *Imagined Communities: Reflections on the Origin and Spread of Nationalism*. Edición revisada. London: Verso, 2006.

Aparicio, Frances R. "Jennifer as Selena: Rethinking Latinidad in Media and Popular Culture". *Latino Studies* 1.1 (marzo 2003): 90–105.

———. *Listening to Salsa: Gender, Latin Popular Music, and Puerto Rican Cultures*. Hanover, N.H.: University Press of New England, 1998.

———. "(Re)constructing Latinidad: The Challenge of Latina/o Studies". *A Companion to Latina/o Studies*. Editado por Juan Flores y Renato Rosaldo. Malden, Mass.: Wiley-Blackwell, 2011. 39–48.

———. "Writing Migrations: Transnational Readings of Rosario Ferré and Víctor Hernández Cruz". *Latino Studies* 4.1–2 (primavera–verano 2006): 79–95.

Aparicio, Frances R. y Susana Chávez-Silverman. *Tropicalizations: Transcultural Representations of Latinidad*. Hanover, N.H.: Dartmouth College, University Press of New England, 1997.

Arce, Margo. "Los poemas negros". *Impresiones: Notas Puertorriqueñas*. San Juan, P.R.: Yaurel, 1950.

Arenas, Reinaldo. *Before Night Falls*. New York: Viking, 1993.

Ayala, César y Rafael Bernabe. *Puerto Rico in the American Century: A History since 1898*. Chapel Hill: University of North Carolina Press, 2007.

Azize, Yamila. *La mujer en la lucha*. Río Piedras, P.R.: Cultural, 1985.

Barradas, Efraín. *Partes de un todo: ensayos y notas sobre literatura puertorriqueña en los Estados Unidos*. San Juan, P.R.: Editorial de la Universidad de Puerto Rico, 1998.

Barradas, Efraín, Rafael Rodríguez y Carmen Lilianne Marín. *Herejes y mitificadores: Muestra de poesía puertorriqueña en los Estados Unidos*. Río Piedras, P.R.: Huracán, 1980.

Beauchamp, Juan José. "La literatura de la crisis social y cultural de la identidad nacional puertorriqueña (1925–1949): Un ensayo de apertura (parte II)". *22 conferencias de literatura puertorriqueña*. Editado por Edgar Martínez Masdeu. San Juan, P.R.: Librería Editorial Ateneo, 1994. 294–369.

Belnap, Jeffrey y Raúl Fernández, editores. *José Martí's "Our America": From National to Hemispheric Cultural Studies*. Durham, N.C.: Duke University Press, 1998.

Belpré, Pura. *The Stories I Read to the Children: The Life and Writing of Pura Belpré, the Legendary Storyteller, Children's Author, and New York Public Librarian*. Editado e introducción por Lisa Sánchez González. New York: Center for Puerto Rican Studies, 2013.

Benítez, Marimar. "The Special Case of Puerto Rico". *The Latin American Spirit: Art and Artists in the United States, 1920–1970*. New York: Bronx Museum y Abrams, 1988. 72–105.

Bernstein, Charles. "Introducción" a *Close Listening: Poetry and the Performed Word*. Editado por Charles Bernstein. New York: Oxford University Press, 1998. 3–26.

Bhabha, Homi K. "DissemiNation: Time, Narrative, and the Margins of the Nation". *The Location of Culture*. London: Routledge, 1994. 139–70.

Binder, Wolfgang. *Los puertorriqueños en Nueva York*. Erlangen, Alemania: Universidad de Erlangen, 1979.

Blanco, Tomás. *Prontuario histórico de Puerto Rico (Obras completas)*. San Juan, P.R.: Ediciones Huracán, 1981.

———. "Refutación y glosa". *Ateneo Puertorriqueño* 1.4 (1935): 302–9.

Boyce Davies, Carole. *Black Women, Writing, and Identity: Migrations of the Subject*. New York: Routledge, 1994.

———. *Left of Karl Marx: The Political Life of Black Communist Claudia Jones*. New York: Routledge, 1994.

Braidotti, Rosi. *Nomadic Subjects: Embodiment and Sexual Difference in Contemporary Feminist Theory*. 2ª edición. New York: Columbia University Press, 2011.

Burgos, Julia de. *Canción de la verdad sencilla*. 2ª edición. Río Piedras, P.R.: Huracán, 1982.

————. *Cartas a Consuelo*. San Juan, P.R.: Folium, 2014.

————. *Desde la Escuela del Aire: Julia de Burgos: Textos de radio teatro escritos por Julia de Burgos*. Editado por Roberto Ramos-Perea. San Juan, P.R.: Ateneo Puertorriqueño, 1992.

————. *Julia de Burgos: Obra poética*. Editado por Consuelo Burgos y Juan Bautista Pagán. Introducción por José Emilio González. San Juan, P.R.: Editorial del Instituto de Cultura Puertorriqueña, 2004.

————. *Julia de Burgos: Periodista en Nueva York*. Editado por Juan Antonio Rodríguez Pagán. San Juan, P.R.: Ateneo Puertorriqueño, 1992.

————. *El mar y tú*. Río Piedras, P.R.: Huracán, 1954.

————. *Poema en veinte surcos*. Río Piedras, P.R.: Huracán, 1938.

————. "Río Grande de Loíza". Traducido por Grace Schulman. *Callaloo* 17.3 (otoño 1994): 667–68.

————. *Song of the Simple Truth: Obra completa poética: The Complete Poems*. Compilado y traducido por Jack Agüeros. Willimantic, Conn.: Curbstone, 1997.

Capetillo, Luisa. *Amor y anarquía: los escritos de Luisa Capetillo*. Editado por Julio Ramos. San Juan, P.R.: Huracán, 1992.

————. *A Nation of Women: An Early Feminist Speaks Out / Mi opinión sobre las libertades, derechos y deberes de la mujer*. Editado e introducción por Félix V. Matos Rodríguez. Traducido por Alan West-Durán. Houston: Arte Público, 2004.

Caragol-Barreto, Taína. "Aesthetics of Exile: The Construction of Nuyorican Identity in the Art of El Taller Boricua". *Centro Journal* 17.2 (otoño 2005): 7–21.

Carrero Peña, Amarilis y Carmen Rivera Villegas, editoras. *Las vanguardias en Puerto Rico*. Madrid: Ediciones de la Discreta, 2009.

Carroll, Peter y James Fernandez, editores. *Facing Fascism: New York and the Spanish Civil War*. New York: New York University Press, 2007.

Casals, Lourdes. *Palabras Juntan Revolución*. Havana, Cuba: Casa de las Américas, 1981.

Casas, Bartolomé de las. *Brevísima relación de la destrucción de las Indias*. Barcelona: Linkgua, 2004.

Clifford, James. *Routes: Travel and Translation in the Late Twentieth Century*. Cambridge: Harvard University Press, 1997.

Cohen, Cathy J. "Punks, Bulldaggers, and Welfare Queens: The Radical Potential of Queer Politics?" *Black Queer Studies: A Critical Anthology*. Editado por E. Patrick Johnson y Mae G. Henderson. Durham, N.C.: Duke University Press, 2005. 21–51.

Costa, Marithelma. "Entrevista: Manuel Ramos Otero". *Hispamérica* 20.59 (agosto 1991): 59–67.

Coulthard, George Robert. *Race and Colour in Caribbean Literature*. London: Oxford University Press, 1962.

Crown, Kathleen. "'Sonic Revolutionaries': Voice and Experiment in the Spoken Word Poetry of Tracie Morris". *We Who Love to Be Astonished: Experimental Women's Writing and Performance Poetrics*. Editado por Laura Hinton y Cynthia Hogue. Tuscaloosa: University of Alabama Press, 2002. 213–26.

Cruz-Malavé, Arnaldo. "Toward an Art of Transvestism: Colonialism and Homosexuality in Puerto Rican". *¿Entiendes?: Queer Readings, Hispanic Writings*. Editado por

Emilie L. Bergmann y Paul Julian Smith. Durham, N.C.: Duke University Press, 1995. 137–67.

Dalleo, Raphael y Elena Machado Sáez. *The Latino/a Canon and the Emergence of Post-Sixties Literature*. New York: Palgrave Macmillan, 2007.

Dash, Michael. *The Other America: Caribbean Literature in a New World Context*. Charlottesville: University Press of Virginia, 1998.

Dávila, Angelamaría. "'Un clavel interpuesto': (apuntes sobre la imagen de Julia de Burgos)". *Claridad*, suplemento *En Rojo* (24 de febrero–1 de marzo 1984): 15.

Dávila, Arlene. *Barrio Dreams: Puerto Ricans, Latinos, and the Neoliberal City*. Berkeley: University of California Press, 2004.

———. *Culture Works: Space, Value, and Mobility across the Neoliberal Americas*. New York: New York University Press, 2012.

———. *Latino Spin: Public Image and the Whitewashing of Race*. New York: New York University Press, 2008.

———. *Sponsored Identities: Cultural Politics in Puerto Rico*. Philadelphia: Temple University Press, 1997.

Davis, Natalie Zemon y Randolph Starn. Introducción al número especial "Memory and Counter-Memory". *Representations* 26 (primavera 1989): 1–6.

Deleuze, Gilles y Félix Guattari. *A Thousand Plateaus: Capitalism and Schizophrenia*. Minneapolis: University of Minnesota Press, 1987.

Díaz Quiñones, Arcadio. *El arte de bregar: Ensayos*. San Juan, P.R.: Callejón, 2000.

———. *La memoria rota*. San Juan, P.R.: Huracán, 2003.

———. "Recordando el futuro imaginario: La escritura histórica en la década del treinta". *Sin Nombre* 14.3 (abril–junio 1984): 16–35.

Dick, Bruce Allen. *A Poet's Truth: Conversations with Latino/Latina Poets*. Tucson: University of Arizona Press, 2003.

Diego Padró, José I. de. *Luis Palés Matos y su trasmundo poético*. Río Piedras, P.R.: Ediciones Puerto, 1973.

Dietz, James. *Economic History of Puerto Rico: Institutional Change and Capitalist Development*. Princeton: Princeton University Press, 1986.

Dimas, Marcos. "Artist Statement". *Taller Alma Boricua: Reflecting on Twenty Years of the Puerto Rican Workshop, 1969–1989*. New York: Museo del Barrio, 1990.

Duany, Jorge. *Blurred Borders: Transnational Migration between the Hispanic Caribbean and the United States*. Chapel Hill: University of North Carolina Press, 2011.

———. *The Puerto Rican Nation on the Move: Identities on the Island and in the United States*. Chapel Hill: University North Carolina Press, 2002.

Du Bois, W. E. B. *The Souls of Black Folk*. Chicago: McClurg, 1903.

Edwards, Brent Hayes. "The Uses of Diaspora". *Social Text* 19.1 (primavera 2001): 45–73.

Enck-Wanzer, Darrel, editor. *The Young Lords: A Reader*. New York: New York University Press, 2010.

Espada, Martín. "Bill Moyers Talks with Poet, Martín Espada". http://www.martinespada.net/Bill_Moyers.html.

———. *The Lover of a Subversive Is Also a Subversive: Essays and Commentaries*. Ann Arbor: University of Michigan Press, 2010.

————. *The Republic of Poetry*. New York: Norton, 2006.

Esteves, Sandra María. "Ambivalence or Activism from the Nuyorican Perspective in Poetry". *Images and Identities: The Puerto Rican in Two World Contexts*. Editado por Asela Rodríguez de Laguna. New Brunswick, N.J.: Transaction, 1987. 164–70.

————. *Bluestown Mockingbird Mambo*. Houston: Arte Público, 1990.

————. "The Feminist Viewpoint in the Poetry of Puerto Rican Women in the United States". *Images and Identities: The Puerto Rican in Two World Contexts*. Editado por Asela Rodríguez de Laguna. New Brunswick, N.J.: Transaction, 1987. 171–76.

————. *Tropical Rains: A Bilingual Downpour, Poems*. Bronx, N.Y.: African Caribbean Poetry Theater, 1984.

————. *Yerba Buena*. New York: Greenfield Review, 1980.

Faber, Sebastiaan. "'La hora ha llegado': Hispanism, Pan-Americanism, and the Hope of Spanish/American Glory (1938–1948)". *Ideologies of Hispanism*. Editado por Mabel Moraña. Nashville, Tenn.: Vanderbilt University Press, 2005. 62–104.

Fales-Hill, Susan. *Always Wear Joy: My Mother Bold and Beautiful*. New York: Harper Perennial, 2004.

Falú, Aixa Merino. "Raza, género, y clase social: Los efectos del racismo en las mujeres puertorriqueñas negras (siglo veinte)". Dis. Ph.D., Universidad de Puerto Rico, 2002.

Fernández, María Teresa (Mariposa). "Boricua Butterfly". *Norton Anthology of Latino Literature*. Editado por Ilán Stavans, Edna Acosta-Belén, et al. New York: Norton, 2011. 2423.

————. "Ode to the Diasporican". *Norton Anthology of Latino Literature*. Editado por Ilán Stavans, Edna Acosta-Belén, et al. New York: Norton, 2011. 2424.

————. "Poem for My Grifa-Rican Sistah; or, Broken Ends Broken Promises". *The Afro-Latin@ Reader: History and Culture in the United States*. Editado por Miriam Jiménez Román y Juan Flores. Durham, N.C.: Duke University Press, 2010. 280–81.

Fernández Olmos, Margarite y Lizabeth Paravisini-Gebert, editoras. *Pleasure in the Word: Erotic Writings by Latin American Women*. New York: White Pine, 1993.

Ferrao, Luis Ángel. *Pedro Albizu Campos y el nacionalismo puertorriqueño*. San Juan, P.R.: Cultural, 1990.

Ferré, Rosario. *House on the Lagoon*. New York: Plume, 1996.

————. *Sitio a eros: Quince ensayos literarios*. Ciudad de México: Moritz, 1986.

Findlay, Eileen J. Suárez. *Imposing Decency: The Politics of Sexuality and Race in Puerto Rico, 1870–1920*. Durham, N.C.: Duke University Press, 1999.

Fiol-Matta, Licia. *A Queer Mother for the Nation: The State and Gabriela Mistral*. Minneapolis: University of Minnesota Press, 2002.

Fiol-Matta, Liza. "Naming Our World, Writing Our History: The Voices of Hispanic Feminist Poets". *Women's Studies Quarterly* 16.3–4 (otoño–invierno 1988): 68–80.

Flores, Juan. *The Diaspora Strikes Back: Caribeño Tales of Learning and Turning*. New York: Routledge, 2009.

————. *Divided Borders: Essays on Puerto Rican Identity*. Houston: Arte Público, 1993.

————. *From Bomba to Hip Hop*. New York: Columbia University Press, 2000.

————. "Nueva York–Diaspora City: U.S. Latinos between and Beyond", *NACLA Report on the Americas* 35.6 (mayo–junio 2002): 46–49.

Fregoso, Rosa Linda. *MeXicana Encounters: The Making of Social Identities on the Borderlands*. Berkeley: University of California Press, 2003.

García Calderón, Myrna. "Prólogo". *Las Vanguardias en Puerto Rico*. Editado por Amarilis Carrero Peña y Carmen Rivera Villegas. Madrid: Ediciones de la Discreta, 2009. 9–14.

García Peña, Lorgia. "Más que cenizas: An Analysis of Juan Bosch's Dissident Narration of *Dominicanidad* (Ausente)". *Hispanic Caribbean Literature of Migration: Narratives of Displacement*. Editado por Vanessa Pérez Rosario. New York: Palgrave, 2010. 39–55.

Gelpí, Juan G. *Literatura y paternalismo en Puerto Rico*. San Juan, P.R.: Editorial de la Universidad de Puerto Rico, 1993.

———. "The Nomadic Subject in Julia de Burgos's Poetry". *The Cultures of the Hispanic Caribbean*. Editado por Conrad James y John Perivolaris. Gainesville: University of Florida Press, 2000. 37–49.

Gilroy, Paul. *The Black Atlantic: Modernity and Double Consciousness*. Cambridge: Harvard University Press, 1993.

Glasser, Ruth. *My Music Is My Flag: Puerto Rican Musicians and Their New York Communities, 1917–1940*. Berkeley: University of California Press, 1995.

Gómez, Alma, Cherríe Moraga y Mariana Romo-Carmona, editoras. *Cuentos: Stories by Latinas*. New York: Kitchen Table, 1983.

González, José Emilio. "Algo más sobre la vida y la poesía de Julia de Burgos". *La Torre* 13.51 (septiembre–diciembre 1965): 151–74.

———. "La individualidad poética de Julia de Burgos". *Río Piedras* 3–4 (septiembre–marzo 1973–74): 47–59.

———. "Julia de Burgos: Intensa siempreviva". *Asomante* 9.4 (octubre–diciembre 1953): 23–24.

———. "Julia de Burgos: La mujer y la poesía". *Sin Nombre* 7.3 (octubre–diciembre 1976): 86–100.

———. *La poesía contemporánea de Puerto Rico*. San Juan, P.R.: Instituto de Cultura Puertorriqueña, 1972.

González, José Luis. *El país de cuatro pisos y otros ensayos*. Río Piedras, P.R.: Ediciones Huracán, 1989.

Grazian, David. *Blue Chicago: The Search for Authenticity in Urban Blues Clubs*. Chicago: University of Chicago Press, 2003.

Griffin, Farah Jasmine. *Harlem Nocturne: Women Artists and Progressive Politics during World War II*. New York: Basic Civitas, 2013.

———. *In Search of Billie Holiday: If You Can't Be Free, Be a Mystery*. New York: Ballantine, 2001.

Gruesz, Kirsten Silva. *Ambassadors of Culture: The Transamerican Origins of Latino Writing*. Princeton: Princeton University Press, 2002.

Guerra, Lillian. *Popular Expression and National Identity in Puerto Rico: The Struggle for Self, Community, and Nation*. Gainesville: University Press of Florida, 1998.

Guzmán, Manolo. *Gay Hegemony/Latino Homosexualities*. New York: Routledge, 2006.

———. "'Pa' la escuelita con mucho cuida'o y por la orillita': A Journey through the Contested Terrains of the Nation and Sexual Orientation". *Puerto Rican Jam: Essays on Culture and Politics*. Editado por Frances Negrón-Muntaner y Ramón Grosfoguel. Minneapolis: University of Minnesota Press, 1997. 209–28.

Harlow, Barbara. *Resistance Literature*. New York: Methuen, 1987.

Haslip-Viera, Gabriel. "The Evolution of the Latino Community in the New York Metropolitan Area, 1810 to the Present". *Latinos in New York: Communities in Transition*. Editado por Gabriel Haslip-Viera y Sherrie Baver. Notre Dame, Ind.: Notre Dame University Press, 1996. 3–29.

Heredia, Juanita. *Transnational Latina Narratives in the Twenty-First Century: The Politics of Gender, Race, and Migration*. New York: Palgrave Macmillan, 2009.

Hernández, Yasmín. "Painting Liberation: 1998 and Its Pivotal Role in the Formation of a New Boricua Political Art Movement". *Centro Journal* 17.2 (otoño 2005): 112–33.

Hernández Aquino, Luis. *Nuestra aventura literaria: Los ismos en la poesía puertorriqueña, 1913–1948*. 2ª edición. San Juan, P.R.: Ediciones de la Torre, Universidad de Puerto Rico, 1966.

Hernández Cruz, Víctor. *Panoramas*. Saint Paul, Minn.: Coffee House, 1997.

Horno-Delgado, Asunción, Eliana Ortega, Nina M. Scott y Nancy Saporta Sternbach, editoras. *Breaking Boundaries: Latina Writing and Critical Readings*. Amherst: University of Massachusetts Press, 1989.

Hull, Gloria, Patricia Bell Scott y Barbara Smith, editoras. *All the Women Are White, All the Blacks Are Men, but Some of Us Are Brave: Black Women's Studies*. Old Westbury, N.Y.: Feminist, 1982.

Jimenes Grullón, Juan Isidro. *Luchemos por nuestra América: cuatro ensayos de interpretación y orientación de la realidad ibero-americana*. 2ª edición. Habana, Cuba: Empresa Editora de Publicaciones, 1936.

———. *Una Gestapo en América*. 5ª edición. Santo Domingo, D.R.: Montalvo, 1962.

Jiménez de Báez, Yvette. *Julia de Burgos: vida y poesía*. San Juan, P.R.: Coquí, 1966.

Jiménez-Muñoz, Gladys. "Carmen María Colón Pellot: On 'Womanhood' and 'Race' in Puerto Rico during the Interwar Period". *CR: The New Centennial Review* 3.3 (otoño 2003): 71–91.

———. "'So We Decided to Come and Ask You Ourselves': The 1928 U.S. Congressional Hearings on Women's Suffrage in Puerto Rico". *Puerto Rican Jam: Essays on Culture and Politics*. Editado por Frances Negrón-Muntaner y Ramón Grosfoguel. Minneapolis: University of Minnesota Press, 1997. 140–65.

Jiménez Román, Miriam y Juan Flores, editores. *The Afro-Latin@ Reader: History and Culture in the United States*. Durham, N.C.: Duke University Press, 2010.

Johnson, Barbara. *Persons and Things*. Cambridge: Harvard University Press, 2008.

"Juan Sanchez [*sic*] interviewed by Susan Canning". *Interventions and Provocations: Conversations on Art, Culture, and Resistance*. Editado por Glen Harper. Albany: State University of New York Press, 1998. 77–84.

Kanellos, Nicolás. "Recovering and Re-Constructing Early Twentieth-Century Hispanic Immigrant Print Culture in the U.S." *American Literary History* 19.2 (verano 2007): 435–55.

Kanellos, Nicolás y Helvetia Martell. *Hispanic Periodicals in the United States: Origins to 1960*. Houston: Arte Público, 2000.

Kanellos, Nicolás, Kenya Dworkin y Méndez y Alejandra Balestra. *Herencia: The Anthology of Hispanic Literature of the United States*. New York: Oxford University Press, 2002.

Kevane, Bridget y Juanita Heredia, editoras. *Latina Self-Portraits: Interviews with Contemporary Women Writers*. Albuquerque: University of New Mexico Press, 2000.

Kleinig, John. *Paternalism*. Totowa, N.J.: Rowman y Allanheld, 1984.

Kugel, Seth. "The Latino Culture Wars". *New York Times*, 24 de febrero de 2002, 7–8F.

Kury, Farid. *Juan Bosch: entre el exilio y el golpe de estado*. Santo Domingo, D.R.: Búho, 2000.

La Fountain-Stokes, Lawrence. "De sexilio(s) y diaspora(s) homosexual(es) Latina(s): Cultura puertorriqueña y lo nuyorican queer". *Debate Feminista* 15.29 (abril 2004): 138–57.

———. "Entre boleros, travestismos, y migraciones translocales: Manuel Ramos Otero, Jorge Merced y *El bolero fue mi ruina* del Teatro Pregones del Bronx". *Revista Iberoamericana* 71.212 (julio–septiembre 2005): 887–907.

———. "Queer Diasporas, Boricua Lives: A Meditation on Sexile". *Review: Literature and Arts of the Americas* 41.2 (noviembre 2008): 294–301.

———. *Queer Ricans: Cultures and Sexualities in the Diaspora*. Minneapolis: University of Minnesota Press, 2009.

Lair, Clara. *De la herida a la gloria: la poesía completa de Clara Lair*. Editado por Mercedes López-Baralt. San Juan, P.R.: Terranova, 2003.

Lazo, Rodrigo. *Writing to Cuba: Filibustering and Cuban Exiles in the United States*. Chapel Hill: University of North Carolina Press, 2005.

Levins Morales, Aurora. *Kindling: Writings on the Body*. Cambridge, Mass.: Palabrera, 2013.

———. *Medicine Stories: History, Culture, and the Politics of Integrity*. Boston: South End, 1999.

———. *Remedios: Stories of Earth and Iron from the History of Puertorriqueñas*. Boston: South End, 2001.

Lima, Lázaro. *The Latino Body: Crisis Identities in American Literary and Cultural Memory*. New York: New York University Press, 2007.

Lindauer, Margaret A. *Devouring Frida: The Art History and Popular Celebrity of Frida Kahlo*. Hanover, N.H.: University Press of New England, 1999.

Lladó-Ortega, Mónica. "A Community in Transit: The Performative Gestures of Manuel Ramos Otero's Narrative Triptych". *Hispanic Caribbean Literature of Migration: Narratives of Displacement*. Editado por Vanessa Pérez Rosario. New York: Palgrave, 2010. 121–36.

Lomas, Laura. *Translating Empire: José Martí, Migrant Latino Subjects, and American Modernities*. Durham, N.C.: Duke University Press, 2008.

López-Baralt, Mercedes. "Julia de Burgos, poeta de vanguardia". *La poésie de Julia de Burgos: 1914–1953: Actes des journées d'études internationales d'Amiens, 2004*. Editado por Carmen Vázquez. Paris: Indigo & Côté-Femmes; Amiens: Université de Picardie, 2005. 15–34.

———. "Prólogo". *De la herida a la gloria: la poesía completa de Clara Lair*. San Juan, P.R.: Terranova, 2003.

López Jiménez, Ivette. "Julia de Burgos: el talante vanguardista". *Las vanguardias en Puerto Rico*. Editado por Amarilis Carrero Peña y Carmen Rivera Villegas. Madrid: Ediciones de la Discreta, 2009. 129–41.

———. *Julia de Burgos: la canción y el silencio*. San Juan, P.R.: Fundación Puertorriqueña de las Humanidades, 2002.

———. "Julia de Burgos: Los textos comunicantes". *Sin Nombre* 10.1 (abril–junio 1979): 47–68.

———. "Julia de Burgos una vez más". *Actas del congreso internacional Julia de Burgos*. Editado por Edgar Martínez Masdeu. San Juan, P.R.: Ateneo Puertorriqueño, 1993. 274–82.

Luis, William. *Dance between Two Cultures: Latino Caribbean Literature Written in the United States*. Nashville, Tenn.: Vanderbilt University Press, 1997.

———. "María C(h)ristina Speaks: Latina Identity and the Poetic Dialogue between Sandra María Esteves and Luz María Umpierre". *Hispanic Journal* 18.1 (1997): 137–49.

Magnarelli, Sharon. *Home Is Where the (He)art Is: The Family Romance in Late Twentieth-Century Mexican and Argentine Theatre*. Lewisburg, Pa.: Bucknell University Press, 2008.

Margolies, Edward. *New York and the Literary Imagination: The City in Twentieth Century Fiction and Drama*. Jefferson, N.C.: McFarland, 2008.

Marqués, René. *La carreta*. San Juan, P.R.: Cultural, 2007.

Márquez, Roberto, editor y traductor. *Puerto Rican Poetry: Anthology from Aboriginal to Contemporary Times*. Amherst: University of Massachusetts Press, 2007.

Martí, José. *Selected Writings*. Traducido por Ester Allen. New York: Penguin Classics, 2002.

Martin, Biddy y Chandra Talpade Mohanty. "Feminist Politics: What's Home Got to Do with It?" *Feminist Studies/Critical Studies*. Editado por Teresa de Lauretis. Bloomington: Indiana University Press, 1986. 191–212.

Martínez, Elena. "An Interview with Luz María Umpierre". *Christopher Street* 163 (octubre 1991): 9–10.

———. *Lesbian Voices from Latin America: Breaking Ground*. New York: Garland, 1996.

———. "Luz María Umpierre: A Lesbian Puerto Rican Writer in America". *Christopher Street* 163 (October 1991): 7–8.

Martínez-San Miguel, Yolanda. *Caribe Two Ways: Cultura de la migración en el Caribe insular hispánico*. San Juan, P.R.: Callejón, 2003.

———. "Deconstructing Puerto Ricanness through Sexuality". *Puerto Rican Jam: Essays on Culture and Politics*. Editado por Frances Negrón-Muntaner y Ramón Grosfoguel. Minneapolis: University of Minnesota Press, 1997. 127–39.

———. "Female Sexiles?: Towards an Archeology of Displacement of Sexual Minorities in the Caribbean". *Signs* 36.4 (verano 2011): 813–36.

Masiello, Francine. "Rethinking Neocolonial Esthetics: Literature, Politics, and Intellectual Community in Cuba's Revista de Avance". *Latin American Research Review* 28.2 (1993): 3–31.

―――. "Texto, ley, transgression: Especulación sobre la novela (feminist) de vanguardia". *Revista Iberoamericana* 51.132–33 (julio–diciembre 1985): 807–22.

―――. "Women, State, and Family in Latin American Literature of the 1920s". *Women, Culture, and Politics in Latin America*. Berkeley: University of California Press, 1990. 27–47.

Massey, Doreen B. *Space, Place, and Gender*. Minneapolis: University of Minnesota Press, 1994.

Matos Rodríguez, Félix V. y Linda Delgado, editores. *Puerto Rican Women's History: New Perspectives*. New York: Sharpe, 1998.

McCracken, Ellen. *New Latina Narrative: The Feminine Space of Postmodern Ethnicity*. Tucson: University of Arizona Press, 1999.

Memmi, Albert. *The Colonizer and the Colonized*. Boston: Beacon, 1965.

Méndez, Danny. *Narratives of Migration and Displacement in Dominican Literature*. New York: Routledge, 2012.

Middleton, Peter. "The Contemporary Poetry Reading". *Close Reading: Poetry and the Performed Word*. Editado por Charles Bernstein. New York: Oxford University Press, 1998. 262–99.

Mignolo, Walter. "The Many Faces of Cosmo-Polis: Border Thinking and Critical Cosmopolitanism". *Cosmopolitanism*. Editado por Carol A. Breckenridge, Sheldon Pollock, Homi K. Bhabha y Dipesh Chakrabarty. Durham, N.C.: Duke University Press, 2002. 157–88.

Mohanty, Chandra. *Feminism without Borders: Decolonizing Theory, Practicing Solidarity*. Durham, N.C.: Duke University Press, 2003.

Montero, Óscar. "La prosa neoyorquina de Julia de Burgos: 'la cosa latina' en 'mi segunda casa'". http://www.lehman.cuny.edu/ciberletras/v20/montero.html.

―――. *Las rutas de Julia de Burgos*. Dirección: Memo. Lectura dramatizada: Teatro Iati. Lehman Center for the Performing Arts, Lehman College, Bronx, New York, 1 de abril de 2011.

Moraga, Cherríe. "From a Long Line of Vendidas: Chicanas and Feminism". *Feminist Studies/Critical Studies*. Editado por Teresa de Lauretis. Bloomington: Indiana University Press, 1986. 173–90.

Moraga, Cherríe y Gloria Anzaldúa, editoras. *This Bridge Called My Back: Writings by Radical Women of Color*. Watertown, Mass.: Persephone, 1981.

―――, editoras. *This Bridge Called My Back: Writings by Radical Women of Color*. 3a edición, revisada y aumentada. Berkeley, Calif.: Third Woman, 2002.

Morales, Iris. *Palante: Young Lords Party*. Chicago: Haymarket, 2011.

Moraña, Mabel. "Introduction: Mapping Hispanism". *Ideologies of Hispanism*. Editado por Mabel Moraña. Nashville, Tenn.: Vanderbilt University Press, 2005. ix–xxi.

Moreno, Marisel C. *Family Matters: Puerto Rican Women Authors on the Island and the Mainland*. Charlottesville: University of Virginia Press, 2012.

Negrón-Muntaner, Frances, directora. *Brincando el Charco: Portrait of a Puerto Rican*. Película. New York: 1994.

———. "Jennifer's Butt: Valorizing the Puerto Rican Racialized Female Body". *Boricua Pop: Puerto Ricans and the Latinization of American Culture*. New York: New York University Press, 2004. 228–46.

Negrón-Muntaner, Frances y Ramón Grosfoguel, editores. *Puerto Rican Jam: Rethinking Colonialism and Nationalism*. Minneapolis: University of Minnesota Press, 1997.

Noel, Urayoán. "Counter/Public Address: Nuyorican Poetries in the Slam Era". *Latino Studies* 9.1 (primavera 2011): 38–61.

Nora, Pierre. "Between Memory and History: Les Lieux de Mémoire". *Representations* 26 (primavera 1989): 7–24.

Oboler, Suzanne. *Ethnic Labels, Latino Lives: Identity and the Politics of (Re)Presentation in the United States*. Minneapolis: University of Minnesota Press, 1995.

O'Hagan, Sean. "Ana Mendieta: Death of an Artist Foretold in Blood". *The Observer*, 21 de septiembre de 2013. http://www.theguardian.com/artanddesign/2013/sep/22/ana-mendieta-artist-work-foretold-death.

Ortiz Rodríguez, Raquel. "Memory Ricanstruction: Literary Portfolios Based on Poetry Created by José R. Alicea". *Centro Journal* 17.2 (otoño 2005): 89–111.

Palés Matos, Luis. *Poesía completa y prosa selecta*. Caracas, Venezuela: Ayacucho, 1978.

———. *Tuntún de pasa y grifería: Poemas afro-antillanos*. San Juan, P.R.: Cultural Puertorriqueña, 1988.

Paredez, Deborah. "Remembering Selena, Re-membering Latinidad". *Theater Journal* 54.1 (marzo 2002): 63–83.

———. *Selenidad: Selena, Latinos, and the Performance of Memory*. Durham, N.C.: Duke University Press, 2009.

Paz, Octavio. *The Double Flame: Love and Eroticism*. Traducido por Helen Lane. New York: Harcourt Brace, 1995.

Pedreira, Antonio S. *Insularismo*. Río Piedras, P.R.: Edil, 1934.

Pérez, Emma. *The Decolonial Imaginary: Writing Chicanas into History*. Bloomington: Indiana University Press, 1999.

Pérez Rosario, Vanessa. "Affirming an Afro-Latin@ Identity: An Interview with Poet María Teresa 'Mariposa' Fernández". *Latino Studies Journal* 12.3 (otoño 2014): 1–8.

———. "Las rutas de Julia de Burgos". *E-Misférica* 8.1 (verano 2011). http://hemi.nyu.edu/hemi/en/e-misferica-81/perez-rosario.

———. "Solidarity across Borders: An Interview with Artist Andrea Arroyo". *Meridians* 11.2 (primavera 2013): 91–111.

Pérez y González, María. *Puerto Ricans in the United States*. Westport, Conn.: Greenwood, 2000.

Plath, Sylvia. *Ariel: The Restored Edition*. New York: Harper & Row, 2005.

Pogrebin, Robin. "Josephine Premice, 74, Actress Who Dazzled on Broadway". *New York Times*, 17 de abril de 2001. http://www.nytimes.com/2001/04/17/arts/josephine-premice-74-actress-who-dazzled-on-broadway.html.

Portes, Alejandro y Alex Stepick. *City on the Edge: The Transformation of Miami*. Berkeley: University of California Press, 1993.

Poyo, Gerald E. *"With All, and for the Good of All": The Emergence of Popular Nationalism in the Cuban Communities in the United States, 1848–1898*. Durham, N.C.: Duke University Press, 1989.

Pratt, Mary Louise. *Imperial Eyes: Travel Writing and Transculturation*. London: Routledge, 1992.

Preminger, Alex, T. V. F. Brogan, Frank J. Warnke, O. B. Hardison Jr. y Earl Miner, editores. *The New Princeton Encyclopedia of Poetry and Poetics*. Princeton: Princeton University Press, 1993.

Puebla, Manuel de la. "Julia de Burgos como mito". *Revista Mairena* 7.20 (1985): 81–91.

Puerto Rico. Emergency Relief Administration. *The Tariff Problems of Puerto Rico: Report of the Tariff Survey Division of the Puerto Rican Emergency Relief Administration*. San Juan, P.R.: Bureau of Supplies, Printing, and Transportation, 1935.

Quintero Rivera, Ángel. *Conflictos de clase y política en Puerto Rico*. 5ª edición. Río Piedras, P.R.: Huracán, 1986.

Ramazani, Jahan. *A Transnational Poetics*. Chicago: University of Chicago Press, 2009.

Ramírez, Jason. "Carmen Rivera: Theatre of Latinidad". Dis. Ph.D., Graduate Center, City University of New York, 2009.

Ramírez, Yasmín. "Nuyorican Visionary: Jorge Soto and the Evolution of an Afro-Taíno Aesthetic at Taller Boricua". *Centro Journal* 17.2 (otoño 2005): 22–41.

———. "Visual Artists Honor Pedro Pietri: A Pictorial Essay". *Centro Journal* 17.2 (otoño 2005): 134–43.

Ramos, Juanita, editora. *Compañeras: Latina Lesbians*. New York: Latina Lesbian History Project, 1987.

Ramos, Julio. *Divergent Modernities: Culture and Politics in Nineteenth-Century Latin America*. Traducido por John Blanco. Durham, N.C.: Duke University Press, 2001.

Ramos Otero, Manuel. *El cuento de la mujer del mar*. Río Piedras, P.R.: Huracán, 1979.

Remeseira, Claudio, editor. *Hispanic New York: A Sourcebook*. New York: Columbia University Press, 2010.

Revista Mairena 7.20 (1985). Commemorative issue on Julia de Burgos.

Ríos Ávila, Rubén. "Víctima de Luz". *La raza cósmica del sujeto en Puerto Rico*. San Juan, P.R.: Callejón, 2002. 211–21.

Rivera, Carmen. *Julia de Burgos: Child of Water*. New York: Red Sugarcane, 2014.

Rivera, Carmen Haydée. "'Language Is Our Only Homeland': An Interview with Luz María Umpierre". *Centro Journal* 20.1 (primavera 2008): 12–21.

Rivera-Valdés, Sonia. *The Forbidden Stories of Marta Veneranda*. Traducido por Dick Cluster, Marina Harss, Mark Shafer y Alan West-Dúran. New York: Seven Stories, 2001.

———. *Historias de mujeres grandes y chiquitas*. New York: Campana, 2003.

———. *Las historias prohibidas de Marta Veneranda*. New York: Seven Stories, 2001.

———. *Stories of Little Women and Grown-Up Girls*. Traducido por Emily Maguire. New York: Campana, 2007.

Rivero, Yeidy. *Tuning Out Blackness: Race and Nation in the History of Puerto Rican Television*. Durham, N.C.: Duke University Press, 2005.

Roach, Joseph. *Cities of the Dead: Circum-Atlantic Performance*. New York: Columbia University Press, 1996.

Rodó, José Enrique. *Ariel*. Chicago: University of Chicago Press, 1929.

Rodríguez Castro, Malena. "Silencio y estridencias: Las Vanguardias en Puerto Rico". *Las Vanguardias en Puerto Rico*. Editado por Amarilis Carrero Peña y Carmen Rivera Villegas. Madrid: Ediciones de la Discreta, 2009. 17–51.

Rodríguez-Fraticelli, Carlos. "Pedro Albizu Campos: Strategies of Struggle and Strategic Struggles". *Centro Journal* 3.2 (primavera 1991): 25–33.

Rodríguez Pagán, Juan Antonio. "Cronología de Julia de Burgos". *Revista Mairena* 7.20 (1985): 163–67.

———. *Julia en blanco y negro*. San Juan, P.R.: Institute of Puerto Rican Culture, 2000.

Roy-Féquière, Magali. *Women, Creole Identity, and Intellectual Life in Early Twentieth Century Puerto Rico*. Philadelphia: Temple University Press, 2004.

Rúa, Mérida. "Colao Subjectivities: PortoMex and MexiRican Perspectives on Language and Identity". *Centro Journal* 13.2 (otoño 2001): 116–33.

Rubin, Joan Shelley. *Songs of Ourselves: The Uses of Poetry in America*. Cambridge: Harvard University Press, 2007.

Ruiz, Vicki L. y Virginia Sánchez Korrol, editoras. *Latinas in United States History: A Historical Encyclopedia*. Bloomington: Indiana University Press, 2006.

Said, Edward. *Reflections on Exile and Other Essays*. Cambridge: Harvard University Press, 2003.

———. *Representations of the Intellectual*. New York: Vintage, 1996.

Sánchez, Marta Ester. *Contemporary Chicana Poetry: A Critical Approach to an Emerging Literature*. Berkeley: University of California Press, 1985.

Sánchez González, Lisa. *Boricua Literature: A Literary History of the Puerto Rican Diaspora*. New York: New York University Press, 2001.

———. "Pura Belpré: The Children's Ambassador". *Latina Legacies: Identity, Biography, and Community*. Editado por Vicki Ruiz y Virginia Sánchez Korrol. New York: Oxford University Press, 2005. 148–57.

Sánchez Korrol, Virginia. "The Forgotten Migrant: Educated Puerto Rican Women in New York City, 1920–1940". *The Puerto Rican Woman: Perspectives on Culture, History, and Society*. Editado por Edna Acosta-Belén. New York: Praeger, 1986. 170–79.

———. *From Colonia to Community: The History of Puerto Ricans in New York City*. Berkeley: University of California Press, 1994.

———. "Puerto Ricans in 'Olde' Nueva York: Migrant *Colonias* of the Nineteenth and Twentieth Centuries". *Nueva York, 1613–1945*. Editado por Edward J. Sullivan. London: Scala, 2010. 108–21.

Sánchez Korrol, Virginia y Pedro Juan Hernández. *Pioneros II: Puerto Ricans in New York City, 1948–1998*. Charleston, S.C.: Arcadia, 2010.

Sandlin, Betsy A. "Julia de Burgos as a Cultural Icon in Works by Rosario Ferré, Luz María Umpierre, and Manuel Ramos Otero". Dis. Ph.D., University of North Carolina at Chapel Hill, 2003.

———. "Manuel Ramos Otero's Queer Metafictional Resurrection of Julia de Burgos". *Writing Off the Hyphen: New Perspectives on the Literature of the Puerto Rican Diaspora*. Editado por José L. Torres-Padilla y Carmen Haydée Rivera. Seattle: University of Washington Press, 2008. 313–31.

Santiago, Esmeralda. "Island of Lost Causes". *Boricuas: Influential Puerto Rican Writings—An Anthology*. Editado por Roberto Santiago. New York: One World, 1995. 22–24.

———. *When I Was Puerto Rican*. New York: Vintage, 1994.

Santiago-Díaz, Eleuterio. *Escritura afropuertorriqueña y modernidad*. Pittsburgh: Instituto Internacional de Literatura Iberoamericana, 2007.

Santiago-Valles, Kelvin A. "The Discreet Charm of the Proletariat: Imagining Early-Twentieth-Century Puerto Ricans in the Past Twenty-Five Years of Historical Inquiry". *Puerto Rican Jam: Essays on Culture and Politics*. Editado por Frances Negrón-Muntaner y Ramón Grosfoguel. Minneapolis: University of Minnesota Press, 1997. 95–115.

Schrecker, Ellen. *The Age of McCarthyism: A Brief History with Documents*. New York: St. Martin's, 1994.

———. *Many Are the Crimes: McCarthyism in America*. Princeton: Princeton University Press, 1998.

Silén, Iván y Alfredo Mantilla, editores. *The Puerto Rican Poets*. New York: Bantam, 1972.

Small, Mario Luis. *Villa Victoria: The Transformation of Social Capital in a Boston Barrio*. Chicago: University of Chicago Press, 2004.

Solá, María M. "La poesía de Julia de Burgos: Mujer de humana lucha". *Julia de Burgos: Yo misma fui mi ruta*. Editado por María M. Solá. Río Piedras, P.R.: Huracán, 1986.

Sommer, Doris. *One Master for Another: Populism as Patriarchal Rhetoric in Dominican Novels*. Lanham, Md.: University Press of America, 1983.

Spender, Dale. *Man Made Language*. New York: Routledge, 1985.

Sullivan, Edward J., editor. *Nueva York, 1613–1945*. London: New-York Historical Society en asociación con Scala, 2010.

Thomas, Lorenzo. "Neon Griot: The Functional Role of Poetry Readings in the Black Arts Movement". *Close Reading: Poetry and the Performed Word*. Editado por Charles Bernstein. New York: Oxford University Press, 1998. 300–323.

Thomas, Lorrin. *Puerto Rican Citizen: History and Political Identity in Twentieth-Century New York City*. Chicago: University of Chicago Press, 2010.

Torres, Arlene. "La gran familia puertorriqueña 'ej prieta de beldá' (The Great Puerto Rican Family Is Really Really Black)". *Blackness in Latin America and the Caribbean: Social Dynamics and Cultural Transformations*. Editado por Arlene Torres y Norman Whitten Jr. Bloomington: Indiana University Press, 1998. 2:285–306.

Torres, Arlene y Norman E. Whitten Jr., editores. *Blackness in Latin America and the Caribbean: Social Dynamics and Cultural Transformations*. 2 tomos. Bloomington: Indiana University Press, 1998.

Torres Martinó, José Antonio. "El arte puertorriqueño de principios del siglo XX". *Puerto Rico: Arte e identidad*. San Juan: Editorial de la Universidad de Puerto Rico, 2004. 63–89.

Turner, Kay. *Beautiful Necessity: The Art and Meaning of Women's Altars*. New York: Thames & Hudson, 1999.

Umpierre, Luz María. *En el país de las maravillas*. Berkeley, Calif.: New Earth, 1990.

———. *For Christine: Poems and One Letter*. Chapel Hill, N.C.: Professional, 1995.

———. "Manifesto: Whose Taboos?: Theirs, Yours, or Ours?" *Letras Femeninas* 22.1–2 (primavera–otoño 1996): 263–68.

———. *The Margarita Poems*. Bloomington, Ind.: Third Woman, 1987.

———. "Metapoetic Code in Julia de Burgos' *El mar y tú*: Towards a Re-Vision". *In Retrospect: Essays on Latin American Literature*. Editado por Elizabeth Rogers y Timothy Rogers. York, S.C.: Spanish Literature Publications, 1987. 85–94.

———. *Una Puertorriqueña en Penna*. San Juan, P.R.: Masters, 1979.

———. *. . . Y otras desgracias / And Other Misfortunes*. Bloomington, Ind.: Third Woman, 1987.

Unruh, Vicky. *Latin American Vanguards: The Art of Contentious Encounters*. Berkeley: University of California Press, 1994.

Valle Ferrer, Norma. *Luisa Capetillo: Historia de una mujer proscrita*. San Juan, P.R.: Cultural, 1990.

Vargas, Deborah R. "Bidi Bidi Bom Bom: Selena and Tejano Music in The Making of Tejas". *Latino/a Popular Culture*. Editado por M. Habell-Pallán y M. Romero. New York: New York University Press, 2002. 117–26.

Vasconcelos, José. *La raza cósmica*. México: Espasa-Calpe Mexicana, 1966.

Vázquez Arce, Carmen. "Tuntún de Pasa y Grifería: A Cultural Project". *The Cultures of the Hispanic Caribbean*. Editado por Conrad James y John Perivolaris. Gainesville: University of Florida Press, 2000. 86–103.

Vega, Bernardo. *The Memoirs of Bernardo Vega: A Contribution to the History of the Puerto Rican Community in New York*. Editado por César Andreu Iglesias. Traducido por Juan Flores. New York: Monthly Review, 1984.

Vera-Rojas, María Teresa. "Polémicas, feministas, puertorriqueñas, y desconocidas: Clotilde Betances Jaeger, María Mas Pozo y sus 'Charlas Femeninas' en el *Gráfico* de Nueva York, 1929–1930". *Centro Journal* 22.2 (otoño 2010): 5–33.

Vicioso, Sherezada (Chiqui). *Eva/sión/es*. Philipsburg, St. Martin: House of Nehesi. 2007.

———. "An Interview with Don Juan Bosch". Traducido por Lizabeth Paravisini-Gebert. *Callaloo* 17.3 (verano 1994): 694–700.

———. *Julia de Burgos: La nuestra*. Santo Domingo, D.R.: Alfa y Omega, 1987.

———. "Julia de Burgos: Our Julia". Traducido por Lizabeth Paravisini-Gebert. *Callaloo* 17.3 (verano 1994): 674–83.

————. "The Rival to the Río Grande of Loíza: An Interview with Juan Isidro Jimenes Grullón". Traducido por Lizabeth Paravisini-Gebert. *Callaloo* 17.3 (verano 1994): 684–93.

————. "Testimonio". *The Afro-Latin@ Reader: History and Culture in the United States*. Editado por Miriam Jiménez Román y Juan Flores. Durham, N.C.: Duke University Press, 2010. 262–65.

Whalen, Carmen y Victor Vázquez-Hernández, editores. *The Puerto Rican Diaspora: Historical Perspectives*. Philadelphia: Temple University Press, 2005.

Wheeler, Lesley. *Voicing American Poetry: Sound and Performance from the 1920s to the Present*. Ithaca: Cornell University Press, 2008.

Wherry, Frederick F. *The Philadelphia Barrio: The Arts, Branding, and Neighborhood Transformation*. Chicago: University of Chicago Press, 2011.

Wordsworth, William. *Poetry and Prose*. Cambridge: Harvard University Press, 1963.

Xavier, Emmanuel. *Americano*. San Francisco: Suspect Thoughts, 2002.

————. *Pier Queen*. New York: Xavier for Pier Queen, 1997.

Zaragoza, Edward. *St. James in the Streets: The Religious Processions of Loíza Aldea, Puerto Rico*. Lanham, Md.: Scarecrow, 1995.

Zavala-Martinez, Iris. "A Critical Inquiry into the Life and Work of Julia de Burgos". *The Psychosocial Development of Puerto Rican Women*. Editado por Cynthia T. García Coll y María de Lourdes Mattei. New York: Praeger, 1989. 1–30.

Zeno Gandía, Manuel. *La charca*. Maplewood, N.J.: Waterfront, 1982.

ÍNDICE

Los números de página en *cursiva* hacen referencia a las ilustraciones. Las láminas, incluidas a partir de la página 114, están catalogadas por el número de lámina.

VANESSA PÉREZ-ROSARIO es profesora en el Departamento de Inglés en Queens College, City University of New York. Editó *Hispanic Caribbean Literature of Migration: Narratives of Displacement* y tradujo *Boat People*, de Mayra Santos Febres.

ISABEL ZAPATA es escritora, traductora y editora. Vive en la Ciudad de México.

The University of Illinois Press
es un miembro fundador de la
Association of University Presses.

———————————

Compuesto en New Caledonia LT Std
por Kirsten Dennison en
University of Illinois Press

University of Illinois Press
1325 South Oak Street
Champaign, IL 61820-6903
www.press.uillinois.edu